藏在
古画里的
大元史

魏丽蕊 - 著

台海出版社

也许是成吉思汗的威名太过显赫，也许是蒙古西征的洪流太过汹涌，只要是言及大元，人们总是能联想起那地跨三大洲的辉煌，追思它的短暂。因为那些血与火的壮丽画卷吸引住他们大多数人的目光，所以后人总是把蒙古最初的扩张史看成了元朝的全部精华所在，文人们更是不吝惜笔墨肆意描画元朝征服史。

元朝，这么一个兴起于大漠草原的，第一个入主中原的少数民族政权，凭借着金戈铁马，以气吞万里如虎之势，在广袤的东亚大地上演绎出了一幕幕波澜壮阔的历史剧。在那个野蛮的、英雄的、激荡的时代，蒙古族以其强大的武力，不仅征服了中原及长江以南地区，还将其控制范围扩张至整个西亚地区，成为中国有史以来疆域最大的王朝，对中国历史乃至世界历史的进程都产生了重大影响。

确实，蒙古帝国的触角伸得太辽阔，以至于后人总是乐于眺望本土以外几大汗国的金碧辉煌，并津津乐道那些奇异的异域故事，却忽略了一千多万平方千米的本土中国区域内百年间曾经发生过那么多的故事。

《藏在古画里的大元史》将为您解读那些故事，以及隐藏在那些故事背后不为人知的秘密和令人目眩神迷的血肉人生。

在本书中，您将看到不可一世的大元帝王们瞬间的荣光与所遭受过的挫折，每一次的皇位更替似乎都伴随着血淋淋的家族相残，亲情一度成为被利用的工具——元武宗在位还不到四年时间就离奇死亡，其弟爱育黎拔力八达继承皇位后，在位不到九年时间就步其兄后尘。

在本书中，您将看到，我国历史上后妃干预政治的现象最为突出的

元朝，其后宫嫔妃们似烟似雾的愁容。尽管她们有着不可抗拒的永恒魅力——诗词歌赋，琴棋书画，美颜倩笑，风姿柳态，音乐舞蹈，爱意痴情，在她们身上展露无遗，然而她们最终还是难逃凄苦的人生境遇，往往成为政治斗争的牺牲品。有的被打入冷宫终日孤寂难耐，有的遭对手暗算饮恨而死……

在本书中，您还将看到皇子公主们截然相反的凄迷人生。他们或志向高远、不随流俗，或从容依旧、处变不惊，或野心勃勃、飞扬跋扈、性情卑劣，但最终却曲折崎岖，难逃成命。忽必烈很有抱负的儿子真金，立志与奸臣阿合马做斗争，振兴国家、推行汉法，却无意中卷入了一场"禅位风波"，并因此忧虑过度而死。

在本书中，您更会看到，英雄豪杰的慷慨悲歌和可歌可泣的千古传奇，以及许许多多匪夷所思的奇闻谜案。哈麻兄弟俩为何同时被杖死？权力的滋味到底有多么甜美，让亲情变得支离破碎？当带着腥味的鲜血自七窍中喷进而出的时候，那些曾经为了权力而争得不可开交的灵魂，会不会有所感悟？本书将为您一一解读这些过往。

再回首，元朝已经变成了巨大的废墟，今天的我们，是否能在那一片片废墟中正确地解读那些人、那些事，那巨大的版图、辽阔的疆域、多变的统治，那个看似野蛮的时代里饱含的文明之花。

目　录
CONTENTS

第一章　大元帝王：高谈霸业伟烈在

铁木真杀自己的亲兄弟 / 002

一代天骄成吉思汗死亡之谜 / 006

铁木真夺回妻子 / 009

成吉思汗葬身之处的猜想 / 013

元成宗结束西北战争局面 / 017

窝阔台推迟两年登汗位 / 021

元定宗贵由之死 / 025

元宪宗蒙哥如何继承汗位 / 028

忽必烈改国号为元始末 / 032

元武宗与元仁宗离奇死亡背后 / 036

元英宗被乱党所杀 / 039

"鲁班天子"元顺帝 / 042

博学皇帝元文宗 / 048

元顺帝身世之谜 / 052

"三个皇帝四个年号" / 055

元朝皇帝的交通工具 / 059

第二章　皇子公主：雨中雏燕竞轻俊

拖雷猝死的背后 / 064

术赤是否为成吉思汗的亲生儿子 / 068

真金早逝与禅位风波 / 071

昔里吉两次反叛忽必烈 / 074

海都西北称雄 / 076

铁木格鲜为人知的事 / 080

阿里不哥争夺皇位失败 / 083

图帖睦尔与定安姑娘的爱情 / 086

成吉思汗庶子阔列坚其人其事 / 088

元朝公主多嫁高丽 / 091

三位元朝公主同嫁一夫 / 095

第三章　六宫粉黛：赋就深宫一段愁

四位皇帝的母亲 / 100

阔阔真帮助铁穆耳称帝始末 / 104

元朝的女犯为何都被流放到东安州 / 108

目 录
CONTENTS

海迷失沉河溺死 / 110

巴巴罕挟君弄权 / 113

乃马真氏摄政长达五年 / 116

依速甘和也遂是亲姐妹吗 / 119

多才多艺的察必皇后 / 123

身份卑微的奇氏 / 126

第四章　权臣将相：百岁光阴如梦蝶

成吉思汗召见丘处机 / 132

太监朴不花身首异处 / 135

成吉思汗的再生父母 / 138

神箭手哲别的本名 / 140

贤臣耶律楚材 / 144

贪婪的阿合马 / 148

自树"功德碑"的桑哥 / 151

权臣伯颜由兴盛走向衰落 / 154

伯颜妙计智退海都 / 157

脱脱辞职与重归相位之谜 / 160

权臣哈麻被杖死 / 163

安童得到忽必烈重用 / 165

元代的"岳母刺字" / 167

效忠者史天泽 / 169

第五章　民俗民风：一城山水一城歌

蒙古女子已婚未婚的标志 / 174

元代一些城市为什么没有城墙 / 177

元朝时全国上下都尊奉天妃 / 180

媒人也被称为"红娘" / 183

元代公务员的法定假日有哪些 / 189

元朝流行的发型和服饰 / 193

元朝人的婚礼仪式 / 196

葡萄酒是在元朝流行 / 200

元朝的"收继婚制" / 204

蒙古人的丧葬习俗 / 206

目 录
CONTENTS

第六章　文化纵览：千门万户竞风流

元朝使用的文字 / 210

涮羊肉是忽必烈发明的吗 / 213

蒙古民族祖先的美丽传说 / 217

元曲中的"脚色"与"角色" / 219

"曲状元"是哪位剧作家 / 223

元曲的"蛤蜊味"与"蒜酪味" / 226

道教歌曲为什么叫"道情" / 229

蒙古族诗人马祖常 / 232

元曲是由宋词演变而来的吗 / 237

关汉卿身世之谜 / 240

第七章　政治经济：政通人和难如愿

成吉思汗为什么不征战印度 / 246

忽必烈支持农业发展 / 249

黄道婆为纺织业做出贡献 / 253

马可·波罗到过中国吗 / 257

贾鲁治河与元朝灭亡 / 260

元代的"急递铺" / 263

元朝时假币泛滥 / 266

元朝选拔官员的方式 / 269

第八章　铁血军事：铁马金戈入梦来

汪罕父子是被铁木真杀死的吗 / 274

元成宗下令攻打"八百媳妇国" / 277

大理国是怎样灭亡的 / 281

为什么说十三翼之战铁木真虽败犹胜 / 284

西夏神秘消失之谜 / 286

窝阔台如何灭掉金朝 / 290

南宋收复"三京"又得而复失 / 294

钓鱼城保卫战 / 297

元宋最后一战——襄樊之战 / 301

蒙古两次出征日本 / 304

藏在古画里的大元史

第一章

大元帝王：高谈霸业伟烈在

一个世纪，几代人，在五千年的中国历史长河中确实不算长。但这沧桑百年，对中国历史的走向所造成的巨大扭力，是以往任何一个朝代所不能比拟的！那个时代所迸发出的勃勃的不可抑制的创造力、扩张力、竞争力、进取力，确实太值得后人学习。可惜的是，民族压迫这一致命的症结从一开始就决定了元朝的悲惨结局。蒙古统治者没有顺应"汉化"的历史趋势，他们把太多的精力都浪费在享乐和防止如何被"同化"上面。草原虽然非常辽阔，却没有赋予"黄金家族"优秀而又辽阔的政治视野。在本章中，我们将看到成吉思汗带领大军摧城拔寨的豪迈；元英宗在"南坡之变"中身死臣亡的悲剧；辉煌大都城在明军潮水般的攻势下无可奈何的崩溃……

铁木真杀自己的亲兄弟

铁木真的丰功伟业是众所周知的。然而，他戎马一生，杀人无数，可以说，杀人这件事伴随着他一生。童年时期，他就与弟弟合撒儿联手，杀死了另外一位同父异母的弟弟别克帖儿……

铁木真是家中的长子，他有五个弟弟，其中三个弟弟和铁木真是一母所生，另外两个弟弟别克帖儿和别里古台为父亲的另一位妻子所生。由于生活在动乱不安的环境中，当时的蒙古人从小接受的就是野蛮教育，在这种教育方式的引导下，他们之间几乎天天都会发生杀人流血事件。一天，这样的流血事件竟发生在了铁木真和他的弟弟身上。

那天，铁木真、合撒儿、别克帖儿和别里古台兄弟四人在斡难河畔钓鱼。其中一人钓着了一条非常漂亮的金色石鲸，兄弟四人都想据为己有，于是铁木真和合撒儿为一方，别克帖儿和别里古台为另一方，双方为这条鱼发生了争执。刚开始还是口头上争论，不知不觉就发展成用"武力"解决问题了，别克帖儿和别里古台力气较大，把石鲸夺了过去。

抢不过别克帖儿和别里古台，铁木真就和合撒儿回到家向他们的母亲诃额仑告状。他们十分委屈地说："我们好不容易钓到一条漂亮的金色石鲸，可是却被别克帖儿和别里古台给抢走了！"然而，让铁木真和合撒儿二人感到意外的是，他们的亲生母亲诃额仑不但不袒护他们，反而责备他们。她对铁木真和合撒儿道："怎么能这么说呢？铁木真，你是兄长，弟弟喜欢的东西应该主动让给他才对，怎么还跟他们争抢呢？"接着她又语重心长地对两兄弟说："自从你们的父亲过世之后，我们的家族就逐渐衰落，现在可谓孤立无援，所以你们兄弟之间更要同心协力、互相帮助才是，怎么可以效仿昔日阿兰母的五子，彼此之间不和睦呢？"

作为一家之长的诃额仑夫人，她要考虑的当然是整个氏族的利益。然而，年纪尚小的铁木真和合撒儿并没有把母亲的话放在心上，在他们看来，别克帖儿就是一个经常恃强凌弱的大坏蛋，自己和几个弟弟经常被他欺负。在不久之前，铁木真和合撒儿射下一只云雀，也是被别克帖儿抢去的。所以，听了母亲的训斥后，兄弟二人更不服气，噘着嘴，满肚子委屈地推门而出，跑向了野外。

不久，悲剧就发生了。

当时，别克帖儿正坐在一座小山上专心看守家里仅有的九匹马，铁木真和合撒儿在草地上匍匐着向他悄悄地靠拢。当他们同别克帖儿的距离足够近时，两人才突然站起身来，弯弓搭箭，向别克帖儿瞄准，这时别克帖儿才发现自己身处险境。虽然别克帖儿力气很大，平时都是他欺负铁木真和合撒儿，可这次他除了牧羊鞭就没有其他武器，怎么能敌得过另外两人的弓箭呢？于是他灵机一动，对铁木真和合撒儿说："我们是亲兄弟，不应该互相残杀，而应该团结起来，这样才能找泰亦赤兀惕人报仇啊……"但是，也许是平时积怨已深，他的这些话并没有打动铁木真兄弟二人。箭在弦上，别克帖儿眼看自己就要丧命

元　佚名　元太祖像

大蒙古国可汗，尊号「成吉思汗」，意为「拥有海洋四方」。世界史上杰出的政治家、军事家。

箭下，无可奈何，他只好向两位兄弟恳求道："以前都是我的错，我以后再也不欺负你们了，请不要杀我好吗？"然而，此时的铁木真和合撒儿铁了心要杀别克帖儿，两人一前一后同时用箭向别克帖儿射去。别克帖儿应声倒下，铁木真和合撒儿则收弓扬长而去。

他们兄弟两人回到家中后，主动向自己的母亲诃额仑坦白了杀别克帖儿的事。诃额仑气得把他们两人狠狠地骂了一顿："杀人魔鬼！汝等如下山之猛虎焉，如难抑其怒之狮焉，如欲生吞猎物之莽魔焉，如自冲其影之海青焉，如窃吞其他鱼类之狗鱼焉，如食其羔之雄驼焉，如乘风雪而袭之狼焉，如难控其仔而食之狠貉焉，如护其卧巢之豺焉，如捕物不贰之虎焉，如狂奔驰冲之猛兽焉。然则汝等正值影外无友，（马）尾外无鞭之时也。汝等忘却泰亦赤兀惕对吾等之凌辱，无能复此仇矣！"

铁木真小小年纪就敢杀自己的弟弟，在当时弱肉强食的社会环境中，他的行为不仅没有受到其他人的指责，还因此成为他所在氏族的首领。

▶元　佚名　同胞一气图

此图标题为同胞一气，顾名思义，即不是单纯写实的婴戏图，有表示团结之意。

一代天骄成吉思汗死亡之谜

成吉思汗已经死去了将近八百年，到今天，依旧有许多关于他的谜团有待我们去破解，如他的死因是什么？他的陵墓又在哪里？其中，关于成吉思汗的死因，历史上流传多个版本，正史和野史各有记载，却又各不相同。

元太祖二十二年（1227年）八月二十五日，成吉思汗逝世，终年66岁。关于成吉思汗的死因众说纷纭，历史上流传着多个不同的版本。正史上说他在攻打西夏的途中，不幸染病而死，而在民间野史及外域人写的书上，又有多个不同的说法，如雷击而死、落马摔死、中箭而死，以及被俘虏的西夏王妃杀死等说法。

根据正史记载，在蒙古军最后一次远征西夏的途中，六十多岁的成吉思汗病倒了，虽然有跟他一起去的也遂日夜照顾，但也无力回天。成吉思汗在临死前确定了窝阔台为自己的汗位继承人，并交代木华黎："如今正在征讨西夏，我死之后先不要发丧，以免给了西夏可乘之机。"从这里可以看出，成吉思汗当年是死于疾病，不过，在正史以外的一些书籍上，关于成吉思汗死因的记载可不是这样的。

关于成吉思汗的死因，各种野史上的说法总结起来有以下几种。

落马说：在蒙古人编撰的《元朝秘史》中记述了这样一件事。1226年秋天，成吉思汗带着也遂去征讨西夏国。那年的冬季，成吉思汗和几个将领在一个叫阿儿不合的地方打猎，没想到他骑的马被一匹野马惊到，结果导致毫无防备的成吉思汗坠马受伤，当晚就发起了高烧。也遂和随从的将领们经过商议后，一部分人建议成吉思汗回去养伤，等身体养好了再来攻打西夏。但成吉思汗生性要强，心想如果就这样回去，西夏人必定以为自己是被他们吓跑的，从而落下

笑柄，而且在不久之前，他派去西夏打听情况的一个使者，正好听到西夏一个叫阿沙敢不的大臣讥笑自己不敢前去过招。所以，虽然有一部分随从建议先回去，但成吉思汗表示宁死不退兵，继续率领蒙古军向贺兰山挺进，消灭了阿沙敢不。然而，战争的胜利对成吉思汗的健康并没有起到积极作用，他的病情反而因为旅途的奔波和劳累进一步加重，最终在元太祖二十二年（1227 年）八月二十五日去世。

雷击说：出使蒙古的罗马教廷使节约翰·普兰诺·加宾尼在其所著文章中表示，成吉思汗有可能是被雷电击中身亡的。约翰·普兰诺·加宾尼出使蒙古国时，发现在当地夏天雷电伤人事故频发，"在那里有凶猛的雷击和闪电，致使很多人死亡"。约翰·普兰诺·加宾尼回去后就向教皇提交了题为《被我们称为鞑靼的蒙古人的历史》的出使报告，而且在他的书中记载着成吉思汗是遭

西夏女供养人塑像

此塑像簪发贴花，方圆脸，眉清目秀，造型优美自然，身材比例匀称，为西夏泥塑佳品。

雷击而亡的。

中箭说：这种说法来源于《马可·波罗游记》。马可·波罗是一位13世纪的意大利商人，于1275年来到中国，当时执政的是元世祖忽必烈。与元朝有着17年交往历史的马可·波罗在其游记中记述了成吉思汗的死因——在梁生智翻译的《马可·波罗游记》中有着这样的记述："这个战胜者（指成吉思汗）在6年中相继征服了许多王国和城市，后来在围攻一个叫泰津的城堡时，膝部受了箭伤，并且因伤势过重而死去。"

在所有的野史版本中，有一种关于成吉思汗死因的说法最为离奇，这种说法与一个年轻漂亮的，名叫古尔伯勒津郭斡哈屯的西夏王妃有关。据传，成吉思汗在进攻西夏时，士兵俘虏了一名很漂亮的西夏王妃，并将她献给了成吉思汗，这名王妃在侍寝时，乘机将成吉思汗杀害。这种说法源于一本名为《蒙古源流》的书。1766年，蒙古喀尔喀部亲王成衮扎布将此书的手抄本作为礼物，进献给了乾隆皇帝，乾隆又命人将其译为满、汉两种文本，并重新给书起名为《钦定蒙古源流》，收入《四库全书》，因此，这种说法具有较高的可信度。

关于成吉思汗的死因虽然众说纷纭，但有一个共同点就是他死在出征西夏的前线。关于成吉思汗真正的死因，等到我们发现他陵墓的那一天，或许能够找到答案。

铁木真夺回妻子

　　青年时期的铁木真过了一段颠沛流离的生活，因为被仇家蔑儿乞部追杀，逃命时铁木真不得不放弃了自己的新婚妻子孛儿帖，因此孛儿帖被蔑儿乞部的人抢去当了老婆，这对铁木真来说是奇耻大辱。为了洗刷耻辱，铁木真最终想办法救出了自己的妻子。

　　铁木真与孛儿帖新婚不久，蔑儿乞部就给他们来了一个突然袭击。铁木真一家仓促奔逃，铁木真的新婚妻子孛儿帖与一位老妇人被安排在一辆车中，准备逃至不儿罕山。谁知一出帐外，敌人的兵马已经蜂拥而至。慌乱中，铁木真只顾着老母弱妹，竟然没发现孛儿帖的车子还在后面很远的地方，一会儿就被蔑儿乞部的人给追上了。只听得有人大喝一声："车里是什么人？"老妇战战兢兢地答道："车里只有羊毛。"问话的人正准备放过老妇人，继续追铁木真时，一个士兵突然说："我们何不下马看一看！"接着就有人跳下马，打开车门，看见里面正缩做一团的孛儿帖。

　　铁木真和家人在不儿罕山中一直躲了三天三夜，得知敌人早已远去，这才带着母亲与弟弟妹妹们下了山。他们回来后才知道是蔑儿乞部人抢走了孛儿帖，很明显，他们这次是来报复铁木真家族的，因为铁木真的母亲诃额仑本是蔑儿乞人客赤列都的妻子，结果被也速该抢了来。

　　妻子被抢，这对铁木真来说是一个奇耻大辱，如果不抢回妻子，恐怕就再也没有人愿意把女儿嫁给他。铁木真无可奈何，只有去求克烈部的汪罕帮助自己救妻子。汪罕同意出兵两万，之后铁木真又派合撒儿去请求札木合，他也同意出兵两万。

　　铁木真、汪罕、札木合的三支军队在不儿罕山下会师。经过商量之后，决

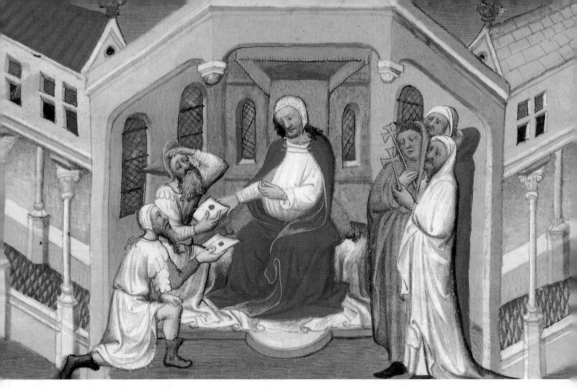

汪罕像

选自《马可·波罗游记》，汪罕被称为"约翰"，画中其接受来自成吉思汗两位使节跪见。

定由铁木真兄弟和博尔术打头阵。

一众人马渡过勤勒豁河，直扑布拉克卡伦，又乘夜突击，蔑儿乞部因遭到突然袭击而乱作一团，铁木真等人很快就将帐内所有的男女老少全都捉拿。天亮后一一检视，却没有发现蔑儿乞部的首领脱黑脱阿，孛儿帖也下落不明。铁木真挨个审问俘虏，在问到脱黑脱阿的正妻时，她回答："夜间听说你们的人马已经渡过了勤勒豁河，脱黑脱阿就到斡儿寒河那边去看歹亦儿兀孙去了。"铁木真又问："我的妻子孛儿帖，你见过吗？"老妇说："孛儿帖原来是你老婆啊，把她劫来本来是给客赤列都报仇。现在客赤列都已经死了，所以把孛儿帖许配给他的阿弟为妻。"铁木真一听急忙问道："已经成婚了吗？"老妇想了半天说："我不太清楚。"铁木真又问："你知道她现在在哪儿吗？"老妇

▶ 成吉思汗和他的儿子们

此图选自《史集》，是14世纪初伊利利汗国拉施特奉伊利汗合赞和合儿班答之命，主持编撰的一部世界通史著作，历时十年编纂而成。

بها و معتبک لیک نبزرکتوقاع قیام مقامه بوده اندنام ایشان نشسته بودن و ازان کریان و حلوم نبزرک نومنبه خان بریک قیام
مقامه پدر خودکشته اندازخو جهت بدین جهت که رفته آمده آمدن تا مکم که یک ازایشان فتنه بوده و که که او فرزندان او ونواده و قبل خست تاطربخ نجم
تاقشهم لسان بریک تاسامی ایشان مفصل حدوانها به شده دین سیات شعبی تاامت یک فدمدکو بنده چنگیز خان شده و توام این بنزراه بندگی ازم
و بعضی ایشان کوجهارس پندیده داده و اندو و بعضی خالنای و دشمنان یکی کشته و عافیت الامرستامی خودی یافته مشترک ترکشته و بازماندکان جهلیه کان
شده اندجناکه دردا استان چنگیز خان مشروح و بعضی اخکیا تایشان و مشرع یاد کرده شداز انجانجا مطالعه ادبک دار تامعلوم شود و اسلم
قسم دوم درصورت نومنبه خان وخاتون و توجه زندان درقسم سابق کفته که اند و سو بوده که اندچنانجا سامی ایشان مفصل کرده و رفته ین
زمان شعبتان بنای فرزندان ایشان غیرفرز زندان قبل خان که چون از اجداد   است داستان علیه و خواها کشده و می آبدربن هیات برین هیات است

داستان نومنبه خان آن قسم دوقسم است   قسم اول دیساجه احوال و فرزندان شعب ایشان قبل خان جده سوم چنگیز خان است و معوال الله
جدیسوم اللینک خوانند و ازفضایل شعب جامولد و شکسته اندو فرزندان نوادان او راقیات خوانده نوادن و بسر جهین و ل و معنی اوکین و کیس و شست
و آن جهت که بغات کال خبر جبره و بک جره بوده است جانکه خداو دان نظر دان حسن طرمایل او الحجیران کشته دور و سی یک کشاو بغایت کردوغه غله
داشته اوکین براقاقی کفه اندو هم درجوانی مانده سو زفاقته که نام منبره او صحبه یکی بوده و تمام قیات فیت بود یو و کین افسا ولی اندوحکایت الح
با ایشان یا   درموضع خوش بش خواهد آمدو جون آمدنثا بنده و منابع باشاه خاقان ایشان قبل خان بوده و بسبب بنده قبل خان العجیان بوده و راکشته

说："可能和百姓们一起走了。"

铁木真又匆匆跳上马去找孛儿帖。一路上，铁木真看到沿途有许多难民在逃奔，就时刻留心探望，却始终没有看到孛儿帖。

铁木真一路寻找，忽然一个老妪走过来对他说："小主人，难道你不认识我了吗？"铁木真仔细一看，认出她正是那位与孛儿帖坐同一辆车的老妇人，忙下马向她打听孛儿帖的下落。老妪说："她已经逃出来了，就在这附近。"听说孛儿帖已经逃出来了，铁木真悬着的心一下子放了下来，忙牵着马的缰绳和老妪一起寻找孛儿帖。正在四处张望时，铁木真看到河边坐着一个年轻妇女正在啼哭，远远看去，正是自己的妻子孛儿帖，于是舍下马奔了过去。

这边，铁木真找回了自己的妻子，和他一起出行的汪罕和札木合的两路大军也没闲着，他们本打算去捉拿歹亦儿兀孙，谁知此人已与脱黑脱阿做伴逃走，只给他们留下了一些子女和牲畜。

三军会合后，札木合和汪罕合议，把所得的牲畜器械都平均分成三份，其中一部分给铁木真。铁木真婉辞拒绝道："汪罕是父辈，札木合是尊长，你们可怜我出身穷苦，愿意出兵为我报仇，帮我救出妻子。你们的大恩大德我感激都来不及，怎么还敢要这些战利品呢！"札木合不从，执意要给他一部分，铁木真见推辞无用，就收下了。于是，一干人等拔寨起行，把仇人都绑了回去。

成吉思汗葬身之处的猜想

在中国所有封建帝王的陵墓中，只有元代帝王的陵墓至今未被我们知道确切的位置。而在元代所有的帝王中，成吉思汗的地位无疑是最高的，所以对于他的陵墓的探寻始终牵动着世界各国历史爱好者的目光。曾经统一蒙古草原建立蒙古汗国的成吉思汗究竟埋身何处，一直都是考古界的一大谜团。

据史料记载，元太祖二十二年（1227年）八月二十五日，成吉思汗病逝于六盘山，后被埋葬于由2500名工匠为其打造的陵墓中。陵墓建成之后，所有工匠被400名蒙古士兵集体杀死，而这400名士兵也随之全部被处死。从此，成吉思汗陵成了永远的秘密，没有人知道它在哪里。几百年来，虽然不断有人声称自己找到了成吉思汗陵墓，但往往是热闹一阵之后又销声匿迹，这令成吉思汗陵变得更加扑朔迷离。

如今，在考古界，关于成吉思汗陵墓的具体位置大致上有四种说法：一是位于蒙古国境内的肯特山；二是位于内蒙古鄂尔多斯市鄂托克旗境内；三是位于新疆北部的阿尔泰山；四是位于宁夏境内的六盘山。

在南宋文人的笔记中，关于成吉思汗陵墓有这样的记载：成吉思汗在征讨西夏的途中病逝后，其遗体被运到了漠北肯特山下某处，并在地表挖深坑，下葬后用土回填，然后"万马踏平"。为了不让别人看出这里有动土的痕迹，下葬后的一段时间，其后人还要用帐篷将周围地区全部围起来，一直等到墓葬地面上的青草完全长出，与周围的草原浑然一体时，他们才离开。在离开之前，为了方便将来祭祀，他们还在墓葬地表杀死一只小骆驼，并且是当着小骆驼母亲的面。母骆驼在痛苦哀叫的过程中，也就记住了这个地点。第二年，当人们前来祭祀的时候，只要牵着这头母骆驼，就能找到墓葬的地点。但是，目前这种说法还缺少足够的证据,而且考古学家们在肯特山地区发掘了两三百座古墓,依旧一无所获。

另外,在内蒙古鄂尔多斯高原上,有三座镶嵌着彩色琉璃瓦的蒙古包式大殿掩映在松柏之中,大殿内供奉着成吉思汗生前用过的衣物和一些兵器等遗物,但是这里并没有成吉思汗的尸骨,仅仅是他的衣冠冢。成吉思汗死后,人们将他的遗体埋葬后,就把他穿过的衣服,佩戴过的刀随身带在身边做纪念。虽然后来不断地迁徙、征战,但这些东西还是被保留了下来,被后人供奉在鄂尔多斯草原的陵墓中。不过,也有人认为这座陵寝不仅仅是成吉思汗的衣冠冢这么简单,在这座陵墓中,考古学家们发掘出了成吉思汗全家 12 口人的画像,虽然如此,这些也不足以证明这里就是成吉思汗真正的陵墓。

在新疆北部阿尔泰山脉所在的清和县三道海附近,有考古专家在该地发现了一座经过人工改造的大山,据推测,这里可能是成吉思汗的葬身陵墓,依据就是马可·波罗在他所著的《马可·波罗游记》中写道:"在把君主的灵柩运往阿尔泰山的途中,护送的人将沿途遇到的所有人作为殉葬者。"

另外,还有一些考古专家认为,成吉思汗既然是死于六盘山附近,按照蒙古族的风俗,人在去世后三天内就应该处理掉,或者天葬,或者土葬,或者火化,为的就是防止尸体腐烂。所以,他们认为成吉思汗死后就地安葬的可能性很大。

除了以上四种关于成吉思汗陵墓所在地的猜测外,在吉尔吉斯斯坦的考古界还流传着另外一种说法,他们认为成吉思汗的遗体被装入巨型石棺,然后沉入了伊塞克湖湖底。吉尔吉斯斯坦国不少历史学家、考古学家都坚信这种可能,因为在伊塞克湖湖底,考古学家们已经发现了一个古城堡的废址,而且还从湖底打捞出部分古代的生活用品及钱币,经专家鉴定,这些正是成吉思汗时代的物品。所以当地民间流传着一种说法:成吉思汗病逝后,他的子孙们将他的遗体以及大量随葬品都秘密地运到湖边,并在这里打造了一个巨大的石棺,将遗

▶ 元代 骆驼击鼓俑

刻画了蒙古族谙熟骑术的生活习俗。

体、财宝等通通装入棺材，并沉入湖底。

　　除此之外，还有很多来自其他国家的考古专家们都曾进入蒙古进行考察和发掘，但始终没有找到真正的成吉思汗陵。寻找成吉思汗的陵墓已经成了世界性的考古课题，或许在多方人士的不懈努力下，我们最终能找到真正的成吉思汗陵，也许最终我们会发现当年人们对成吉思汗采取了天葬的方式，从此就不会再有人执着于寻找真正的成吉思汗陵墓了。

元代的刺桐港

选自《马可·波罗游记》15世纪的一个抄本。

元成宗结束西北战争局面

　　孛儿只斤·铁穆耳是元朝第二位皇帝，庙号成宗，元世祖孛儿只斤·忽必烈之孙、太子孛儿只斤·真金之子。其父死后，他于至元三十年（1293年）被封为皇太孙，第二年即皇帝位。在他统治期间，专力整顿国内军政，限制诸王势力，减免部分赋税，使社会矛盾暂时有所缓和。同时，发兵击败西北叛王海都、笃哇等，笃哇、察八儿归附，使西北长期动乱的局面有所改观。

　　年幼时的铁穆耳是个嗜吃狂。忽必烈为了督促他节制饮食，曾三次杖打这个孙子。同时派数名御医日夜监视他，只要觉得他吃够了，立刻击杖两声以为号，铁穆耳就不能再狂吃。正值节食难受之时，有个回回人来了，他自称有神仙"甜水"能让铁穆耳的肚子舒服，这位皇孙信以为真，随此人来到一个装潢精美的浴室。蒸洗完毕，回回人引他到一个金笼头前，事先置美酒于其中，铁穆耳一顿酣饮。从此，铁穆耳天天以酒当水，节食很有成效，却成了个不可救药的酒精上瘾者。过了好几年，忽必烈见这个皇孙日渐消瘦，才得知回回人诱引他喝酒成瘾的秘密，暗中派人劫杀了此人。但是，青年铁穆耳的酒瘾一发不可收拾。但奇怪的是，铁穆耳继位后，痛自诫厉，完全戒酒，至死也没再喝一口。

　　早在忽必烈与其弟阿里不哥争位时，窝阔台大汗的孙子海都就站在阿里不哥一边。1266年，阿里不哥战败后被忽必烈毒死，海都领兵还归于其位于叶密立河流域的封地，并广结术赤诸后王，于1268年与忽必烈再次开战。所以，忽必烈在灭南宋的过程中数次以天热为名要伯颜等人驻兵，实际上最大的忧虑恰恰是害怕海都大举入侵。特别值得一提的是，忽必烈难洗失败之耻罢征日本，也是因为他的心腹之患海都在北方觊觎元朝边境所致。

　　为了分化海都等西北诸王，忽必烈册封八刺为察合台汗国大汗，想让他们

火拼。果然，这两个蒙古王爷大打出手，开始海都遭伏大败，但他联合术赤诸后王共击八剌，八剌反败。不得已之下，八剌与海都结盟，这样一来，察合台汗国实际上归于海都控制之下。

八剌死后，捏古伯继位为汗，他虽为海都授立，但心中不服海都，忽然挑起战端。海都起兵相迎，杀掉捏古伯，立八剌之子笃哇为察合台汗国的大汗。日后，双方联合术赤诸后王，时时侵扰大元朝北方边境。

1297年，钦察王子土土哈病死，其子床兀儿好战，率军与海都和笃哇等人打个不停，但最终被海都等人击败。乘胜凭势，笃哇又侵元朝边境，俘虏并杀掉了忽必烈的女婿阔里古思。

继位不久的元成宗听闻此事，决定御驾亲征。其母后阔阔真认为海都等人距大都遥远，亲征要花一两年时间，其间恐内部生乱。在她的劝说下，元成宗才打消亲征的念头。就在元成宗郁闷之间，先前一直与忽必烈为敌的药不忽儿等三个王爷，率万余人投附大元朝，并自告奋勇要带兵去打笃哇和海都。元成宗大喜，忙派人送去军需物资让这几个人为自己打头阵。这几人昔日与笃哇等人是同盟军，不仅熟悉地形，又深知对方行军布阵的规律，一出手就把笃哇打得大败，并生擒了其妹夫。

完者都接见元朝使节

选自《史集》，完者都是伊利汗国第八位君主，此图绘接见使者瞬间。

闻讯大怒的海都立即召集包括察合台大汗笃哇在内的40个蒙古王爷，提兵数十万杀向元朝边境。不料，海都此行，反而成就了元成宗的侄子海山。海山年纪虽轻，但临危不乱，督五部元军予以海都联军迎头痛击，在1301年秋天于哈拉和林与塔米尔等地大败敌军。身受重伤的海都在退军途中死去。

有关海山的大胜，中外史书记载不一，多有存疑。《元史》中大肆宣扬海山这位日后皇帝的胜利，但西亚等地史书记载双方交战实际上不分胜负，最后是经谈判达成"和议"。海都还捞得不少便宜，向元军勒索了无数金银珠宝兴高采烈而还，不料半途得上传染病，这才一命归西。而且，海都一生中打过41场大战，基本上场场皆胜，是忽必烈的一大噩梦。

海都人死，西北诸王心也凉了。笃哇从海都10个儿子中拥戴察八儿为大汗，继承窝阔台汗国的事业。知道自己打不过大元的笃哇，劝察八儿及诸王与元朝讲和，共同遣使表示臣服，承认铁穆耳的蒙古宗主地位。

由此，窝阔台汗国、察合台汗国以及统治波斯广大地区的伊利汗国和统治今天俄罗斯地区的钦察汗国，均表示拥戴元成宗。这样一来，整个蒙古诸王族在形式上又重得统一。

不久，笃哇与察八儿二人因利益不和，兵戎相见。元成宗自然偏向笃哇，双方合兵，把察八儿打得穷蹙投降。笃哇虽未杀察八儿，但昔日的窝阔台汗国至此已全归察合台汗国域中。1306年，笃哇病死，其子宽阔继位，一年半后也病死，汗位被察合台的一个后裔塔里忽所夺。没过多久，塔里忽被忠于笃哇的旧臣刺死，众人拥笃哇幼子怯伯为大汗。见内乱迭起，察八儿又联合海都系诸王来攻，最终反被察合台系诸王打败。正是由于窝阔台、察合台两系诸王之间的厮杀，河中地区长年血战，不得安宁。与之相较，元成宗统治下的大元朝要相对稳定得多。

总之，其他几个蒙古汗国汗王之间相互斗争，对大元朝皇帝最有利。如此，元成宗可以扬此抑彼，坐山观虎斗。此真帝王之道也！

窝阔台推迟两年登汗位

成吉思汗死时，亲口指定自己的三子窝阔台即位。但即使有父亲亲口传位，窝阔台也并没有马上成为蒙古大汗。在成吉思汗去世后的两年中，治理蒙古的都是当时任监国的拖雷。直到1229年，窝阔台才坐上汗位。这又是怎么回事呢？

成吉思汗去世之前，就已经定好了窝阔台为汗位继承人。其实，在四个儿子中，成吉思汗最为疼爱的是小儿子拖雷，曾经称其为自己的"那可儿"（同伴），而且按照当时蒙古族的习俗，幼子"守产"进而继承汗位，因此，按理拖雷不仅应该继承汗位，而且还应继承父亲全部的财产和牛羊。但是，最终成吉思汗却传位于窝阔台，这样做当然是有理由的。

成吉思汗不是没想过将汗位传给拖雷，但是，在经历了几个儿子间的纷争之后，他觉得窝阔台更具备掌控大局的才能，也更适合做一国之君。1220年秋，成吉思汗派遣窝阔台、察合台统帅右翼军进攻花剌子模的首都玉龙杰赤（今土库曼斯坦的库尼亚、乌尔根奇），同时命术赤率本部兵马从其驻营地南下会合，结果在夺取桥梁时损失了三千士兵。为了避免进一步的损失，术赤想用"软攻"法以保全城市的完整，但是察合台并不同意他的这种方式，于是双方在这个问题上发生了争执。术赤等到了城下，前哨劫掠牛马。守兵出城抗御，被诱到数里外，中了埋伏，被击败。城内兵民于是一意坚守，不再出战。无奈，术赤先派人招降，因城主库马尔不从，术赤就伐木为桥，令三千兵士进攻。不意守兵出击，把三千人困在中心，杀得片甲不留。术赤急发兵支援，怎奈桥已毁去，前后隔断，只好眼睁睁看着这三千人做了无头鬼！察合台打算乘风纵火，毁他城池。术赤想在此称王，不许焚掠。等了数月，还是没拿下，使人禀报成吉思汗。此时身在阿富汗境内的成吉思汗知道后，就委派窝阔台为最高指挥官，术

元　佚名　元太宗像

元太祖成吉思汗的第三子。在位期间，任用契丹人耶律楚材为中书令，采用汉法，并且开科取士，重用中原文人，奠定元朝的基础。

赤和察合台也都听令于他。窝阔台很好地调解了术赤和察合台之间的矛盾，严整了军纪，然后统率大军攻城。激战 9 天后，坚守者终于因力竭而请降。在这次事件中，窝阔台表现出了他突出的人际协调能力。

另外，据《元朝秘史》记载，术赤和察合台发生了争执，于是二人共推敦厚的窝阔台，并且这个提议获得了通过。由此看来，与成吉思汗喜爱的拖雷相比，窝阔台并非一无是处，而且他从小就得到了骑马射箭的锻炼，又曾跟随成吉思汗参加多次战役，在各种历练中，他逐渐成长为一位骁勇善战、足智多谋的将领。有了这些资本，成吉思汗没有理由不传位于他。不过，后来为了补偿拖雷，成吉思汗将自己绝大多数的财产分给了他：拖雷所得的军户为一万零一百户，而汗位继承人窝阔台仅得四千户。

基本确定了汗位继承人后，成吉思汗就开始有意识地安排窝阔台主持朝政，给他锻炼的机会。

◀窝阔台登基

选自《史集》，图中描绘窝阔台登基时的情景，窝阔台于 1229 年忽里台大会被拥戴登基，管理整个蒙古汗国。

不过，虽然窝阔台将要继承汗位众所周知，但在成吉思汗去世后的两年时间里，窝阔台都没有办法名正言顺地坐上汗位，这又是为什么呢？

成吉思汗临死时，大儿子术赤已死，察合台正在攻打金朝，窝阔台暂时顶替术赤管理西域，当时成吉思汗在身边的儿子就只有拖雷。因此，他虽然留下了传位给窝阔台的遗嘱，却让拖雷担任监国，在窝阔台尚未正式登基前，一切都还得听拖雷指挥。

在蒙古汗国时期，有一个很独特的规矩，即使老可汗已经定下了继承人，但这个继承人想要登基，也必须通过忽里台大会的批准，这个大会一天不举行，继承人就得多等上一天。成吉思汗去世后，由于战事繁多，监国托雷并没有马上召开忽里台大会，而且一拖就是两年。在这两年的时间里，窝阔台眼看着汗位却不能坐，因此他这个系的贵族和拥护他的察合台系的贵族们都觉得很恼火，其间曾多次催促托雷召开大会，但拖雷始终在找理由拖延，窝阔台除了心生怨恨，也毫无他法。最终，拖雷终于觉得不能再拖下去了，于是表示愿意接受父亲的主张，将汗位给予三哥窝阔台。

然而，这时候又出现了意外。虽然窝阔台对汗位垂涎已久，而且拖雷也同意召开忽里台会议，但是窝阔台却慑于拖雷雄厚的实力，在登基这件事上颇为踌躇。原来，在拖雷治理蒙古汗国的两年时间里，蒙古的土地和政权都在凶猛地扩张，他的才能得到了很大一部分蒙古贵族的认可，因此拥护拖雷即大汗之位的贵族明显多于拥护窝阔台的，最终，在召开忽里台大会时，拖雷用了40多天才说服了大多数蒙古贵族。于是，在几次三番的推让之后，窝阔台终于被二哥察合台、弟弟拖雷、叔父斡惕赤斤一起又推又拉地弄上了蒙古帝国的大汗宝座。从此，拖雷开始一心一意地辅佐自己的三哥。

元史上，每一次的皇位更替几乎都伴随着血淋淋的家族相残。元太宗窝阔台神秘死去，由于实在找不出被谋害的理由，只好勉强以饮酒过多确定了死因；阿里不哥在与哥哥忽必烈争夺汗位失败后，走投无路之下归顺了忽必烈，一年后就离奇地病死；而元定宗贵由的死因，也成了千古悬案。亲情在这个时候似乎只是被利用的工具。

窝阔台与其长子贵由之间关系不是很融洽，故想让自己最宠爱的阔出继其汗位。然而阔出短命，在1236年入侵宋朝的征途中死去。窝阔台悲痛万分，只好把汗位继承人定为阔出的儿子失烈门。

1241年，窝阔台去世，大皇后木哥哈敦主持朝政，但是在1242年，木哥哈敦也去世了，权力落到了六皇后脱列哥那即乃马真氏的手里。她极力袒护贵由，费尽心机将窝阔台的遗言否定，决定封贵由为汗位继承人。此时，成吉思汗的幼弟斡赤斤欲夺汗位，便率兵开赴都城。乃马真氏立即遣使责问他，斡赤斤只得引兵退回驻地。按照蒙古习俗，汗位的继承人还要经过忽里台大会选举决定。乃马真氏便召集各宗王和将领赴都城和林参加忽里台大会推选新汗。

当时在诸王、贵戚中，西征军统帅拔都威望最高，他反对贵由出任大汗，以患病作推辞，拒不赴会，致使忽里台大会不能如期举行。这种情况下，只得由乃马真氏继续摄政。

1246年秋天，拔都派其弟别儿哥代他出席忽里台大会。由于乃马真氏力争，大会达成协议，推举贵由为新的大汗。乃马真氏在摄政五年之后，终于让自己的大儿子贵由当上了大汗，但是拔都一直拒绝承认贵由为蒙古大汗。

拔都是成吉思汗长子术赤的次子，因为长兄撒里塔觉得自己在智慧和才能

方面不如二弟，所以主动让贤，凡事以拔都为先。术赤死后，拔都继承了术赤的全部领地和财产。贵由是成吉思汗三儿子窝阔台的长子。按照亲属关系，拔都和贵由是亲叔伯兄弟。

二人的交恶还要从两个人的父亲说起。成吉思汗在位时，术赤与察合台共同领兵攻打玉龙杰赤，由于思路不同，双方配合出现问题，使蒙古大军损失惨重。成吉思汗派窝阔台前去调停，两人表面上和解了，但心里的疙瘩却难以解开。由于玉龙杰赤被攻破后术赤的军队损失很大，在胜利后术赤去见成吉思汗，但只有窝阔台和察合台面见了成吉思汗。

在汇报战况的时候，由于窝阔台和察合台平时关系甚好，二人就把蒙古军损失的责任都推给了术赤。术赤损兵折将还落得这样的结局，他从此对窝阔台和察合台心生怨恨。成吉思汗在临死前把术赤、察合台、窝阔台、拖雷叫到身边来确定继承人。成吉思汗先让术赤说话，术赤还没有说，察合台就说术赤是蔑儿乞人的杂种，根本没有继承大汗的资格。因为术赤的母亲孛儿帖曾经被蔑儿乞人抢走，孛儿帖后来被成吉思汗夺回来时，带着一个刚出生的婴儿——术赤。

成吉思汗虽然训斥了察合台，但是术赤自知是窝阔台和察合台二人共同商量好向他发难的。最后成吉思汗选择了窝阔台继位，但术赤对这个大汗很少服从。由于术赤和拖雷关系密切，而窝阔台则和察合台关系很好，在黄金家族中就自然形成了拖雷系和窝阔台系两大派系。父辈的隔阂同样传给了儿子，尤其是拖雷之死，使拔都与窝阔台系的关系更是到了水火不容的地步。

坐稳汗位后的贵由，始终不忘远在西域钦察汗国的拔都。元定宗二年（1247年）冬，蒙古大汗贵由伴称得病，说六家子鲜卑墓群那里的水对他的病有利。他于是派出亲信到处散布大汗要率大军西巡，到叶密立去休养的消息，并派大将野里知吉带率十几万大军先行。

唆鲁禾帖尼王妃和忽必烈兄弟得到密报，认为贵由的仓促出行别有用意，西巡的目的显然是要袭击其政敌——钦察汗国的可汗拔都。于是唆鲁禾帖尼王妃立即派出密使向拔都通报了这一消息。接到情报后的拔都决定迎战，但是他手下的谋士说："贵由自己送上门来，应该以欢迎大汗为名带上各种礼物前去迎接，贵由只有匹夫之勇，必然认为我们臣服于他，对我们不加怀疑。趁着贵由不加防备，暗中将其除掉，这样比刀兵相见除掉他要容易得多。"拔都听后连连称是，即照此计布置下去。

第二年三月，贵由大军到达横相乙儿之地，贵由却离奇死亡。对于贵由的突然死亡，史书上有几种不同的说法。

元定宗三年（1248年）三月下旬，贵由大军来到今新疆青河县南部，只见沿途百姓和拔都的军队都打着朝觐大汗的旗号。贵由生性鲁莽，以为拔都是真心欢迎他这个蒙古大汗的，放松了警惕。拔都让自己的弟弟提堪带着礼物和美女十名前去与贵由相见，说拔都和贵由都是成吉思汗的孙子，虽然平时有些争执，但是亲情还是有的，所以拔都欢迎大汗到西方来巡视。贵由以为拔都已经臣服，当晚就与提堪在帐中饮酒作乐，深夜时分，贵由烂醉如泥，抱着美女倒在帐中。谁知美女乃是拔都安排的训练有素的刺客，趁此良机将贵由刺杀然后连夜返回拔都大营。另有一说是贵由服用了拔都给他的"某些药"而死去，还有一说是贵由是与拔都之弟昔班在大帐内决斗而同时毙命。

贵由死后，拔都力挺蒙哥即位，这样，拖雷的儿子蒙哥就成了蒙古大汗，而贵由之死也就成了千古悬案。

元宪宗蒙哥如何继承汗位

当年由于窝阔台在综合能力方面比拖雷略胜一筹，成吉思汗就没有按照风俗传位给拖雷。按照传统，窝阔台会将蒙古帝国的汗位继续传给自己的子子孙孙。然而事实并非如此，风水轮流转，可汗的宝座在窝阔台和他儿子贵由的手中转了一圈后，又成了拖雷长子蒙哥的掌中之物，这又是怎么回事呢？

各代的皇帝在临死前都会将皇位传给自己的儿子，除非实在没有儿子，才会考虑其他人，蒙古汗国的习俗虽略有不同，但窝阔台在世时就已经和各支宗王约定好，只要窝阔台还有后人，就不能奉其他宗王为大汗。所以窝阔台的儿子贵由死后，理应由他的孙子辈继承汗位，但结果却是拖雷的长子蒙哥登上了汗位。

窝阔台汗在位时，将第三个儿子阔出定为汗位继承人，没想到阔出在1240年攻打江陵时战死，因此窝阔台汗又把汗位继承人改为阔出的儿子失烈门。1241年，窝阔台去世，由于当时失烈门年纪太小，乃马真氏便以"汗后"的身份掌握了大权，她置窝阔台的遗嘱和许多反对意见于不顾，把汗位交给了自己的大儿子贵由。贵由喜欢喝酒，手足有痉挛病，接位后的第三年春天就死了。

窝阔台死后，作为皇后的海迷失希望汗位依旧保留在窝阔台一系中，于是他们四处活动，包括游说拖雷的遗孀唆鲁禾帖尼，唆鲁禾帖尼表面上答应了，暗地里却加紧行动，为自己的儿子创造角逐汗位的机会，不过，真正帮助蒙哥坐上汗位的，还是术赤的次子拔都，而拔都之所以愿意帮助蒙哥，不外乎三个原因。

第一，在窝阔台执政时期，拔都曾与贵由发生过冲突，自此与窝阔台一系结下了仇怨。窝阔台做大汗的第七年，俄罗斯诸部起来反抗。窝阔台于是命令诸王、驸马、万户、千户各派长子率兵讨伐，这次西征在历史上被称为"长子西征"。其中，因为拔都是术赤的继承人，是各个长子中的长子（其实拔都为术赤的次子，但因为他在军事方面的能力远远超过哥哥，于是哥哥自愿以他为长），所以由他担任统帅；察合台部派长子莫图根（当时已死）的长子不里统军，窝阔台部由其长子贵由统军，拖雷部由长子蒙哥统军。因为每个长子麾下都是兵多将广，所以这支军队的实力特别强大，总兵力大约有15万人。

这支庞大的军队很快就平定了钦察、俄罗斯北部、俄罗斯南部，攻克莫斯科、基辅等大城。在征服俄罗斯等11个国家后，统帅拔都决定兵分三路西征，于是搭起帐篷设宴。宴会还没有开始，拔都便拿起酒杯自己先饮了几杯。窝阔台的儿子贵由和察合台的孙子不里看到后十分不满，纷纷骂道"拔都凭什么先饮酒？他以为自己是元帅，其实就是个长了胡子的婆娘"，"这是个带弓箭的婆娘，我们二人早就该狠狠打他一顿"……这些话被拔都听了去，一顿大吵之后，宴会不欢而散。

贵由和不里为什么会骂拔都是"婆娘"呢？原来，拔都很会打仗，脾气又好，对待属下将士很好，大家都叫他为"赛因汗"。在蒙古语里"赛因"就是"好"的意思，说他是"好王子"。不里和贵由自己对部下凶狠，还反过来认为拔都婆婆妈妈，不够威风，像女人一样。还有一个更重要的原因就是，拔都是术赤的儿子，而大家都认为，术赤并非成吉思汗的亲生子，因此察合台系和窝阔台系的王子们在心中根本瞧不起术赤系的王子。拔都派人将这件事禀告了大汗，窝阔台听了很是恼怒，等贵由回朝后，痛

元宪宗孛儿只斤·蒙哥像

蒙哥即位前曾参加拔都统帅的长子军西征，活捉钦察首领八赤蛮，进攻古罗斯等地。即位后主要致力攻灭南宋、大理等国，并派遣旭烈兀西征西亚诸国。

骂了他一顿，并把他送去给拔都处置，又把不里交给察合台处置。但贵由是窝阔台的儿子，拔都当然不敢当真处置，从此这场仇怨就结下了。在这次拔都与贵由和不里的争执中，蒙哥始终站在拔都一边，所以后来拔都才愿意帮助蒙哥夺取汗位。

第二，当时的拔都实力雄厚，完全具备称汗的资格，而且忽里台大会的举办地点选在拔都所管辖的地区，会中也有很多人推举拔都，说在成吉思汗的众多孙子中，拔都年纪最长，兵力强盛，不仅战功赫赫，还仁慈得人心。但是拔都并没有参与这场权力的角逐。这是因为他深知即使自己坐上了汗位，其他三系肯定会联合起来对付自己，到时候处境反而会变得很艰难，所以还不如做个顺水人情，帮助蒙哥得到汗位。

第三，举行推举贵由为汗的大会时，拔都借故没有参加，也根本不承认贵由的蒙古大汗身份，因此贵由登基后没多久，就准备讨伐拔都。蒙哥的母亲唆鲁禾帖尼得知这个消息后，马上派人前去告诉拔都，让他早做准备，这件事让拔都很感激唆鲁禾帖尼。

然而，就在大家欲推举蒙哥为大汗的时候，贵由的皇后海迷失想让自己的儿子做大汗，就派人去对拔都说："忽里台大会向来是在蒙古东方的本部举行的，这次在西方开，不合祖宗规矩，而且许多王公大将都没有参加，会议的决定不能算数。"拔都说："那就明年在东方开好了。"

到了第二年，拔都派自己的弟弟统领大军，护送蒙哥到蒙古本部开忽里台大会，自己则驻在西方做后援，窝阔台系与察合台系的王公知道自己根本争不过拔都和蒙哥，都不到会。拔都传下命令：哪一个不遵大会决定，国法处置。术赤系和拖雷系的兵力很强，两系联合，窝阔台系和察合台系的力量根本就比不上，所以关于蒙哥做大汗的决定，在这次大会中又通过了。从此，蒙古帝国的大权从窝阔台系转移到了拖雷系手里。

拖雷和唆鲁禾帖尼像

选自《史集》，拖雷在成吉思汗诸子中军事能力是最强的，他的军事成就也十分杰出。

忽必烈改国号为元始末

中国历代的国号，多与这个朝代的开国皇帝有渊源，如周天子崛起于"周"这个地方，所以他后来定国号为"周"；刘邦定国号为"汉"，是因为他曾经被天下盟主项羽封为"汉王"；曹操的儿子称帝，国号"魏"，是因为曹操曾做过"魏王"；宋朝的开国皇帝赵匡胤曾经领过周朝"宋州归德军节度使"一职，因此称帝后定国号为"宋"……但是，忽必烈在定元朝的国号时，并没有沿袭这些方式，而是另辟蹊径。

成吉思汗的孙子忽必烈，在经过一系列的内争外斗之后，终于在1260年坐上了蒙古大汗的宝座，七年后，忽必烈迁都大都城，即今天的北京城，又过了四年，他将他的国家改名为"大元"。

"大元"的国号出自儒家经典《易经》中的"大哉乾元"一句，是对广阔无垠、无始无终的浩大宇宙的赞叹。不过，这大气磅礴的两个字不是忽必烈想出来的，虽然他很热爱汉文化，也受到过良好的教育，但是，对于汉文化，他还没有熟练到运用自如的程度。"大元"这个国号的提出，其实是来自饱读诗书的中原人的建议。

《元史·世祖本纪》记载道："帝在潜邸，思大有为于天下，延藩府旧臣及四方文学之士，问以治道。岁辛亥，六月，宪宗即位，同母弟惟帝最长且贤，故宪宗尽属以漠南汉地军国庶事。"其实，还在漠北做藩王的时候，忽必烈就已经有"大有为于天下"的抱负，并开始为将来的大业聚集一些有学问的人才。他对汉文化特别神往，所以特地延聘了许多汉人到王府来做幕僚，向他们学习汉人的文化和制度，这些汉族幕僚中，有一个法名为"子聪"的和尚，也就是后来的刘秉忠，就是他协助忽必烈改的国号。

清 佚名 宋太祖像

崛起于乱世之中，是宋朝开国皇帝（927—976年）。在「陈桥兵变」中被拥立为皇帝。他结束了割据混战的局面，进一步实现了统一，建立宋朝后，十分重视经济、文化的发展，同时轻徭薄赋，各行各业都得到了发展，实现了社会的繁荣发展，史称「建隆之治」。

清 佚名 周武王像

选自《历代帝王圣贤名臣大儒遗像》。周文王次子，姬发。在伐纣过程中，周文王去世，王位由姬发继承。周武王任用贤臣太公望、周公旦等人，国家日渐富强。最后，武王联合各族，攻打商都朝歌。商败，纣王自焚，遂商灭亡，周王朝由此建立。

清 佚名 汉高祖像

选自《历代帝王圣贤名臣大儒遗像》。汉朝开国皇帝。秦末起义，在项羽的鸿门宴后被封为汉王，分封巴蜀一带。后在楚汉大战中战胜项羽，统一了天下。定都长安，史称西汉。

刘秉忠比忽必烈小一岁，他出生时，中国的北方已经被辽、金两朝统治了三百多年，刘秉忠的父亲和爷爷，都是金朝的官吏。刘秉忠17岁的时候，当了邢台节度使府令史。令史这个官很小，职位相当于现在的办公室科员，而且是从事文案的科员。然而，刘秉忠从小饱读诗书，他8岁入学，"日诵数百页"，志向远大，因此不甘于做这份下级文吏的工作，便辞职到武安山出家为僧，法名"子聪"。

1247年，三十多岁的和尚子聪游历云中（今山西大同一带），留在云中南堂寺。忽必烈未当皇帝时，一次召见海云禅师。海云禅师乃是佛教临济宗的领袖，声望颇高，当他路过云中时，听说刘秉忠博学多才，就邀他一同前去见忽必烈。刘秉忠对天文、地理、律历、遁甲等无不精通，他虽云游四方，但依旧留心世事，因此，和忽必烈交谈起世事来了如指掌。一番交谈后，海云禅师南还，刘秉忠就留在了忽必烈身边。忽必烈非常器重他，刘秉忠的满腹文才终于有了用武之地。

在忽必烈之前，元朝的君主们都没有用年号，为此，刘秉忠对忽必烈说新君即位，应该颁布历法。

至元八年（1271年）十一月，由刘秉忠带头，几位大臣给忽必烈上了呈文，呈文说："元正、朝会、圣节、诏赦及百官宣敕，具公服迎拜行礼。"就是在忽必烈的认可下，改国号行朝仪的一系列工作逐步完成了，于是忽必烈正式建国号为"大元"。为此，朝廷还颁下一道诏书，公告天下。

从"大元"这个国号我们可以看得出，忽必烈的志向之高远。又过了八年，大元的海军在崖山大败宋军，从此，宋朝灭亡，忽必烈终于得到了南宋数千里的锦绣江山，元朝成为当时世界上最庞大、最富庶的王朝。

刘秉忠一生的事迹，除了上面说到的主持改国号，还有制朝仪以及主持元大都的规划和兴建。

◀ 元　刘贯道　元世祖驭马图

此图绘元世祖出猎时的情景。画面上，一片黄沙坡地，远处荒漠广袤无垠，景色单调，马骑无论衣着、装备皆刻画精细，表情神态自然生动，图中骑白马、穿裘衣的人，就是元世祖忽必烈。

元武宗与元仁宗离奇死亡背后

　　元武宗海山和元仁宗爱育黎拔力八达本是亲兄弟，元成宗去世前没有选定皇位继承人，而海山兄弟在皇位争夺中取得了绝对的优势，并由哥哥海山继承了皇位，就是后来的元武宗。然而，元武宗在位还不到四年时间就离奇死亡。弟弟爱育黎拔力八达继承了哥哥的皇位，为后来的元仁宗。不过，他与他的哥哥一样，在位不到九年时间就离奇死去。

　　元武宗海山享年 31 岁，他的弟弟元仁宗爱育黎拔力八达享年 36 岁，即使在当时的那个年代，两人的寿命也都不算太长。据《元史》记载，元武宗沉溺酒色，于 1311 年 "病" 死，仅仅做了三年零七个月的皇帝。他的弟弟不仅继承了他的帝位，还 "继承" 了他的短命，当了不到九年的皇帝，于延祐七年（1320年）三月一命呜呼，死时年仅 36 岁，死因与哥哥相同。

　　其实，说是因 "沉溺酒色" 而死，对这两位皇帝都是不公平的。曾有史学家就武宗海山 31 岁就死亡的事件提出疑问：其一，海山是武将，身体状况一向较好；其二，海山在位期间，还算得上勤于政事，朝中的很多事务都是由他亲自定夺，因此根本就不可能 "沉溺酒色"。而据历史记载，爱育黎拔力八达也是一位比较有作为的皇帝，在位九年期间有过多项改革，说其 "沉溺酒色"未免难以让人信服。所以，也许来自民间的传说对海山之死的解释更为合理。民间传说海山是被其弟爱育黎拔力八达毒死的，而爱育黎拔力八达又在 36 岁时被亲生母亲答己毒死，史学家和民间传说还将两位皇帝被毒死的原因解读得有理有据。

　　1307 年，元成宗铁穆耳逝世，他之前指定的继位人选德寿在 1305 年年底就已经去世了，还没来得及重新选择皇位继承人他自己也去世了，因此元成宗死后，朝廷里很快形成两股争夺皇位的势力。一派以中书丞相哈剌哈孙为首，他们支持怀宁王海山和爱育黎拔力八达兄弟二人；另一派以成宗皇后巴牙兀氏为首，主要支持安西王阿难答。为了让自己所拥护的人登上皇位，双方都在暗中较劲，丞相哈剌哈孙拒不执行巴牙兀氏皇后的旨意，藏起印信，封闭国库，同时请海山和爱育黎拔力八达赶快发兵京城武力夺取皇位。爱育黎拔力八达得到消息后率先杀入大都，发动宫廷政变，囚禁了巴牙兀氏和安西王阿难答，自己临朝摄政，想要称帝。但是他的哥哥海山也在当年三月赶到了上都和林，想要在上都称帝。如此一来，兄弟二人一个想要在大都称帝，一个想要在上都称帝，彼此对立。他们的母亲答己见状，就出面进行调停，劝说弟弟爱育黎拔力八达放弃皇位，让哥哥海山即位。为了回报弟弟，海山又封弟弟为皇位继承人，双方还约定以后彼此的子孙都是互相传位，即爱育黎拔力八达要传位给海山的儿子，海山的儿子再传位给爱育黎拔力八达的儿子，皇位由兄弟二人的后人轮流继承。如此一来，一场亲兄弟之间即将爆发的争夺战被和平解决了。

当年五月，海山就在上都召开了形式上的忽里台大会，宣告自己即位，并立弟弟爱育黎拔力八达为太子，又将其

元武宗像

孛儿只斤·海山（1281—1311年），元朝第三位皇帝。在位不到四年的时间里，实施了许多改革。对下属封官赏赐；发行"至大银钞"和"至大通宝"；实施宗教信仰自由政策；加封孔子为"大成至圣文宣王"；等等。

元仁宗像

孛儿只斤·爱育黎拔力八达（1285—1320年），元朝第四位皇帝，元武宗之弟，元英宗之父。在位期间，废除了元武宗时期的经济政策。主张改革，裁减冗员，推行"以儒治国"政策，复兴元朝。

封为中书令兼领枢密院。但是海山每次都是自己直接下旨任命官员，爱育黎拔力八达成了摆设，因此爱育黎拔力八达心中对哥哥十分不满，生出了除掉海山的想法。

最终，爱育黎拔力八达杀死了自己的哥哥，继承了皇位，即元仁宗。但是他怎么也不会想到的是，有一天自己也会被亲生母亲害死。

仁宗爱育黎拔力八达算得上是个孝顺的儿子，对于自己的母亲答己言听计从，但是答己却更喜欢海山。海山死后，她始终怀疑是仁宗害死了哥哥，再加上答己的情人铁木迭儿被仁宗当成眼中钉，因此，答己总想找机会废掉仁宗。

其实，作为皇帝，爱育黎拔力八达可以称得上一代明君。他虽信奉佛教，但是并不抑制其他教派的发展；他进行了大量的改革，复兴科举、任用汉官、勤政爱民，促进了国家经济的发展，使得元朝达到了各方面都较为鼎盛的时期。然而，这些举措伤害到了奸相铁木迭儿和答己太后的利益，使得他们对他恨之入骨。仁宗在做了皇帝后，不愿意遵守昔日与哥哥的约定，立自己的儿子硕德八剌为太子，这让本就偏向于海山的答己更为不满。还有铁木迭儿先后两次被罢官，搞得太后很是没有面子。最后答己为了自己的情人铁木迭儿和自己的面子，决定除掉仁宗。仁宗和武宗有一个共同的嗜好就是饮酒，所以答己采取了在酒中下毒的方式，这样仁宗很快就死在了自己母亲的疯狂之中。

这些事并没有真正的历史记载，但是在民间却流传甚广，仁宗为了皇位杀其兄，答己又为了情人杀其子，亲情在这里消失了，残存的只有为了目的而选择的阴谋和害人手段。

元　佚名　元英宗皇后像

元英宗被乱党所杀

元英宗的登基，无论对答己和铁木迭儿还是英宗本人来说，都是一个悲剧的开始。答己本以为18岁的英宗会成为自己的傀儡，在朝中掌握实权的依旧是她和她的情人铁木迭儿，结果，英宗登基后不久，她的如意算盘就一步步地落空了。而英宗如果不当这个皇帝，他也不会最终死在乱党的手中。

自元世祖以来，每一次新皇即位往往都伴随着腥风血雨，皇帝们往往把主要甚至全部精力用于剪除或防备异己上，同时由于元朝统治阶级把人口占绝大多数的汉族人列为三等和四等，导致了社会矛盾的极端尖锐化和政治的极端腐败和黑暗。

元仁宗之子元英宗硕德八剌，是元朝的第五位皇帝，延祐七年（1320年），仁宗去世，18岁的硕德八剌在答己太后及铁木迭儿等人的扶持下登基做了皇帝，改元"至治"。

登基后的元英宗，为了巩固自己的地位，首先极力抑制答己、铁木迭儿一党的势力。

本来元仁宗当时和武宗海山有约，死后要传位给海山的儿子，但是仁宗背弃诺言，立自己的儿子硕德八剌为太子，引起了答己太后的不满，于是设计害死了仁宗。当时丞相铁木迭儿本想立海山的儿子做皇帝，但是答己太后认为硕德八剌年纪小，更容易控制，所以就立了18岁的硕德八剌为皇帝，是为英宗。英宗即位后，并不想受到答己和铁木迭儿的控制，所以在位仅仅两个月就下令免去了铁木迭儿的相位。铁木迭儿恼羞成怒，说动了失烈门、和散和答己太后，密谋在宫廷发动政变，立英宗的弟弟兀鲁不花为帝。但是政变尚在准备阶段，就被英宗察觉。英宗先发制人，率宫中卫兵将失烈门、和散捕杀，将兀鲁不花

元英宗硕德八剌像

元朝第五位皇帝，蒙古汗国第九位大汗，元仁宗嫡子。

泰定帝也孙铁木儿像

元朝第六位皇帝，元世祖忽必烈之曾孙、元裕宗真金之孙。

囚禁。时过不久，英宗又废掉铁木迭儿的封爵，将他的儿子八里吉思处死，并将铁木迭儿家产全部没收。铁木迭儿派系的主要人物被英宗处死的处死、罢官的罢官，答已太后在不久后也亡故了。但是，元英宗并没有将铁木迭儿派系的余党全部肃清，铁木迭儿的义子铁失仍然是掌管禁卫军的御史大夫。

自幼受到儒家教育、通晓汉族文化的元英宗，在终于除去了施政路上的绊脚石后，为了避免元朝走进历史的死胡同，采取了一系列改革措施。

他广泛起用汉族地主官员和儒士；发布《振举台纲制》，要求推举贤能，选拔人才；罢徽政院及冗官冗职，精简机构，节制财用，行助役法并减轻徭役；颁行《大元通制》，以加强法制，推行汉法；清除铁木迭儿余党，查处他们的贪赃枉法事件。在这一系列雷霆手段的重击下，元朝似乎瞬间醍醐灌顶般地清醒过来，朝野上下焕然一新。

理所当然地，这些措施触及了蒙古贵族的利益，遭到一部分保守的蒙古贵族的反对，双方的矛盾日益尖锐。但年轻的皇帝对此缺乏应有的警惕，他一面推行新政，一面大规模诛杀答己与铁木迭儿的余党，引起了众人的恐慌。反对新政的人和不甘坐以待毙的铁木迭儿余党联合了起来。很快，铁木迭儿的义子铁失、知枢密院事也先帖木儿、大司农失秃儿、前平章政事赤斤铁木儿、前云南行省平章政事完泽、治书侍御史镇南、宣徽使所南等高官就联合几位蒙古宗王，密谋叛乱，拥立新帝。他们选中的继任人是晋王也孙铁木儿，即元成宗铁穆耳长兄甘麻剌的长子。

至治三年（1323 年）八月，由于时常被噩梦缠绕，元英宗便决定离开上都返回大都。叛党们便打算在还都途中下手，还在英宗启程前便派人向晋王也孙铁木儿报信。八月初五这天，元英宗带着拜住，还有那一大帮心怀鬼胎的大臣宗亲，由上都启程了。

当天晚上，浩浩荡荡的队伍在南坡店驻扎。营帐密密麻麻，随从成千上万，可叹的是，英宗真正可信的人却只有拜住一个，君臣俩对于发生在身边的事竟然毫无察觉。

当天夜晚，蓄谋已久的叛党便迫不及待地动手了。年轻的皇帝被铁失一刀杀死，拜住也当场毙命。元英宗的蒙汉共治思想也惨烈地画上了句号。这就是元朝历史上有名的"南坡之变"。

英宗死后，参与政变的宗王安梯不花与知枢密院事也先帖木儿立即带着皇帝玺印赶往晋王镇所。九月初四，晋王也孙铁木儿于龙居河（即怯绿连河，今蒙古克鲁伦河）即皇帝位，是为泰定帝。他继续推行高压民族政策，在高压民族政策和水旱灾害的双重压力下，不甘屈辱的汉人揭竿而起，终于在"南坡之变"三十二年后，爆发了震惊全国的红巾军大起义，元朝的统治处于风雨飘摇之中……

元　佚名　元英宗皇后像

元英宗皇后，名速哥八剌，元朝公主之女。

元　佚名　元英宗皇后像

元英宗皇后，名朵而只班。

"鲁班天子"元顺帝

　　说起历史上的木匠皇帝，最著名的恐怕要算是明熹宗朱由校，他不仅酷爱做木工活，而且出自他手的物品都精美异常，因此他的这一嗜好几乎众所周知。元顺帝做木工活虽然不及明熹宗有名，但在质量上不相上下，当时有人称他为"鲁班天子"。

　　元末皇帝元顺帝妥懽帖睦尔，政治昏庸，不善权术。他当皇帝后，政权不是落入皇后的手中，就是被权臣掌握。后来皇后受牵连被毒死，国家大事由伯颜管理，元顺帝正好落得清闲，一心一意地做自己的木匠活。

　　元顺帝也许算不上一个出色的皇帝，但他绝对是一位优秀的建筑师和设计师。他精通木工设计和制作，还通晓机械原理，在木工制作方面表现出了惊人的天赋，因此京城人称他为"鲁班天子"。

　　元顺帝是一个高水平的设计师，至正十四年（1354年）十二月，他在内苑设计了一套龙舟的式样，并命内宫供奉少监塔思不花为监工，照此式样督造。打造出来的龙舟首尾长120尺①，宽20尺，前面有瓦帘棚、穿廊以及两间暖阁，后面有庑殿楼子。龙舟的船体和上面的殿宇全部都用五彩金妆，龙舟前面还有两只龙爪。行驶的时候，龙的头、眼、口、爪、尾都可以活动，就像真的龙一样，格外气派。龙船造成后，顺帝让120名水手，穿着华丽的衣服，头戴黄金

① 1尺约为0.33米。

▶ 明　佚名　明熹宗坐像

朱由校（1605—1627年），明朝第十五位皇帝，明光宗长子，16岁时登基，在位七年。在位期间，魏忠贤乱政，激起民变；后金不断侵扰，内忧外患。于天启七年（1627年）驾崩，时年23岁。庙号熹宗，谥号达天阐道敦孝笃友章文襄武靖穆庄勤悫皇帝，葬于明十三陵德陵。

元　王振鹏　龙舟竞渡图卷

《龙舟竞渡图》是元代画家王振鹏创作的绢本白描画，描绘了元朝时龙舟争渡的精彩场面。

明　佚名　明熹宗半身像

髻头巾，腰系金荔枝带，站在船的两边撑篙。当时有首宫词也记述了当时海子泛龙舟的盛况：

> 榴花红上玉搔头，
> 小饮浦觞绿蚁浮。
> 酬节凉糕刚唉罢，
> 笑沿海子看龙舟。

除了设计龙船，元顺帝还经常兴致勃勃地为臣下们设计房屋，他不但画出规划图，还会亲手做出模型，再让人按照模型盖房子。由于这些模型做得十分精致，上面还镶嵌着许多珍奇的宝石，于是一些另有所图的内侍经常哄他，说这模型造得不够漂亮，还不如某某家的房子。于是元顺帝就把模型毁掉重做，而上面的那些宝石，就被内侍们藏到自己口袋里去了。对于房屋模型，元顺帝有一种异常的偏好，他还给自己制作微型宫殿，主要是用木条巧妙达成，宫殿高约一尺，虽然不大，但各种部件却一应俱全。

元顺帝还将机械原理应用到自己的作品里面，制造过一个宫漏，巧夺天工。宫漏是一种计时器，通过控制水流的速度来掌握时间，

明　佚名　明太祖半身像

朱元璋（1328—1398年），布衣出身，推翻了元朝统治，是明朝的开国皇帝。在位时奖励农耕，鼓励种植经济类作物，兴修水利；政治上，整顿官吏，惩治贪官污吏；等等，使社会得到了进一步的发展。史称"洪武之治"。

相当于我们现在的钟表。元顺帝设计了一个高约六尺，宽约三尺的宫漏。他用木头做了一个柜子，将漏壶置于其中，漏壶中的水便自上而下地流动。在柜腰站着一位身姿绰约的玉女，手捧着时刻筹，随着漏壶中水的流失而逐渐浮出水面。宫漏旁列着钟钲，各自对应着一名金甲神人，入夜后这两个神人便会按更敲击钟钲。而每当钟锣鸣响时，旁边的狮子、凤凰等灵物都纷纷起舞。在柜的东西两边，元顺帝还设计有日宫和月宫，有飞仙六人站在宫前，每到子时和午时，飞仙能自动走出并返回。"其精巧绝出，人谓前代所鲜有"。

元顺帝在宫里玩得兴高采烈，而宫外的国事却早已一团糟。至正二十八年（1368年），烽烟四起，元王朝大势已去。元顺帝临清宁殿，召集皇太子、三宫后妃商议避兵北去，并于当天深夜带着后妃开健德门北奔。

明军进入京师，司天监长官将元顺帝所造的宫漏进献给朱元璋。《明卓异记》记述了当时的情景：宫漏备极机巧，中间有两个木偶人，木偶人按时自击钲鼓。朱元璋看过以后，对侍臣说："不理政务，而用心在这里，这就是所谓作无益而害有益！如果用此心治天下，还能不灭亡吗？"便吩咐左右，将宫漏击碎。

历史上有不少皇帝热衷于自己的爱好而不理政事，如梁武帝萧衍迷于佛事，南唐后主李煜工于辞赋，南宋徽宗父子精于书画，明朝万历帝亦精于木工、雕刻和油漆工艺。若他们没有当皇帝，也许会在自己喜欢的领域里大有一番作为，然而，他们肩负着国家兴亡重任，却沉迷于自己的喜好，这就是对国家和民族的不负责任了。

博学皇帝元文宗

在元朝的帝王中，有很多热爱汉学的，如元世祖忽必烈、元仁宗爱育黎拔力八达、元英宗硕德八剌等，他们都为推广汉学做出了不少努力。但是，要说最博学的皇帝，可能还是元文宗图帖睦尔，为什么这么说呢？

自耶律楚材受到蒙古大汗的重用之后，儒家思想开始慢慢渗透进了这个民族的血脉中。元朝建立后，有不少皇帝尊崇汉学，任命汉族官员。而在这些皇帝中，元文宗图帖睦尔不仅尊崇和推广汉学，他自己的汉学造诣也非常高，可谓元朝最博学的皇帝。

其实，图帖睦尔很早就显示出了对汉学的爱好，在泰定二年（1325年）至天历元年（1328年）期间，他的身边就有很多有名的汉人文学家和艺术家。图帖睦尔即位后，又投入了大量的时间和精力营造宫廷的儒家文化氛围。

在位期间，元文宗采取了倡导汉文化的措施。如沿用前朝褒扬圣贤的办法，应孔子后裔——衍圣公孔思晦的请求，对孔子的父亲、母亲、妻子等一一加封。后来又封孟子为邹国亚圣公，封程颢、程颐为豫国公和洛国公，对颜回、曾参、子思等人也加封了圣公称号。文宗加封儒学先圣先贤，目的就是要提高儒学的地位。而他弘扬、传播汉学的具体措施，就是建立奎章阁学士院。

奎章阁学士院于天历二年（1329年）春季建立，其主要职能就是"进经史之书，考帝王之治"。奎章阁学士院以翰林学士承旨忽都鲁、都尔弥施、赵世延等人担任奎章阁大学士。大学士之下又设侍书学士、承制学士、供奉学士、博士等职位。担任这些职位的人大多是学问深、声望高的朝官。当年八月，奎章阁学士院之下又设艺文监，主要职责是将儒家典籍译成蒙古文并加以校勘。艺文监设有大监、少监、监承、博士等职位。监下还有两个机构，一个是负责保管书籍的艺林库，另一个是负责刻印书籍的广成局。这些机构的主要职能包括向皇帝进儒家经典和各种汉学典籍，帮助贵族子孙学习汉学；收集、校正和编辑汉学书籍；对皇室所藏绘画和书法作品进行鉴定和分类。在学士院任职的官员中，有许多著名的汉族人士，如虞集、欧阳玄、苏天爵等。

元文宗之所以如此卖力地提倡和推广汉学，一方面是因为自己对汉学的喜爱，另一方面则是为了提高自己在汉人臣民中的威信和合法性。不过，事实证明奎章阁学士院未能使元朝更为汉化，它的影响仅仅局限在宫廷内部。文宗去世后不久，奎章阁学士院即被撤销。

当然，我们不能因为元文宗提倡和推广汉学，就认为他博学。元文宗的博学主要体现在他自身具有较高的文学造诣。元文宗不仅汉语说得比一般汉族人还地道，更是精通经史子集，而且琴棋书画样样拿手，作起诗来犹如饱学鸿儒。口说无凭，我们可以来看看元文宗作的诗。

现今留存的元文宗诗作有四首，一首为七律《自集庆路入正大统途中偶吟》，其诗云：

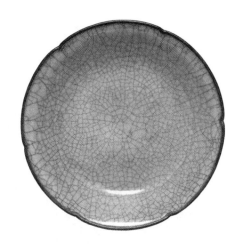

元　哥窑青瓷葵口碟

元文宗是宋朝官窑瓷器爱好者，他推崇哥窑瓷器，制作了数量有限的釉面浓厚，表面酥油光，大小开片呈金丝铁线，紫口铁足的仿宋瓷器，成为日后明清两代"传世哥窑"的来源。

穿了毡衫便著鞭，一钩残月柳梢边。

二三点露滴如雨，六七个星犹在天。

犬吠竹篱人过语，鸡鸣茅店客惊眠。

须臾捧出扶桑日，七十二峰都在前。

曾有学者论此作"寂静中不乏朝气，和婉中不乏威严，太平天子的气象俨然"，可见，虽然文宗在诗歌上的造诣不及李白、杜甫，但也自成风格，字里行间透着一股豪迈之气。

再看文宗的书画。据《元史》记载，文宗的书法受到赵孟頫影响，"落笔过人，得唐太宗晋祠碑风，遂益超旨"。一次，文宗命近臣房大年画《京都万岁山图》，但是房大年认为自己画技还欠火候，不敢贸然答应。文宗于是要来纸笔，自己先画了一幅，"大年惊服，谓格法周匝停匀，虽积学专工，莫能及也"。在今日，我们已经很难见到元文宗传世的书画作品，2005年秋季，一幅元文宗御笔《相马图》从日本运回中国，并于11月13日在拍卖公司举办的拍卖会上拍卖。这幅《相马图》继承了唐代传统的画法，对人物形态的描绘十分传神，而马匹的形态也很生动。

元文宗在棋艺方面的造诣也不浅，虞集曾留下文字："以万机之暇，游衍群艺，诏国师以名弈侍御于左右，幸而奇之。"还有一次，元文宗问虞集："昔卿家虞愿尝与宋明帝言：'弈非人之所好。'其信然耶？"元文宗精通古今历史，所以能以南北朝时虞愿劝谏宋明帝戒棋的话来问虞集。虞集回答说："自古圣人制器，精义入神，各以致用，非有无益之习也。故孔子以弈为'为之犹贤者乎已'。孟子以弈之为数，如不专心致志，则不得。且夫经营措置之方，攻守审决之道，犹国家政令，出入之机，军师行伍之法，举而习之，亦居安虑危之戒也。"从虞集的话中，元文宗体会到围棋并不仅仅是一项娱乐消遣的活动，如果运用得当，还能从中受益良多，于是"深纳其言，遂命臣集铭其弈之器。集故有'周天画地，制胜保德'之喻"。

从以上叙述中我们可以看出，元文宗确实具有很高的文化造诣，而更为可贵的是，元文宗才二十多岁的时候就已经具备了如此高的文化素养，他逝世时还不到30岁，如果他能活得久一点，其艺术成就恐怕还会更高。

元顺帝身世之谜

元顺帝妥懽帖睦尔是元朝最后一个皇帝，而宋恭帝赵㬎是南宋末代君主，这两个人既非同族，也不在同一个时代，然而，无论是在民间还是文献典籍中，都流传着一种说法：元顺帝是宋恭帝的儿子。若真如此，蒙古人从宋人手中抢走的江山，又在不知不觉中回到了宋人的手中。可是，事实真的是这样的吗？

据传某一天，明成祖朱棣在宫中观赏历代帝王的画像，整个扫视了一遍之后，他忍不住自言自语道："为什么元顺帝看起来不像元代其他皇帝，而长得像宋代皇帝呢？"这句话，引起了人们对元顺帝妥懽帖睦尔身世的猜疑。

关于元顺帝的身世，目前流传着两种说法：一种认为他是宋恭帝的儿子，而另一种则认为他并没有赵氏血统，而且两种说法都各有根据。

最早提出元顺帝妥懽帖睦尔为宋恭帝之子的，是朱棣朝中的一位名叫袁忠彻的大臣，他在《符台外集》中详细地讲述了元顺帝的身世。

德祐二年（1276 年）正月，南宋灭亡，谢太皇太后携 6 岁的宋恭帝投降，之后便被元军押去见忽必烈。忽必烈见他年纪尚小，没有杀他，还封他为瀛国公，开府仪同三司检校大司徒。

赵㬎 8 岁那年，元军俘虏了文天祥，文天祥一心忠于宋朝，不愿投降。忽必烈念他忠于旧主，想要招降他并为己所用，于是派赵㬎前往劝降，无果。后文天祥被害，赵㬎依旧是瀛国公。

至元十九年（1282 年）十二月，宋恭帝被迁居上都（今内蒙古自治区多伦县西北石别苏克），在那里他度过了自己的少年时代。当他长到 18 岁时，忽必烈担心留着他会成为后患，于是起了杀心。宋恭帝得知这个消息后，为了保命，就主动请求脱离尘世，永世为僧。如此一来，用不着杀人便可除去后患，

元　钱选　信国公遗像图

南宋末，文天祥战败被元军俘虏，从容殉国。

忽必烈当然乐意，于是在同年十二月，宋恭帝赵㬎被遣送入吐蕃，学习佛法，人称其为合尊法师，号木波讲师。从此，赵㬎长期居住于西藏萨迦大寺，终日与经文佛法为伴，潜心学习藏文。苦读多年后，赵㬎通晓了藏文，成了佛门学问僧，并最终成了萨迦大寺的总主持。他还从事佛经翻译，译成《因明入正理论》《百法明门论》等经文。

民间传说，有一次元朝皇族赵王无意间经过寺院，见赵㬎年老孤单，非常可怜，因此留下一回族女子与他为伴。后来这名回族女子生下一子，正巧元明宗经过，因十分喜爱这个婴儿，便要去当作养子，取名为妥懂帖睦尔，他就是日后的元顺帝。

元末隐士权衡在《庚申外史》中最早记载了这件事："国初，宋江南归附时，瀛国公幼君也。入都，自愿为僧白塔寺中，号合尊法师。已而奉诏居甘州山寺。有赵王者，因嘻游至其寺，怜国公年老且孤，留一回族女子与之。延祐七年，女子有娠，四月十六日夜，生一男子。明宗适自北方来，见其寺上有龙纹五彩气，即物色得知之，乃瀛国公所居室也。因问："子之所居，得无有重宝乎？"瀛国公曰："无有。"因问之，则曰："今早五更后，舍下生一男子耳。"明宗大喜，因求为子，并其母载以归。"在元代，僧人娶妻较为普遍，因此宋恭帝出家为僧后依然娶妻生子并非没有可能。另外，在《西湖游览志余》《皇明文衡》《宋稗类钞》，钱谦益的《牧斋初学集》，全祖望的《鲒埼亭集外编》，赵翼的《二十二史札记》，万斯同的《庚申君遗事》，王国维的《观堂集林》等书中，均对这种说法持肯定态度。

在《佛祖通载》中也有关于此事的记载："至治三年四月，赐瀛国公合尊死于河西。元人待南宋，较金人为优。少帝入元，历世祖、成宗、武宗、仁宗、英宗五世。其降元之岁为至元十三年，年六岁。至元十九年徙居上都，年始十二；二十五年前往吐蕃学习佛法，年龄十八，而至治三年赐死时，年五十三。而顺帝出生则在三年之前。元人不忌之于在大都之时，而忌之于入吐蕃为僧之后；又不忌之于少壮之时，而忌之于衰老之后，此事均非人情。按事理而论，应当为明宗取走顺帝母子之后，又杀恭帝灭口。"

明宗带走妥懽帖睦尔之后没多久，赵㬎因写了一首怀念故国的诗，不久便被赐死。

除了上面的故事能说明妥懽帖睦尔是宋恭帝的儿子外，《元史》上也有相关记载。元明宗离奇死亡后，文宗即位，并将妥懽帖睦尔流放，并放出消息说明宗还未当皇帝以前，就一直否认妥懽帖睦尔是自己亲生的。而且，假使妥懽帖睦尔真的是元明宗的亲生儿子，也许文宗会将其杀头而不是流放。

不过，对于元顺帝是宋恭帝儿子的这种说法，也有一些学者持反对意见。认为文宗之所以散布妥懽帖睦尔并非明宗亲生这样的谣言，就是为了要传位给自己的儿子，并以顺帝至元六年（1340 年）的一纸诏书中的话为证："私图传子，乃构流言，嫁祸八不沙皇后，谓朕非明宗之子，遂俾出居遐陬。"并认为一些人之所以认定元顺帝是宋恭帝赵㬎的儿子，其实是面对亡国后的一种不甘心又无可奈何的情绪在作怪，是一种寻求自我安慰的方式。

那么，元顺帝到底是不是宋恭帝的儿子？到目前为止，无论哪种说法都找不到确凿的证据，所以我们只能等待进一步的考证。

"三个皇帝四个年号"

在我国历史上，皇帝与年号的数量并不是一对一的，有的皇帝在位期间使用多个年号，如汉武帝在位54年，用了11个年号；有的皇帝一生只用一个年号，如清朝的乾隆；而有的皇帝因为在位时间太短，甚至都来不及改年号，如只当了一个月皇帝的明光宗。不过，最奇特的还是1328年，仅仅一年的时间就经历了三位皇帝四个年号，这是怎么回事呢？

说到1328年这一年，用"多事之秋"来形容也毫不为过，因为对于元朝的皇室来说，这一年中发生了太多的事情，经历了泰定帝、天顺帝和元文宗三位皇帝，年号也随之由泰定五年改变为致和元年、天顺元年、天历元年，如此频繁的变化背后，隐藏着的是皇室为争权夺利而进行的激烈斗争。

泰定帝在位的最后几年中，天下各处天灾不断。信奉佛教的泰定帝与西僧商量，让他们祈福消灾，并令京内外的官员们恭祀五岳等名山大川。认为这样就能求得庇佑。然而，让他没有料到的是，各种灾难并没有因此减少，反而越来越多。泰定帝没有办法，就决定改年号，廷臣认为"致和"不错，于是在泰定五年（1328年）春季，国号被改为致和。泰定帝又大兴佛事，以为从此国家就会变得繁荣昌盛，于是又是打猎又是游玩，从春到夏，不问政事。

快活日子过了没多久，就在当年的七月，泰定帝病死于上都，寿仅36。

泰定帝去世，按说应该由太子继承皇位，然而太子年纪尚小，不足10岁，丞相倒剌沙以此作为借口，独揽朝政，结果导致天怒人怨，众叛亲离。为了结束倒剌沙专权的局面，燕帖木儿决定有所行动。

燕帖木儿是床兀儿的第三个儿子，元武宗时镇守北方，深得宠信。床兀儿死后，他被升为左卫亲军都指挥使。泰定二年（1325年），加封太仆卿；致

明　佚名　明光宗半身像

朱常洛（1582—1620年），明朝第十四位皇帝。明神宗的长子，年号泰昌。于泰昌元年（1620年）病逝，在位时间仅一个月，庙号光宗，谥号「崇天契道英睿恭纯宪文景武渊仁懿孝贞皇帝」，葬于明十三陵庆陵。

和元年（1328年），为签书枢密院事，留守京都，掌管枢密院的符印。燕帖木儿得知泰定帝患病的消息后，心里就开始有了打算。为了报答元武宗生前对自己的恩宠，他与继母察吉儿公主、族党阿剌帖木儿、好友孛伦赤等一同商议，决定乘泰定帝病死时，迎立元武宗的第二个儿子图帖睦尔为帝。

泰定帝死后，皇后弘吉剌氏命平章政事乌都伯剌收掌百司印章。燕帖木儿知道不能再迟疑了，就去找西安王阿剌忒纳失里商量对策，西安王对他的想法表示同意。

随后燕帖木儿开始召集心腹，为接下来的政变做准备。第二天的黎明，西安王下令召集百官到兴圣宫商议。百官到齐后，乌都伯剌正要令百官齐缴印章，忽然燕帖木儿率着阿剌帖木儿、孛伦赤等人带刀冲了进来，门外还有数百勇士。乌都伯剌见情况有变，就叱问燕帖木儿："你想做什么？"燕帖木儿厉声说："武宗皇帝有两个儿子，声名远播，如今让他们继承帝位，想必武宗地下有知，也当同意，何况本就是武宗传下来的天下，怎能一误再误呢？今天天下应归还给武宗的儿子，敢有乱来的，就是乱贼，当场处斩！"说罢，拔刀出鞘，怒目四顾。

乌都伯剌、伯颜察儿两人刚想争辩，燕帖木儿不容分说，令阿剌帖木儿、李伦赤等一起动手，将其拿下。局面初步稳定后，燕帖木儿便派大臣去江陵迎怀王，又命河南行省平章伯颜派兵护驾。

接下来，燕帖木儿开始封府库，拘百司印，派兵镇守要害，招兵买马，为怀王的登基做准备。做完这一切后，燕帖木儿依旧不能安心，担心以自己的力量还无法达到让怀王登基的目的，于是又派人前去召回了自己的弟弟撒敦、子唐其势。

却说伯颜募得勇士五千人前去迎接怀王，此时上都诸王满秃、阿马剌台、宗正扎鲁忽赤、阔阔出，前河南平章政事买闾，集贤侍读学士兀鲁思不花等18人也都已收到了燕帖木儿的密函，纷纷暗中安排响应京师。不料事情泄露，倒剌沙得到消息后，就亲率卫兵各处搜拿，一日内竟将18人全部捉拿，又请了泰定皇后的命令，将这些人一一处斩。

如此一来，倒剌沙也不敢专权了，但想想一个国家没有皇帝究竟不妥，就入见皇后，愿拥立皇太子阿速吉八为帝。这一提议正好合泰定皇后的意，于是在致和元年（1328年）八月，梁王王禅、辽王脱脱、右丞相塔什特穆尔、太尉不花、御史大夫纽泽等奉皇太子阿速吉八即位上都，改年号为天顺。这时阿速吉

元　佚名　泰定帝也孙铁木儿像

早年承袭父亲甘麻剌的晋王爵位，镇守漠北，1323年发生南坡之变，元英宗遇刺身亡，也孙铁木儿被铁失等人拥立为新君，改元"泰定"。

元　佚名　天顺帝阿速吉八像

阿速吉八是元泰定帝也孙铁木儿与八不罕皇后所生之长子。

八才9岁，朝贺时倒刺沙亲自护持，仪式才算完满完成。接下来，阿刺沙又命令亲王失刺、平章政事乃马台、詹事钦察带兵袭击京城。

驻守古北口的脱脱木儿，早已预知失刺等会前来偷袭，于是领兵占据宜兴，设下埋伏。失刺果然中计，偷袭不成，反而全军覆没，一个人狼狈逃走了。脱脱木儿当即报捷京师。燕帖木儿得到消息后，饮酒相贺。正在大家互相庆祝的时候，突然收到怀王即将到来的讯息，燕帖木儿大喜，赶紧派人前去迎接。

等怀王进入京师，燕帖木儿与西安王阿刺忒纳失里等立即劝他登基。怀王推辞了一番，决定暂时代理监国，住进了宫中。

进入京城后，燕帖木儿当即约诸王大臣上书，请怀王早日登基以安天下，怀王顺势于九月十三日在大明殿登基，受诸王百官朝贺，颁诏天下，改当年年号为天历元年，并一直持续到天历三年（1330年）。

元朝皇帝的交通工具

在现代，无论是总统还是平民远行，都会以车代步。而在汽车还没有发明出来的元代，人们出行往往会利用不同的交通工具，如普通人出远门多是乘船或者骑马，有钱人会乘坐轿子。那么作为一国之君的帝王，他们出远门时会用什么交通工具呢？

在古装电视剧中，我们可以看到古代帝王出行的排场非常大，在长长的仪仗队之后，一辆外形豪华的"辇"出现了，而这辇里坐的就是皇帝。这辇虽然看上去像轿，但并不是轿，而是一种车，有时候被人抬着，如《步辇图》中的唐太宗就是坐在"辇"上，由几名仕女抬着走；有时候则是被马拉着。元朝皇帝出行时所用的交通工具也是辇，但与各代皇帝的又有所不同。

在忽必烈之前的蒙古大汗出行时，都是乘坐具有蒙古风格的车，忽必烈即位后，他在出行工具上做了一些改变，开始乘坐"象辇"。在魏初的《青崖集》卷一《观象诗》中记载："皇帝马棰开云南，始得一象来中国。"而在《元史》卷79《舆服志二·仪仗》中记载，占城、交趾、真腊等都向元朝进贡了大象。后来，有人发现大象步行缓慢，步子阔大却稳当，于是就想到要把大象作为代步工具，到至元十七年（1280年）十月象辇就造成了。

所谓象辇，就是将大的木轿子架在四只大象的背上，上面插着旌旗和伞盖，里面铺有金丝坐垫，每只大象都有一个驾驭者。关于象辇，马可·波罗在他的游记中有相关记载："忽必烈乘坐在一个木制的宝盆里，这个宝盆是架在四只象的背上，象身用被火烤得干硬的厚皮保护着，并且披上铠甲。宝盆上有许多弩手和弓箭手。宝盆顶上招展着绘有日月图案的旌旗。"如果是在比较狭窄的山路上，皇帝则单独乘坐在由一只大象或者两只大象拉着的车里。这种由大象

元　佚名　《太平有象图》

纵 122.1 厘米，横 97.5 厘米。太平有象题材是中国传统吉祥题材。所谓「太平有象」，意寓天下太平、五谷丰登。

牵引着移动的车，被称为"象轿"或者"象舆"。

每年皇帝巡幸两都时，象辇都是专用的交通工具。据《经世大典》记载，元朝实行的是两都制，大都是北京，上都为和林。每年夏历二三月至八九月，皇帝及随行大臣、官员等会从北京转移到和林，并在那里住上半年，避暑理政。从忽必烈到元顺帝，元朝的 11 位皇帝中，有 6 人在上都和林登基。元朝的各个皇帝来往于大都与上都之间，所乘坐的工具就是象辇。元代很多诗人都有在诗作中描写这样的场面：在上都附近的鸳鸯坡，元帝乘坐象辇缓缓前行。

象辇需要由大象来背负，而元朝的两都均在北方，北方并不产大象，那背负象辇的大象都是从哪儿来的呢？象辇使用的大象最早来自云南，后来一些东南亚国家，如缅国、占城、交趾、真腊以及金齿、大小彻里等也陆续向元朝进贡驯服的大象，同时还会附带上驯养大象的蕃人以供驱使。有的还将未经驯服的大象直接运至京城里驯服，驯服地点就在今天北京的积水潭以及什刹海和前后海的南边。

象辇高大宽敞，大象走路又十分稳当，因此乘坐起来非常舒适，是帝王们的挚爱。然而坐在象辇上并不比坐马车安全。曾有大臣考虑到乘坐象辇的危险性，上书劝告皇上说，大象的力量太大，万一不听从指挥，皇帝出行时又有那么多随从跟随，一旦失控将会踩伤众人，然而皇帝并没有听取他的意见，后来也确实发生过几次大象受惊踩伤侍从的事情。《元史》记载，一次忽必烈乘象辇围猎，有人表演狮子舞迎驾，谁知大象没有见过这种阵势，突然受惊，"奔逸不可制"，幸亏汉人贺胜挺身向前拦住大象的去路，才避免了造成更大的灾祸。因救驾有功，贺胜后来被忽必烈提拔为上都留守。

虽然乘坐象辇有危险，但元代的皇帝仍然不肯舍弃，每次巡幸两都时都照例乘坐象辇，究其原因，不过是不愿意放弃显示自己尊贵身份的机会罢了。

藏在古画里的大元史

作为一个从茫茫草原纵马而来的英雄，成吉思汗的出现和消失正如他的兵法一样，具有神秘的色彩。在中国的历史长河中，再没有任何一位帝王像他那样，震撼了世界。元朝的皇子公主们作为成吉思汗的子孙，元朝最令人羡慕的群体，他们有的志向高远，不随流俗，无论命运如何大起大落也志向不改；他们有的从容不迫，处变不惊，后人莫不为之倾倒；他们有的野心勃勃，飞扬跋扈，性情卑劣。但是，当一个国家或民族的辉煌轰然达至巅峰之后，无论前瞻还是后顾，都将是往下而行。时光流逝百年，蒙古刀剑仍旧那样锋利无比，只不过它们的新主人的手再也握不住这些沉重的利器了。本章，将为您讲述这些龙子龙孙给我们留下的那许多耐人寻味的故事。

第二章

皇子公主：雨中雏燕竞轻俊

拖雷猝死的背后

在电视剧《射雕英雄传》中，郭靖有一个从小玩到大的好安答（蒙古语，兄弟）——拖雷。在剧中，拖雷与郭靖是最好的朋友，后来因为蒙古人攻打南宋，他们两人也身不由己地成了敌人，然而，即使到最后郭靖拿起刀准备对拖雷行刺时，他们两人之间的感情也依然深厚。当然，这只是根据剧情的需要而虚构的一段历史，无论是剧中还是现实中的拖雷都没有死在郭靖的手中，拖雷也不是因为任何人的刺杀而死。他的死，很突然，也很蹊跷……

在40岁那年，拖雷突然去世。《元史·太宗纪》记载："九月，拖雷薨。"拖雷之前也没有患任何疾病，为什么会突然死去呢？《元史·列传·卷二睿宗》中记载："五月，太宗不豫。六月，疾甚。拖雷祷于天地，请以身代之，又取巫觋祓除衅涤疾之水饮焉。居数日，太宗疾愈，拖雷从之北还，至阿剌合的思之地，遇疾而薨，寿四十有阙。"

这段历史在志费尼的《世界征服者史》中也有记载：在出师居庸关期间，窝阔台病势严重，随军巫师将窝阔台的病因归于蒙古军队灭金时杀戮太多，触怒了金朝土地上的鬼神，所以除非窝阔台病死，或者至亲里面有一个人代他去死，才能平息鬼神的怒火。拖雷听说后，主动提出愿意代兄受死，并将巫师拿给他的圣水喝下，当晚拖雷就死在了自己的营帐中。如此看来，拖雷的死与他喝下的那碗"圣水"有关。然而，根据《元史·太宗纪》的记载，拖雷死于1232年的九月，而《元史·睿宗传》中写明了他喝下"圣水"的时间是在当年的六月，中间差不多相隔了三个月的时间。这样一来，拖雷去世与喝下"圣水"的关系似乎不是很大，事实真的是这样的吗？另外，《史集》中的记载与《元史·太宗纪》大同小异，但是又比《元史》详细得多，清楚地说明了拖雷的死与那杯"圣水"有直接关系，因为正是在喝了那杯水后才"过了几天，他就得病去世了"。而当拖雷的妻子唆鲁禾帖尼多次讲到拖雷是"为了合罕而去世"时，也没有任何人反驳她的说法。

巧合的是，拖雷死后，窝阔台的病果然就好了。事情难道真的就这么简单，拖雷的死只是因为他替兄赎罪吗？我们再好好回顾一下成吉思汗死后的那段历史，也许能从中得到启发。

从《蒙古秘史》第272节中的记载来看，让拖雷喝下"圣水"是巫师有意安排的，而且经过了窝阔台大汗的直接批准，如此一来，拖雷想不喝都不行。所以，我们可以推测：窝阔台是在借巫师的手除掉拖雷。这听起来有些不可思议，拖雷是窝阔台的亲兄弟，他怎么会对拖雷下如此毒手呢？其实，哥哥杀死亲弟弟的事情在当时的蒙古族中非常普遍，铁木真小时候就曾用箭杀死了自己的弟弟，而且，拖雷的存在，对窝阔台来说一直都是一种威胁。

拖雷随父亲成吉思汗四处征战，战功卓著，在蒙古汗国有着举足轻重的地位。而且成吉思汗死后，将自己财产的大部分都分给拖雷，又任命他担任监国。成吉思汗死后，拖雷担任了近两年的监国，其间，他迟迟没有召开让窝阔台登基的忽里台大会，导致窝阔台只能看着汗位干着急。而在这一年多的时间里，拖雷的治国才能也得到了多数蒙古贵族的承认，拥护他的人数远远超过窝阔台。最后在耶律楚材的说服下，拖雷才放弃了竞争汗位的机会，将江山拱手让给窝阔台。窝阔台登基后，心理上并没有放松对拖雷的戒备。

后来在灭金的三峰山之战中，拖雷的军队独自歼灭金军主力20万，又将剩下的金兵围困在三峰山中，此时只要拖雷率军进攻，必定可以一举消灭金军。此时，有谋士劝谏拖雷，让他等待窝阔台大军到了再一起攻打，让窝阔台也能得到一部分功劳，否则拖雷很有可能因为功高震主而给自己招来祸患。然而拖雷并没有采取这个意见，相对于自己的利益，他更看重战争的胜利，不愿意失去这个稍纵即逝的机会。拖雷的军队将金兵全部消灭后，窝阔台率大军抵达，他虽然口头上赞扬拖雷，但心里必定是不痛快的。

弟弟有着卓越的军事才能，拥有成吉思汗留下的大半财产，如果他想自己做大汗，简直就是件轻而易举的事。因此，拖雷一直都是窝阔台的一块心病，必欲除之而后快，于是，后来窝阔台借巫师之手除掉拖雷就不难理解了。

色目人即各色名目之人，是元代时对来自中西亚、西亚洲和欧洲的各民族的统称。

元　背囊骑马俑

此为元代急递驿的骑马俑，藏于陕西省考古研究院。

　　不过这些都仅是推测而已，拖雷的死，也许并不是因为窝阔台和巫师的陷害，而是他确实忠君爱兄，自愿代兄赎罪。也许是由于他长期饮酒过多，因体内积聚的酒精过量而死。由于蒙古汗国处于北方的苦寒地带，当地人需要大量喝酒御寒，因此经常会有酒精中毒的事情发生，用这种说法来解释拖雷的死，也未尝不可。

　　拖雷究竟是怎样死的？也许随着历史的推移，我们终有一天能找到确切的答案；也许随着时间的流逝，他的死因会成为一个永远都无法破解的谜团。

术赤是否为成吉思汗的亲生儿子

关于成吉思汗的长子术赤，历史上一直流传着一种说法，即他并非成吉思汗的亲生儿子，而成吉思汗的一些行为似乎也印证了这一说法，如他给长子取名为"术赤"，这在蒙古语中的意思为"客人"，再如他临死前将汗位传给了窝阔台，而不是术赤，这些似乎都在暗示术赤不是成吉思汗的亲生儿子，事实难道真是如此吗？

术赤是长子，他是不是成吉思汗的亲生骨肉，一直是后人争论的焦点，而认为术赤并非成吉思汗亲生子的一方，给出的依据有以下几个方面。

第一，"术赤"在蒙古语中的意思是"客人""来访者"的意思。如果术赤真的是成吉思汗的儿子，成吉思汗又怎么会称呼他为客人呢？

第二，成吉思汗没有按照当时蒙古人"幼子守灶"的惯例将汗位传给拖雷，但是将自己财产中的一大部分都给了拖雷，而作为长子的术赤，却一点照顾都没有得到，这难道不是因为他的身份特殊吗？

第三，术赤出生前，成吉思汗的妻子孛儿帖被蔑儿乞人抢走，被成吉思汗夺回后没多久就生下了术赤。提到这件事，还需要从成吉思汗的父亲也速该说起。

当年也速该从蔑儿乞人首领的手中抢来了诃额仑做妻子，也速该死后，铁木真一家被族人所抛弃。一直伺机报仇的蔑儿乞人见机会来了，就组织人马袭击铁木真一家。在逃跑的过程中，铁木真新婚不久的妻子孛儿帖被蔑儿乞人抢了去。铁木真和家人逃过了一劫，回到家后就听说孛儿帖被抢。在当时的蒙古族，男人如果被抢了妻子，往往会遭他人耻笑，而且再也不会有人家愿意把女儿嫁给妻子被抢的人，所以当时的铁木真只有一个选择，就是从蔑儿乞人手中

元　驮物马俑

抢回孛儿帖。

当时的铁木真还不具备与蔑儿乞人争夺孛儿帖的实力，好在他还有两个势力较大的朋友——汪罕和札木合。当铁木真向他们求助时，两人慨然应允，各自出兵两万。有了汪罕和札木合的帮助，铁木真从蔑儿乞部人手中夺回了妻子，然而此时的孛儿帖已怀有身孕，并在不久之后生下了术赤。正因如此，才会有了术赤不是成吉思汗亲生儿子的传言，而渐渐长大的术赤也因此受到了亲兄弟们的排挤。

在1226年选嗣大会上，为了取消术赤的竞选资格，成吉思汗的次子察合台公开对术赤的血统提出了质疑。察合台敢在如此公开的场合当着成吉思汗的面对术赤的身世提出质疑，可见当时必定有许多人对术赤的血统都存在怀疑。

那么，术赤到底是不是成吉思汗的亲生儿子呢？历史学家们从历史资料中的时间因素入手来进行推断，依旧得出了两种结论。一部分人认为孛儿帖被抢去的时间不足9个月，在被成吉思汗抢回的路上生下的术赤。如此算来，孛儿帖在被蔑儿乞人抢去之前就已怀孕，因此术赤当为成吉思汗的亲生子；另一些人则认为，孛儿帖被掳去有几年之久，术赤应该是蔑儿乞人的后代。后一种观点的依据是一个蒙古传说，传说孛儿帖与铁木真新婚不久即被蔑儿乞人抢走，时间大约是在1179年年末或者1180年年初，而被铁木真抢回时已经是1185年，这样看来，术赤必定不是成吉思汗的亲生子。如果事实真的与传说相符，为什么成吉思汗明知术赤不是自己的亲生儿子，却还要将他养大呢？唯一的解释就是对于孛儿帖的被抢，成吉思汗一直心存愧疚，因为当初成吉思汗的母亲和弟弟妹妹们都是骑马逃跑才得以脱身，而只有孛儿帖坐的是牛车，牛跑得比马慢，她才会被抢去。而且如果不是孛儿帖转移了蔑儿乞人的视线，恐怕成吉思汗一家人也难以逃脱追杀。因为心怀对孛儿帖的愧疚，成吉思汗接受了术赤，但是，还是给他取名为"客人"。

不管哪种观点更接近事实，我们无法否认的是，术赤一辈子都生活在"非成吉思汗亲生子"的阴影中，正因如此，他经常遭受到察合台和窝阔台的排挤，忍受着他人的闲言碎语。或许，对他来说，是不是成吉思汗的亲生子已经不重要了，因为该承受的他都已经承受过了。

真金早逝与禅位风波

　　在中国历史上，忽必烈是一位非常出色的皇帝。虎父无犬子，他的儿子真金也是一位很有抱负的王子。他推行汉法，立志与奸臣阿合马做斗争、振兴国家。忽必烈对真金甚是喜爱，还册立他为太子。然而不幸的是，真金无意中卷入了一场"禅位风波"，并因此造成心理负担，最终忧虑过度而死。

　　真金是元世祖忽必烈的第二个儿子，在他之前，忽必烈还有一个儿子叫朵儿只。但朵儿只体弱多病，"竟以慢性病卒"，而真金的母亲又是昭睿顺圣皇后，所以他理所当然地成了忽必烈的嫡长子。真金出生时，正好有一名高僧云游漠北，忽必烈便让他为儿子取了一个汉名：真金。忽必烈对真金甚是喜爱，有一次真金生病，忽必烈亲自前去探视，亲手喂他喝药。后忽必烈又册立真金为太子，他本以为自己百年之后，真金可以继承自己的大业，然而让他没有想到的是，在经历了一场"禅位风波"之后，真金竟然先他而去。

　　在元朝，不少皇帝都很推崇汉学，忽必烈甚至为自己的儿子取了一个汉名，由此我们可以看出他们对汉学的重视。真金在成长的过程中，也不断受到汉学的熏陶，忽必烈特地为他挑选了一些著名的儒家学士作为老师，教授他儒家经典、三纲五常、先哲格言、历代治乱等儒家思想。受到这些思想的影响，真金从小热爱汉学，也很有抱负，希望通过自己的努力创造出一片政治清明的景象。不过，任何一种梦想的实现都会受到现实因素的制约，更何况真金的梦想那么大，关乎一个国家，遇到的阻碍就更多了，而在所有的阻碍因素中，阿合马是最难对付的。

　　忽必烈当政期间，由于连年征战，朝廷财政紧张，忽必烈一心想要找个能为自己敛聚钱财的人，因此擅长搜刮钱财的阿合马受到了他的重用。真金接触汉文化较多，在儒家思想的熏陶下，他逐渐与朝中那些汉人大臣们一起形成了主张推行汉法的改革派。他们主张采用轻徭薄赋的方式来藏富于民，而阿合马则刚好相反，不断地搜刮民脂民膏，如此一来，以真金为首的汉法派与以阿合马为首的理财权臣之间的斗争日益激烈。阿合马屡屡诋毁汉法，用各种办法对付教习人才的国子监，使得国子祭酒许衡无法执教。真金一心与阿合马对抗到底，派遣东宫官员前往许衡处晓谕说："公毋以道不行为忧也，公安则道行有时矣，其善药自爱。"表明了他实行汉法的决心和信心。

最终，由于阿合马作恶多端，百姓怨声载道，忽必烈前往上都巡幸时，王著等人将阿合马骗出宫杀死，但是阿合马的众多余党依旧与真金的改革派作对。

1285年，江南行台御史伯都上书：世祖年事已高，应该将皇位禅让给太子，皇后不宜参与朝政。在中原王朝的传统里，老皇帝死后传位给太子，以及不让皇后插手政事，这些都是很正常的，但这与蒙古的习俗并不相符。按蒙古习俗，前任皇帝死后，新任皇帝须经忽里台大会的通过才能成为大汗。所以，这个建议在忽必烈及蒙古贵族看来是非常荒谬的，这也必定会引起他对真金的猜忌，后果不堪设想。真金得知这件事后非常恐惧。此时，尚文为御史台都事，他深知这道秘章一旦传到忽必烈的手中，必定影响重大，所以暗中藏了起来，以避免别有用心的人用这件事来陷害真金。然而，没过多久，这件事还是被阿合马的余党达即归阿散知道，于是他上奏忽必烈说："海内财谷，省、院、台内外监守，里魁什长率有欺蚀，请收内外百司吏案，大索天下埋没钱粮。"很明显，他这样做的目的是要找出那道秘章，以达到陷害真金的目的。忽必烈批准了他的请求，并下令让御史台配合。

有了忽必烈撑腰，达即归阿散封存了御史台的全部档案，逐一进行排查。尚文担心事态恶化，急忙将秘章之事报告了当时右丞相安童及御史大夫月律鲁，但拒不交出秘章。第二天，达即归阿散将此事告知了忽必烈。忽必烈即派大宗正薛尺轩亲自去御史台取秘章。眼见形势对真金越来越不利，安童与月律鲁也不知如何应对。尚文则较冷静，他分析达即归阿散的目的不外乎陷害太子和拥护他的大臣。但是，作为阿合马的余党，他们自己也都犯下了不少罪。所以，不妨利用这个来先发制人。有了方向后，尚文立即到御史台查阅旧文案，找出达即归阿散一伙数十条罪状后，又马上赶往中书省，将这些交由安童和月律鲁递交忽必烈。忽必烈听了安童和月鲁律的陈述，勃然大怒，但又反过来质问二人："难道你们就没有罪吗？"安童上前说："我们虽有不可推辞的罪过，但是达即归阿散这些人罪恶滔天，如果不及时做出处理，他们势必残害生灵，请皇帝尽快处理此事，以除后患。"忽必烈这才答应了两人的请求。

安童及月律鲁出宫后，马上宣布暂停达即归阿散等人的排查活动，真金化险为夷。后来达即归阿散等人又聚众生事，忽必烈得知后，派人将他们逮捕，并处死首恶。这次"禅位风波"对真金来说虽然有惊无险，但让他受到了沉重的打击，并于1285年年底因忧虑而死。

元　佚名　松下儒讲图页

画面描绘的是在郊外，一位儒家学者卧坐于松树下，等待童子研好磨，准备写字的景象。画中儒者身旁还摆了书经、花瓶和香炉等。

昔里吉两次反叛忽必烈

按照蒙古的习俗，只有前任皇帝死后，新任皇帝才能通过忽里台大会的推举坐上皇位，因为这个原因，元朝很多皇帝的皇位都是通过武力争夺而来，最后当上皇帝的人虽然胜出了，却为自己树下了众多敌手。在忽必烈与阿里不哥的争夺中，忽必烈胜利了，而当初站在他对立面的昔里吉，在归顺于他后，不久又背叛了他。

昔里吉是元宪宗蒙哥的第四个儿子，母亲是蒙哥的妃子巴牙兀真氏。在忽必烈、阿里不哥争夺汗位的斗争中，昔里吉支持阿里不哥，这是他第一次背叛忽必烈。至元四年（1267 年）秋，阿里不哥失败，昔里吉与诸王玉龙答失、阿速台等投降，获忽必烈赦免，并受封为河间王。然而，没过多久，他又背叛忽必烈。

忽必烈担任大汗后，诸王臣服，只有海都不肯前来参加朝会，而且在西北与察合台国激战，其狼子野心昭然若揭。为防患于未然，忽必烈派第四子北安王那木罕，率领大军前往西北，昔里吉亦随军前往。那木罕和兄弟阔阔出所统辖的忽必烈家族的属民组成中军，蒙哥和阿里不哥的子侄辈诸王的部民组成右翼集团。右翼集团里的诸王虽然被迫投降忽必烈，但依旧对其心存怨恨。至元五年（1268 年），海都叛乱，率军东进，结果被那木罕所率大军击败，逃至亦列河流域，那木罕率军在阿力麻里安营扎寨。

至元十三年（1276 年）秋，由于给养分配不公，那木罕部下的脱脱木儿率领部将叛逃，昔里吉前往征讨，结果，反倒被脱脱木儿的三寸不烂之舌给说服，同他一起背叛元朝，这是他第二次背叛忽必烈，虽然过程也轰轰烈烈，但结果远没有第一次幸运。

昔里吉起兵发动叛乱，拘禁了那木罕、阔阔出和丞相安童，又擒获牙忽都，瓦解了朝廷在阿力麻里镇的军事力量，因此，叛乱诸王拥戴昔里吉为帝。

昔里吉、脱脱木儿等人在囚禁了那木罕等人后，为争取外援，增强与忽必烈抗衡的力量，又打算将那木罕、阔阔出送给术赤的后人忙哥帖木儿，并将安童送往海都处。但是，此时的海都自有打算，留下了安童授以官职。

至元十四年（1277年），昔里吉、脱脱木儿，以及阿里不哥的长子药木忽儿、撒里蛮等集结部众，分道东进，并扬言海都、忙哥帖木儿联兵而来。东部弘吉剌部的折儿瓦台得知后起兵响应，引起的反响颇大。撒里蛮等领兵越过杭海山，并向东南行进深入今河套北，结果被爱不花率领的汪古部军以及土土哈率领的钦察军所打败。而昔里吉、脱脱木儿、药木忽儿等率领主力军越过杭海山后继续东进，在和林北部渡斡耳寒河，欲与弘吉剌叛军会合。但朝廷调集大军很快便擒获了弘吉剌部叛首折儿瓦台。以伯答儿、土土哈为首的元军很快又与伯颜统帅的大军在斡儿寒河畔会合，一起渡河后，打败了脱脱木儿等，并救出宗王牙忽都。这一战以昔里吉、脱脱木儿和撒里蛮的失败告终，之后他们向也儿的石河方向逃窜，但势力并没有受到很大影响。

后来，昔里吉和他的叛军们在与朝廷的对抗中，又经历了几次大大小小的失败，屡次的失败使昔里吉集团内部诸王之间彼此怨恨和猜忌，并在不久后爆发内讧。

脱脱木儿见昔里吉的实力大不如前，便与撒里蛮结为同盟，二人共同反对昔里吉，企图取代他的地位。昔里吉得知后，征集宗王诸将的军队逼近脱脱木儿和撒里蛮，却未能使他们屈服，自己反而被迫退位。于是脱脱木儿与撒里蛮按照当初的约定，奉撒里蛮为帝，又遣使布告于术赤兀鲁思和海都处。

药木忽儿不愿意拥立撒里蛮，脱脱木儿企图用武力迫使他服从，结果却反被药木忽儿击败擒获，并被杀死。

脱脱木儿一死，撒里蛮自知实力不如昔里吉，自愿放弃帝位，不久又被昔里吉剥夺兵权和属民。之后昔里吉把撒里蛮送往术赤系宗王火你赤处，在路经忽阐河下游撒里蛮辖区时，撒里蛮被救走。不久，撒里蛮率军袭击了昔里吉的辎重，并向元军求助。昔里吉闻讯后，召集药木忽儿一起对付撒里蛮，结果双双被擒，并被押去见忽必烈，在去朝廷的路上，药木忽儿被救，而忽必烈念在昔里吉为宗亲的分儿上，并没有杀他，只是将其放逐到南方。

海都西北称雄

忽必烈统治时期，元朝的疆域已经非常辽阔，而此时的忽必烈还在攻打南宋，继续扩大疆土。由于国土辽阔，再加上忽必烈把所有心思都放在灭宋上，无暇他顾，因此，一些封地在边远地区的宗王们免不了蠢蠢欲动，企图从元朝的统治中独立出来，而海都就是这些宗王中的一个。

历史上，元朝是皇位继承最没有规律的一个王朝，因为前任皇帝去世时，往往来不及立下遗嘱，结果皇子宗亲们谁能将皇位抢到手就算是谁的。在忽必烈与阿里不哥的争夺赛中，忽必烈胜出。然而这种暂时的胜利并不代表一劳永逸，一些宗王，特别是自己的祖辈父辈做过皇帝的宗王，始终不忘从他的手中夺走原本属于自己家的江山，因此，一有机会他们便揭竿而起。在所有反叛的宗王中，海都是比较突出的一位，他不仅智谋过人，而且也具备反叛的天时地利，因此一度称雄西北。

海都是窝阔台与乃马真氏所生第五子合失的儿子，自幼生长在父亲的封地上。由于在元宪宗蒙哥即位时，海都没有加入谋叛活动，蒙哥在即位后的第二年，将海押立（今哈萨克斯坦塔尔迪－库尔干）分给了海都。然而，海都虽然表面上没有任何动作，实际上他对窝阔台家族汗位被夺十分不满，曾长期扣留蒙哥派遣去的使者，并暗暗聚集了两三千人的兵力，不断壮大，逐步成为窝阔台汗国之主。

在忽必烈与阿里不哥的汗位争夺战中，海都支持阿里不哥。阿里不哥失败后，海都利用忽必烈倾全力灭宋之机，逐渐把窝阔台系宗王的力量全部聚集在了自己的周围。

不久，术赤家族由于不能忍受察合台之孙阿鲁忽的压迫，与察合台汗国在讹答剌发生冲突。海都当然不会放过这个壮大自己的机会，他与钦察汗国结盟，共同对付阿鲁忽。因此，在忽阐河以东的草原上，就出现了察合台汗国与金帐汗国以及窝阔台汗国对峙的局面。不过，由于阿鲁忽实力较强，在双方发生冲突时，海都并没有讨到什么便宜，于是向金帐汗国的别儿哥求助。海都得到援助后，继续与阿鲁忽激战，并杀死了他的几名大将。

1268年，海都开始与察合台兀鲁思汗八剌在忽阐河中游展开激烈争夺。八剌善用计，用伏兵击败了海都。金帐汗国大汗蒙哥帖木儿得到海都战败的消息后，立即派出叔叔别儿哥察儿率5万骑卒支援海都。有了金帐汗国的帮助，海都得以收拢溃军，逼得八剌向西退入阿姆河以北地区。为了阻击海都和别儿哥察儿的追击，八剌对撒麻耳干和不花剌两城的百姓进行大肆搜刮，筹集军资。海都为使阿姆河以北地区免遭战祸，就建议八剌和谈，狼狈不堪的八剌巴不得有个台阶好下台，于是欣然接受了海都的建议。

1269年春，海都、八剌和代表金帐汗国大汗蒙哥帖木儿的别儿哥察儿在塔剌思附近的草原上召开和谈会议。到会诸王结成安答，双方除了对各自的利益分配进行约定外，还一致达成反对拖雷家族的协议。

1270年，八剌发动入侵伊利汗国的战争，海都虽然表面上派出宗王察八惕和金帐汗国一起率军支援，但背地里却授意他们相继撤回。因此，当西征军攻入呼罗珊后，察八惕和金帐汗国的军队先后退回，只有八剌孤军深入，结果被阿八哈打败。经过这次的战败，原本双方力量不相上下的察合台、窝阔台两汗国，其军事力量的对比立刻发生了变化，虽然双方名义上还互称安答，但此时八剌已经成了海都的傀儡，他军队的一切给养，都必须仰赖海都，而海都也可以如主子一样对八剌下达指令，为他划定驻军区域。

第二年，八剌出动人马追讨企图投奔忽必烈的诸王，并派弟弟牙撒兀儿出使海都处，请求增援。让八剌没有想到的是，海都下令囚禁了牙撒兀儿，并召集诸王大将历数八剌的"罪恶"，准备用武力解决八剌。之后，海都调集军队，以前去增援为借口，向八剌驻地开进，很快就包围了八剌的营帐。经历了这次变故，八剌受惊过度，于1271年去世。八剌一死，察合台汗国便迅速走向衰落，察合台的后裔诸王们纷纷向海都表示臣服。如此一来，察合台汗国便成了海都的附庸。

西方人绘海都汗像

海都汗，最初的蒙古部可汗，蒙古孛儿只斤氏的始祖孛端察儿的玄孙，八林昔黑剌秃合必畜的曾孙，成吉思汗的六世祖，图左侧穿白衣者为海都汗。

由于一心攻打宋朝，忽必烈也没心思理会西北各汗国的恩怨，更没有及时想办法扼制实力日渐增强的海都。因此，在与察合台汗国较量期间，海都同时还发兵反叛忽必烈。至元五年（1268年），海都从阿力麻里东进至按台山，进攻纳邻部民。忽必烈派出第四子那木罕率军前往西北，迎击海都，并获胜，占据了阿力麻里，海都向西潜逃两千余里。

此时，忽必烈的主要目标是消灭南宋，暂时还不想分散力量来对付海都，于是采取了与海都和谈的方式。双方约定：元朝承认海都在扩张过程中获得的权益，不会主动对海都采取重大军事行动，也就是说，在西北地区，元朝会采取守势。通过这次和谈，海都主动放回了皇子那木罕和丞相安童。

通过这次和谈，忽必烈暂时稳住了海都。不过，此时的和平只是一种假象。实际上，宋朝一灭亡，忽必烈就开始对西北的各个叛王来了个秋后算账，当初拒不参加诸王朝会的海都自然首当其冲。但是，此时的海都实力已经相当强大，而且元朝的疆域实在太大，忽必烈根本不可能在西北的国界维持一支大军来防止海都入侵，因此，除了采取一些必要的措施之外，也只能听之任之。

铁木格鲜为人知的事

　　在铁木真的五个弟弟中，哈撒儿和别里古台是我们所熟知的，他们都是铁木真政治和军事上的得力助手，史书中关于他们的记载也不少。而另外的三个弟弟，别克帖儿在少年时期即被铁木真所杀，合赤温和铁木格则因为没有太多地参与到铁木真的事业中，所以关于他们的记载也不是很多。不过，由于蒙古民族有"幼子守灶"的习俗，所以铁木真的幼弟铁木格的"出镜率"相对于合赤温，又要稍微高出一点，现在我们就来看看关于铁木格的那些鲜为人知的事情。

　　铁木格斡赤斤是铁木真幼弟。据《元朝秘史》记载，他比长兄铁木真小6岁，生于1168年。在当时的蒙古族中，铁木格是很常见的男名，而斡赤斤则是称号，意思是"灶火""炉灶"，因此，在蒙古语当中，"斡赤斤"一词即"守灶火之子"。当时的蒙古人有一个习俗：子女长大后，均会分得一份家产，然后另立门户，只有幼子会一直留在父母身边，并继承他们的产业。也许是因为有祖业可接收，再加上他生性懒散，铁木真的幼弟铁木格几乎很少参与到长兄早期的军事活动中去。不过，他有一位如此出众的兄长，难免会因此受到关注，因此史册中也有关于他的少量记载。

　　据《元朝秘史》记载，1204年，铁木真得知乃蛮太阳罕部将要攻打自己，即在驻地帖麦该川（今洮儿河上游支流特们河流域）召开大会商讨对策。当时，他的部下中有人主张等到秋天兵马养肥了再出兵。铁木格却竭力反对以"骟马正瘦"的借口贻误战机，并宣布："我的骟马每肥每有。这般言语（指太阳罕等人轻侮蒙古部的言辞）听着如何可坐？"铁木真同父异母的弟弟别里古台也力主乘其不备主动出击，于是铁木真决定及时出兵。蒙古兵在纳忽昆山与太阳罕部决战时，铁木真命铁木格负责统带供他阵前替换骑乘的从马，即担任"亲御上马"之职，担任这一职位"国法常以心腹"，可见铁木真对铁木格的宠信之深。

1206 年，铁木真统一了蒙古各个部落，其继父蒙力克的儿子阔阔出是蒙古族中很有势力的萨满，他代长生天立言，授予铁木真统治蒙古游牧民族的权力和"成吉思汗"的称号。元朝建立初期，铁木格与他的母亲诃额伦一起分得八千户游牧民，据《史集》记载，铁木格分得五千户，诃额伦分得三千户，诃额伦死后，她的三千户仍由守产的幼子铁木格继承。而蒙力克父子则统领一千户的本部族人众。阔阔出不满足，依旧不断收罗其他千户的游牧民，连铁木格的份民也被他收罗了去。铁木格派人到阔阔出处，要求带回走失的份民，结果却被他侮辱了一番并逐回。铁木格亲自前去交涉，阔阔出对他也很不客气。无奈之下，铁木格到成吉思汗面前哭诉，成吉思汗马上派人召蒙力克父子来见。在成吉思汗的授意下，铁木格事先布置了三个大力士，当场将阔阔出打死。从此，"蒙力克父子的气势，遂消减了"，大家也意识到铁木格是成吉思汗最宠爱的弟弟，不敢再随意侵犯。

成吉思汗死后，铁木格与拖雷、察合台一起，作为最有资格推戴新大汗的宗王，在朝会上主持窝阔台登上汗位的典礼。《史集》中描写："察合台、拖雷和铁木格斡赤斤分别护持着窝阔台的右手、左手和腰部，把他扶上了合罕的大位。"

1236 年，窝阔台消灭金朝之后，又兼并中州，将中原诸州的民户分赐给诸王和功臣们。铁木格分得益都路和平、滦二州，这三个地区的居民总户数达到 62156 户。因此，铁木格所拥有的份民数量，在东西道诸王中，仅次于窝阔台的儿子贵由和拖雷。

1241 年，窝阔台去世。他的儿子贵由及拖雷长子蒙哥奉召从西征途中东返，但还未到达蒙古。皇后乃马真氏临朝称制，通过滥行赏赐获取宗亲和大臣的拥护，朝廷一片混乱。铁木格想要乘机夺取汗位，于是率大军从自己的封地向汗都进发。乃马真氏闻讯后大惊，忙召大臣奥都剌合蛮商议。奥都剌合蛮说："能战就战，不能战就守，不能守就西走，我们还怕他不成！"乃马真氏听了，就偷偷命令左右准备西迁。慌乱间突然想起了耶律楚材，于是就令内臣召他。当她说到西迁的事情，耶律楚材说："朝廷是国家的根本，根本一动，天下必定大乱。臣观天道，这次不会乱的。此次铁木格大王入京，我们何不派他儿子前去说话，叫他留兵路上，入朝说话？"乃马真氏这才知道铁木格的儿子在京城，于是依了耶律楚材的建议。

此时铁木格还在路上，听说皇子贵由带领西北凯旋军已经快到和林，而且自己的儿子也从中说和，只得顺水推舟，借口抵京探丧，谋反未遂，不久后撤回自己的地盘。1246年，贵由即位一个月后，便委任蒙哥与术赤之子斡儿答审理这起未遂的篡位事件，正在参加忽里台大会的铁木格受审后被处死。

阿里不哥争夺皇位失败

皇位的争夺总是一个充满血腥的过程，无论是推翻一个王朝，还是与自己最亲的人争夺，有人胜利就会有人牺牲。唐太宗李世民为了夺位，在玄武门之变中杀死了自己的哥哥和四弟；忽必烈为了争夺皇位，与亲弟弟阿里不哥之间也发生了数次冲突，但他最终战胜阿里不哥，夺得皇位，那么，他是如何战胜阿里不哥的？在胜利后，他又会如何对待与自己抢皇位的亲弟弟呢？

蒙哥死后，他的两个弟弟，忽必烈和阿里不哥都希望自己能继承汗位。旭烈兀当时在西亚已经建立了自己的帝国，因此没有参与到这场汗位的争夺中来。尽管如此，他更支持自己的二哥忽必烈，因为他们有着一样的雄心壮志，而阿里不哥始终都只想坚守蒙古那片大草原，唯一的野心就是能够继承汗位。

1259年秋，蒙哥在钓鱼城下突然去世，阿里不哥凭借留守和林的地理优势，决定立即行动，用武力夺取汗位，同时派出使者安抚忽必烈。而忽必烈为了争夺汗位，也是早早就做足了准备。

1258年，蒙哥兴师伐南宋，忽必烈也从他开平的宫殿出发，挥兵南下，蒙哥授命他统领东路军。忽必烈希望这次远征和上次征战大理一样顺利，为了收买人心，他警告官员不得滥杀汉人，违令者严惩不贷。就在忽必烈到达鄂州地区后没多久，他接到了异母兄弟穆哥派人送来的消息，告诉他蒙哥已死，要他回到北方，为选举新汗做准备。从《元史》的记载中我们可以看出，对于穆哥的建议，忽必烈并没有接受，反而认为"吾奉命南来，岂可无功返还？"要继续攻打南宋。

忽必烈想要称汗，这是很明显的事情，如果他真的不想和自己的四弟阿里不哥争夺汗位，完全可以如旭烈兀一样置身事外，但是他并没有这么做。可是，对于穆哥的劝说，他为什么要拒绝呢？今天的我们已经无法知晓忽必烈的真实意图，不过，既然他有意要争夺汗位，而对于穆哥让他为选取新汗做准备的建议又置之不理，那么，有一种可能就是，他希望用征宋战役的成功来证明自己的能力，为他夺取汗位增加筹码。

忽必烈不断攻取南宋的领土，并把目光投向了鄂州（今武汉）。这是一座并不容易攻取的沿江城市，而且南宋显然并不愿意失去它。南宋丞相贾似道一方面派军增援鄂州，另一方面派出将领宋京和蒙古人谈判。贾似道提出：蒙宋双方以长江为边界，只要忽必烈不再入侵南宋领土，南宋每年都会向蒙古提供丝和白银。但是忽必烈的目的并不是宋人的丝和白银，而是夺取蒙古大汗的筹码，他要拿下鄂州，只是时间早晚的问题。如果时间充足，忽必烈必然不会接受这样的和谈。但是在这节骨眼儿上，继位危机帮了南宋一个大忙。

蒙哥死后才几个月，阿里不哥便为自己赢得了大批支持者。蒙哥的皇后、蒙哥的儿子阿速台和玉龙答失、窝阔台的孙子朵儿只、察合台的孙子阿鲁忽和术赤的孙子忽鲁木失等，都是阿里不哥的拥护者。而在皇室之外，阿里不哥还有一位蒙哥执政时的重要官员孛鲁合作为盟友。在一切准备妥当后，阿里不哥开始扫除一切反对自己的力量，为继承汗位做准备。

元宪宗九年（1259 年）十一月下旬，阿里不哥派阿蓝答儿向忽必烈的新都开平进发。忽必烈的妻子察必一方面想办法阻止阿蓝答儿，另一方面派遣使者将阿里不哥的计划告知忽必烈。此时，正在攻打鄂州的忽必烈别无选择，只能与南宋和谈，留下霸突鲁率领的一支军队保卫战果后，就动身北返去制止阿里不哥。

中统元年（1260 年）三月，忽必烈到达燕京，并在开平会集东西道诸王，宣布即位。四月，阿里不哥也在和林召开忽里台大会，宣布称汗。如此一来，蒙古国有了两位大汗。面对如此局面，忽必烈与阿里不哥都在进行积极的协调，中统元年的整个夏天，忽必烈与阿里不哥两方的使者不停往返。双方都希望对方能够放弃汗位，好让自己独自称汗。结果可想而知，最后谁也没有说服谁。既然协商的方法行不通，就只能采取武力了。

1260 年入秋，阿里不哥命旭烈兀汗长子药木忽儿及其他宗王数人率左路军向南进军，与忽必烈的先锋移相哥、纳邻合丹等大军正好相遇。两军大战，阿里不哥兵败。这次战役的结果是阿里不哥退出和林，向其母后唆鲁禾帖尼的封地谦州逃去。

阿里不哥战败退居谦州后，军队粮草得不到及时的补充。忽必烈又下令封断运送粮草的官道，致使阿里不哥的军队陷入饥荒中。在此关键时刻，察合台汗国可汗阿鲁忽又背叛他，停止为阿里不哥收集粮草，转投忽必烈。当时阿里不哥正在与忽必烈激战，阿鲁忽叛变的消息传到漠北时，阿里不哥再也无心恋战，节节败退。正在此时，山东李璮叛变投降南宋，忽必烈不得已退兵，给了阿里不哥喘息之机。

1263年，阿里不哥将背叛自己的阿鲁忽撵出亦列河流域，为了报复当日阿鲁忽的背叛，也是为了储备更多的粮草，阿里不哥大肆屠杀阿鲁忽的无辜兵民，以至于让他身边的将士倍感心寒，觉得跟随这样一个主子没有前途，多数离他而去。众叛亲离的阿里不哥势力大衰，只得率残存士卒留驻阿力麻里，缺粮少食，窘迫万状。见主子落得如此颓状，蒙哥之子玉龙答失便派使者到阿里不哥处索要蒙哥汗玉印。不知内情的阿里不哥将玉印交还玉龙答失。结果玉龙答失便携带蒙哥汗玉印及手下的一帮千户投奔忽必烈。而阿里不哥最终也因为没有足够的实力与忽必烈抗衡，投降了自己的二哥。

忽必烈以绝对的胜利夺取了蒙古国的汗位，念在同胞兄弟的情分上，忽必烈没有杀阿里不哥，但是把辅佐阿里不哥夺位的谋臣孛鲁合、秃满、脱忽思等统统杀了。

图帖睦尔与定安姑娘的爱情

在《康熙微服私访记》中，微服出行的康熙皇帝除了为老百姓除害之外，还有各种各样的艳遇，真是羡煞旁人。不过，这些纯属小说家的杜撰，康熙每次下江南的排场都很大，普通人都难以近他的身，又何来艳遇呢？说到这种来自民间的艳遇，元文宗图帖睦尔倒是有过，他与定安姑娘青梅的爱情不仅传为佳话，还被编成了戏剧，广为流传。

天历二年（1329年），刚刚登上皇位的元文宗图帖睦尔忽然下旨，将定安县升为南建州，直接隶属于海南道宣慰司，并封定安南雷峒主王官为世袭知州。元代是中国历史上疆域最广的朝代，而定安只是一个小小的、偏居一隅的县城，为什么竟会受到皇帝如此的青睐呢？说起来，这与一位定安女子有关系。贵为皇帝的图帖睦尔又是如何认识这位定安女子的呢？回答这个问题，我们需要从图帖睦尔还未继位时说起。

当年元武宗海山与弟弟爱育黎拔力八达约定，他去世后就传位给爱育黎拔力八达，爱育黎拔力八达死后再传位给海山的儿子，海山的儿子死后又传位给爱育黎拔力八达的儿子，如此叔侄相传。海山死后，爱育黎拔力八达按照当初的约定继位，但他并没有依照约定传位给武宗的儿子，而是立自己的儿子硕德八剌为太子。爱育黎拔力八达死后，他的儿子硕德八剌继位，为元英宗。英宗在位时，宰相铁木迭儿为了离间王室宗亲近属，孤立英宗，在英宗面前陷害图帖睦尔。英宗不明真相，信了谗言，于至治元年（1321年）五月将图帖睦尔放逐到琼州。

图帖睦尔来到琼州后，被安置在琼州府城居住，在这里，他见到了元帅陈谦亨的侍女青梅。青梅原本出身名门，父亲为官，因遭奸臣谗害导致家破人亡，青梅也沦落为奴。青梅虽然地位卑微，但她通诗词，善歌舞，才貌双全，竟令图帖睦尔为之倾倒。但她因为已与帅府西席慎言先订婚盟，不羡富贵而拒嫁于图帖睦尔。图帖睦尔虽然贵为王子，却连一个喜欢的侍女都得不到，心里感到沮丧，于是只好赋诗自哂，客游到定安县南雷峒。

南雷峒主王官对图帖睦尔照顾得很周到，当他得知图帖睦尔喜欢青梅之后，便为之出五百金迎娶青梅，满足了图帖睦尔的愿望。这段曲折的爱情故事后来被记载在《琼州府志》上。

王官峒主对图帖睦尔百般照料，经常陪同他到多河（今万泉河）游玩，一起领略海南岛上美丽的自然风光和淳朴的风土人情。为了让王子玩得开心，王官可谓费尽了心思，就连图帖睦尔也忍不住连声慨叹："此地乃吾之第二故乡也！"

英宗即位不到四年，就在南坡之变中被乱党所杀，忽必烈的曾孙也孙铁木儿即位，称泰定帝，泰定元年（1324 年），图帖睦尔被召回。泰定帝在位五年，于 1328 年去世，图帖睦尔在燕帖木儿的帮助下登上帝位，庙号文宗，为元朝第八位皇帝。

图帖睦尔当上皇帝后，始终不忘当初被放逐时居住的地方，于是将琼州路军民安抚司改为乾宁军民安抚司，并大兴土木在府城营建普明寺，以答谢神明对他的护佑，同时升定安县为南建州，封南雷峒主王官为世袭知州。另外，他还不忘册封青梅为妃，迎接她进京。可惜的是青梅红颜命薄，在半路上去世，没能到达京城同图帖睦尔团圆。得知青梅死讯，文宗图帖睦尔忧思成疾，借酒浇愁。有一次醉梦之中得会青梅，便御赐所喝之酒为"青梅酒"。

定安有一条万泉河，图帖睦尔被放逐到那里的时候，这条河还叫多河，"万泉河"是图帖睦尔登基后取的名字。当年图帖睦尔北归之时，王官和定安的乡亲们一路为他送行，并不断地高呼"太子万全！一路万全！"当时的图帖睦尔王子还是个谪臣，所以众人绝对不能直呼他"万岁"，可是大家又希望他回去后能当皇帝，因此就变通了一下，借语"万全"寄托心愿。而"泉"和"全"两字的读音完全相同，所以后来图帖睦尔当上皇帝后便赐名"多河"为"万泉河"。图帖睦尔深居宫中，不久又开始怀念起了在定安的生活，心想这辈子是难得有机会再南下重游了，倒不如在大都附近找一条河流，也给这条河流取名为"万泉河"，这样一来，自己就可以随时游览朝思暮想的"万泉河"了。于是，他又将京城后面的清河南支流——即现在圆明园东面，临近清华大学和北京大学的那条河流，也取名为"万泉河"。

成吉思汗庶子阔列坚其人其事

　　关于成吉思汗的儿子，我们了解得最多的是术赤、察合台、窝阔台和托雷，在几乎所有的史料中，只要有成吉思汗出现，就会有他们四个人的名字。他们作为成吉思汗的嫡子，拼着性命陪父亲建立丰功伟业，犹如帝国的四根柱子。由于他们的光芒太过耀眼，以致绝大多数史学家都把目光向他们投了过去，忽略了成吉思汗还有一个叫阔列坚的庶子。

　　明朝宋濂编修的《元史》有关于成吉思汗儿子的记载："五子兀鲁赤，六子阔列坚。"另一位波斯历史学家拉施特在《史集》中记载，成吉思汗的诸子中，除了"长妻四子"外，尚有"二皇后忽兰哈敦生阔列坚""三皇后也速干生札兀儿""乃蛮无名妃子生术儿赤台""塔塔儿无名妃子生兀儿扎罕"，并指出札兀儿、术儿赤台、兀儿扎罕"早死无后"。或许是因早夭之故，"术儿赤台""兀儿扎罕"在《元史》中没有记载。《元史》"五子兀鲁赤"与《史集》中的"札兀儿"实际上是一个人，但因生母地位较高，故与长妻四子、阔列坚并列。因此，在成吉思汗的诸子中，长大成年并获得继承权的除术赤、察合台、窝阔台和托雷外，还有二皇后忽兰哈敦所生的阔列坚，但是，由于史料对他的记载较少，所以他的生平显得非常模糊。

　　阔列坚出生年月不详，母亲忽兰哈敦是兀儿思蔑儿乞部长歹亦儿兀孙的女儿。她曾是第二斡儿朵之首，在嫔妃中的地位仅次于大皇后孛儿帖。说起忽兰哈敦家族与成吉思汗家族的渊源，要从孛儿帖被抢时说起。歹亦儿兀孙曾经与同族的乞酋长脱黑脱阿、合阿台蔑儿乞酋长答儿马剌袭击成吉思汗，并掳走孛儿帖。宋宁宗嘉泰四年（1204 年），他们又与乃蛮酋长太阳汗太亦不合一起在纳忽山抗击成吉思汗，最终战败，太亦不合战死，脱黑脱阿逃跑，歹亦儿兀

孙则投靠了一位叫纳牙阿的蒙古官员，献上自己女儿忽兰请降。当纳牙阿将忽兰送到成吉思汗面前时，成吉思汗见忽兰如此年轻貌美，怀疑纳牙阿在路上与忽兰发生私情，便对忽兰进行审问。忽兰说："我们前往这里的路上，遇到不少乱兵。我们刚好遇到纳牙阿，得知他是可汗跟前的大官，就请求他带领我们父女来朝见可汗。如果不是纳牙阿收留了我们，后果就不可预测了。"后来，成吉思汗发现忽兰还是处女之身，从此对她相当宠爱。

即便如此，阔列坚的早年时期也几乎没有被写入史料中。阔列坚真正登上历史舞台时，已经是成吉思汗征战史的晚期，作为幼子的他和几个哥哥一起受封兀鲁斯。在《史集·成吉思汗纪》中记载："分给长子术赤汗的军队有四千人，分给第二子察合台汗的军队有四千人，分给第三子窝阔台汗的军队有四千人，分给第五子阔列坚的军队有四千人。""兀鲁思"即领民。《史集·万夫长、千夫长和成吉思汗的军队简述》非常详细地记录了阔列坚所拥有的"兀鲁思"，"八鲁剌思部人忽必来那颜千户、捏古思部人脱斡里勒千户、捏古思部的（另一个）脱斡里勒千户（第四个千户各本均缺）"。但是，关于阔列坚的领地在哪里，史料中却没有明确记载。但是我们可以看出的是，在成吉思汗的兀鲁思封授中，阔列坚享有与三位兄长相当的地位，这也符合《元史·宗室世系表》"阔列坚，母忽兰皇后有宠。太祖爱阔列坚，视如嫡子"的记载。

关于阔列坚的死亡日期和地点，《元史·宗室世系表》仅载："太宗七年，从拔都伐斡罗斯，中流矢卒。"其中的"从拔都伐斡罗斯"，即长子西征。指挥参与这次远征的均是蒙古各系宗王的长子或长孙，《元朝秘史·卷十四》："如今再命各王长子巴秃（拔都，术赤二子）、不里（不里，察合台孙，因其父木秃干早死以长孙身份出征）、古余克（贵由，窝阔台长子）、蒙格（蒙哥，拖雷长子）等做后援征去。"格鲁塞在《草原帝国·拔都和速不台在欧洲的战役》一节中详细记载了参战诸王名单："拔都的兄弟斡儿答、别儿哥和昔班；窝阔台之子贵由和合丹；窝阔台之孙海都（注：此处可能有误，当时海都尚未出生）；拖雷之子蒙哥；察合台之子拜答儿和孙子不里。真正的领导者是征服波斯、罗斯和中国的胜利者速不台，他现在已是 60 岁左右的人了。"格鲁塞在另一著作《蒙古帝国史·窝阔台在位时期蒙古对欧洲的征服》中再次提到的参战人员，仍然没有阔列坚。而瑞典籍亚美尼亚学者多桑在他的《多桑蒙古史》则是这样写的"术赤子唐古惕、拖雷子不者克、窝阔台弟阔列坚"。多桑的著作虽然提到阔列坚参加西征，但是在接下来的战事中，却没有只言片语提到他。而俄罗斯学者哈麦尔在《钦察的金帐汗国史》中非常肯定地说："拔都、斡儿答、贵由汗、蒙哥合罕、阔列坚、合丹和不里一同围攻阿儿盘城（即也烈赞），接着，他们又占领了亦客（今科洛姆纳）。阔列坚在那里受伤死去。"从这里，我们可以知道成吉思汗的第五子阔列坚是在 1237 年 12 月至 1238 年春之间去世的，地点是今俄罗斯的科洛姆纳市，死于战事，时年仅三十余岁。

可见，由于阔列坚出生较晚，他没能像自己的几个哥哥一样打仗立功，但他依旧凭借"子以母贵"获得成吉思汗家族继承人应得的荣耀。阔列坚共育有四子，长子名忽察，被授予六千人，并赐予父位。忽察子兀鲁带，随侍忽必烈。然而，在后来蒙古内部动乱中，兀鲁带并没有坚定地与忽必烈站在一起，最终因依附西北叛王战败被俘，"按札撒处置"。从此，阔列坚支系的地位江河日下，再也没有恢复往日的荣耀。

元朝公主多嫁高丽

昭君出塞演绎了一出女子救国的慷慨悲歌,当年汉元帝因不堪匈奴的骚扰,为了确保国境安宁,便用与匈奴通婚的方式来约束匈奴,于是便有了昭君外嫁匈奴。元朝在最兴盛的时候,也曾有过很多公主或者皇室宗女外嫁的事件,这又是为什么呢?是元朝的实力不够强大以致要用和亲的方式来换取片刻的苟延残喘吗?还是另有原因呢?

我国与高丽联系最密切的时候应该是在元朝,元朝与高丽之间,一直保持着一种比较特殊的关系。自忽必烈以后,高丽的历代国王几乎都是元朝皇帝的女婿,其中忠肃王因为丧偶的原因,还娶了三位元朝公主。元朝公主之所以源源不断地嫁到遥远的高丽国,还得从元朝与高丽国的政治关系说起。

自元朝建立以后,蒙古国就与高丽建立了正式的藩属关系。1216年,契丹首领金山、六哥等率领9万人反抗蒙古,结果被蒙古大军赶到高丽,并占领了高丽国的江东城。1218年,蒙古大军以追击契丹军的名义进入高丽国,并与高丽军联手攻下江东城,由此,高丽与蒙古结盟,从此高丽国"每岁遣使十人入贡"。这便是最初确定的蒙古与高丽之间的藩属关系。

此后,蒙古不断派遣使臣向高丽索要贡物,并且数额越来越大、品种越来越多,使臣的态度也越来越蛮横强硬,高丽君主对他们的要求稍有犹豫,便以战争相威胁。元太祖十四年(1219年),蒙古以帮助高丽歼灭契丹军为理由,向高丽索要贡物。"九月,皇太弟、国王及元帅合臣、副元帅札剌等各以书遣宣差大使庆都忽思等十人趣其入贡,寻以方物进。十五年九月,大头领官堪古苦、着古狨等复以皇太弟、国王书趣之,仍进方物。"元太祖十六年(1221年)一年间,高丽向蒙古国进贡的物品有:1万领獭皮、3000匹细绸、2000匹细苎、

1万斤绵子、1000丁龙团墨、200管笔、10万张纸等。元太祖十七年（1222年）十月，"诏遣着古欤等十二人至其国，察其纳款之实"。元太祖十八年（1223年）八月，"宣差山术等十二人复以皇太弟、国王书趣其贡献"。这一时期，高丽国不断向蒙古人进贡，还动辄受到他们的威胁，在如此的高压环境下，高丽王疲于应付。这时，一个偶然的机会改变了高丽国的这种命运。

蒙哥去世后，忽必烈在与阿里不哥的汗位争夺战中胜出，忽必烈在汗位之争中赢得了胜利，并建立元朝。而在此之前，在蒙古汗国做质子的高丽世子倎投靠忽必烈，在汗位还未确定时投靠他，这代表倎认定了他才是最终成为大汗的人，他用实际行动来表达自己对忽必烈的仰慕。因此，元朝与高丽的关系有了些许的改善。

高丽人发现不受蒙古人欺负的生活原来如此美好，因此难免会想办法将这种生活继续下去，怎么继续呢？答案是和亲。这里的和亲并非指将高丽的公主嫁给元朝皇室，而是反过来，高丽元宗为了王位的稳定，主动向世祖忽必烈求亲。

▶ 明　仇英　明妃出塞图

选自明代仇英的《人物故事图册》。王昭君亦称明妃。此画描绘的是西汉元帝时，王昭君去匈奴和亲的场面。画中昭君一路跋涉塞外出使匈奴。王昭君，传说是中国古代四大美人之一。王昭君和亲，对边疆安宁起到了积极作用。

1270年，元宗前往大都（今北京）朝见忽必烈，为世子（即太子）谋求婚。世子谌时年35岁，早在25岁时他就纳有嫔妃。因此，任何人都能看出元宗的请求是出于政治动机，并非单纯是为儿子娶妻。因此忽必烈并没有立即应允。1271年，元宗再次派使者前往元朝为世子请婚。这一次，忽必烈才同意将幼女齐国长公主忽都鲁·揭里迷失嫁过去。这位公主当时年仅13岁，三年后，元朝与高丽才完成了第一次联姻。

对于高丽人来说，元朝公主下嫁的利益是显而易见的。元宗逝世后，世子谌即位，即忠烈王。据说，公主与忠烈王乘车来到高丽国都开京（今开城）时，高丽的百姓纷纷奔走相告："没有想到百年战火之余，还能再见太平。"可见高丽人也深知是元朝公主给自己的生活带来了福音。

除此之外，高丽国的国王或使者在元朝的宫廷上再也不会受到任何人的轻视，凭借"和亲"，他们又重新找回了自尊。对高丽国来说，娶元朝的公主实在是一件一本万利的事，自从公主嫁过去后，蒙古不再向高丽逼贡。相反，他们每年还会给高丽国的使者颇为丰厚的回馈，其价值往往高于或者等于高丽国的贡品总价值。元朝不仅赏赐前来朝贡的王公贵族、使臣，对其随从也加以赏赐。忠烈王在位34年间，在元朝与高丽的都城间往返14次，每次都带有众多随行人员，最高的一次竟达1200人。元朝给忠烈王的赏赐最多的一次是3万两白银。总体来说，在高丽凭借和亲换取安宁的这些年中，元朝皇帝始终奉行"厚往薄来"的原则。

齐国长公主的下嫁，揭开了元朝与高丽王室联姻的序幕，在后来的近百年中，高丽国从忠烈王到恭愍王，一共有7位国王，其中就有5位娶了元朝的公主。而另外两位，一位是因为即位时年纪尚小，且12岁就去世了，另外一位也是因为即位时年龄太小，无法娶到元朝公主。

在嫁往高丽国的众多公主中，除了齐国长公主是名副其实的公主，后来大多数都并非元朝皇帝的女儿，而是在和亲前临时封的公主。但无论如何，她们还是起到了帮助两国联络感情的作用，这对高丽人来说就已经足够了。

高丽国与元朝的这种政治婚姻往来一直持续到元顺帝逃回漠北后，高丽国见风使舵，又向明朝投降，如此，元朝与高丽国才停止联姻。

三位元朝公主同嫁一夫

　　高丽与蒙古贵族联姻可以说是一桩一本万利的交易，蒙古的"公主"们给他们带来了许多政治和经济上的利益。所以，在高丽国，一些元朝公主享有至高无上的权威，如嫁给忠烈王的齐国长公主，她对忠烈王就是召之即来，挥之即去，一不高兴还会打上几鞭子。不过，并不是每个嫁去高丽的公主都有这么好的运气，其中有三位公主，我们甚至可以用悲惨来形容她们的命运。

　　元朝与高丽国在政治经济实力上的强弱对比，也充分表现在元朝公主在高丽宫廷的地位上。元朝公主在高丽宫廷中享有至高无上的特权，就名分而言，不论高丽国王是否已经婚配，嫁过去的公主都要被册封为正宫。齐国长公主下嫁时，当时年近四十的忠烈王早已纳妃，而且彼此之间感情很好。但公主一来，原来的王妃只能移居别宫，并且与忠烈王绝不相通。在高丽后宫中，元朝公主也手操生杀大权，其他嫔妃甚至国王都要畏惧她三分。迫于长公主背后强大的政治势力，忠烈王对齐国长公主的无理行为往往"禁之不得，但涕泣而已"，而公主对国王则动辄以手杖敲打。

　　当然，并不是所有嫁到高丽的公主都会受到如此高的待遇，她们也许能稳坐正宫，母仪天下，但是在天高皇帝远的异国他乡，没有人为她们说理撑腰，而元朝对她们疏于关注时，她们之中也不乏命运悲惨者。

　　1319年，元世祖之孙营王也先帖木儿一家沉浸在失去女儿的悲痛中，刚刚从高丽传来消息，三年前嫁过去的亦怜只班公主不幸去世。一家人在悲痛过后，觉得公主死得蹊跷，于是恳请当时的皇帝派出李常志到高丽调查公主的死因。

　　李常志通过对公主的宫女进行拷问，得知了一些真相。原来，亦怜只班公主所嫁的高丽王王焘非常喜欢一名叫德妃的妃子，而亦怜只班公主嫉妒心太强，因此与王焘发生争执，被王焘殴打致鼻孔流血。不久，亦怜只班公主又在妙莲寺因为吵闹遭到王焘的殴打。让李常志无奈的是，没有证据证明亦怜只班公主的死就是因为这两次被殴打。元朝虽然对此极为愤怒，但苦于没有证据，最后也只能不了了之。

李常志没有任何强硬的表示便离开了高丽，这让早已做好准备要接受处罚的王焘长舒了一口气。

由于多年来高丽一直都是看蒙古人和元朝的脸色生活，王焘的父亲王謜曾想改变这种状态，并使用过一些手段。他在大都时，表面上广泛结交儒士、高僧，享受着风花雪月的生活。实际上，在暗中他积极参与元朝宫廷的政治斗争，与元朝政治派系中保护高丽的温和派来往密切，与他们交流影响皇帝的方式，并暗地里打击那些想把高丽彻底变成元朝行省的大臣，后来被敌对的派系抓住了把柄，将其告发到当朝皇帝元英宗那里，王謜被强行扣押在大都，后来又被流放到吐蕃。

在这种情况下，一直对高丽王位虎视眈眈的王謜侄子王暠，对王焘进行陷害，1321年，元英宗将王焘的高丽王印收回，并将他与其父王謜一起扣留在大都。

高丽国内数日无君，眼看就要乱作一团，这时候，一场著名的政变——南坡之变救了王謜父子。元英宗在这场政变中被杀，元朝的新帝泰定帝也孙铁木儿再三权衡后，还是将王焘释放回国，王謜在不久后病死于大都。

泰定二年（1325年），元朝又将金童公主嫁给王焘做继室。金童公主是元顺宗之子魏王阿不哥的女儿，两人在大都完婚，之后一起赴高丽。与前一位亦怜只班公主相似，金童公主嫁到高丽没多久也不幸去世，时年仅18岁，死后被高丽王追封为曹国长公主。

至顺三年（1332年），王焘到元大都朝拜时，元朝再次将宗王伯颜忽都之女封为庆华公主，嫁给王焘做继室。元统元年（1333年）三月，庆华公主随王焘回到高丽。至正五年（1345年）三月，时年48岁的王焘去世，庆华公主的厄运也开始了。

王焘去世后，作为长子的王祯承袭了王位。王祯是有名的浪荡鬼，一次，趁庆华公主邀请他前去喝酒时，故意装成喝醉的样子，并在庆华公主前去检查他是否酒醒时对她无礼冒犯。庆华公主因此感到羞耻，次日就收拾东西准备回元朝，因王祯一再阻拦，公主最终没有走成。

这件事很快就传到了元朝，右丞相伯颜立即派人将王祯押送到元朝，第二年的四月才将其释放回国。庆华公主死后，被元朝赐予肃恭徽宁公主的谥号。

所以，实际上王焘娶了三位元朝的和亲公主，但是这三位公主的命运都令人同情。

高丽王朝晚期 乔班夫人像

藏在古画里的大元史

元朝是游牧民族入主中原而建立的，其社会习俗中保留了较多的母权制风貌，蒙古妇女在社会生活中占有重要地位，故元朝也是我国历史上后妃干预政治现象最为突出的朝代。作为元朝后宫的嫔妃，她们无疑有着不可抗拒的魅力，诗词歌赋、琴棋书画、美颜倩笑、风姿柳态、音乐舞蹈、爱意痴情，在她们身上展露无遗。然而她们大多还是身不由己，往往成为政治斗争的牺牲品，或者被打入冷宫，终日孤寂难耐；或者遭对手暗算，不得不饮恨而死。这里，将为你一一讲述她们或辉煌或凄苦的人生境遇。

第三章

六宫粉黛：赋就深宫一段愁

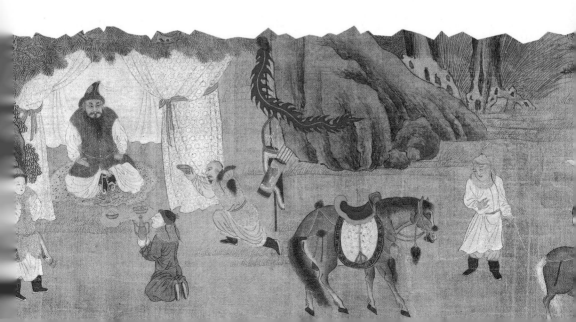

四位皇帝的母亲

从1206年成吉思汗统一蒙古各部，到1368年元朝灭亡，一百多年的时间里，历经4位可汗、11位皇帝，这其中就有两位是唆鲁禾帖尼所生。她的另外两个儿子旭烈兀和阿里不哥，一个是伊利汗国（波斯）的皇帝，一个做了四年的蒙古大汗。她不仅培养出了四个优秀的儿子，更为他们登上皇位付出了无数的心血，堪称中国历史上最伟大的母亲。

拖雷正妻唆鲁禾帖尼，生有元宪宗蒙哥、元世祖忽必烈、伊利汗国创始人旭烈兀和阿里不哥四个儿子。唆鲁禾帖尼不仅长得漂亮，人也聪明贤惠，拖雷去世后，她抚育几个儿子长大，周旋于诸王的矛盾斗争之间，为长子蒙哥继承汗位奠定基础。

在唆鲁禾帖尼与拖雷的四个儿子中，蒙哥和忽必烈先后继承汗位，旭烈兀自己建立了伊利汗国，而阿里不哥也曾做过四年的蒙古大汗。他们四人之所以能如此成功，关键原因不在于他们有一个深得成吉思汗信任的父亲拖雷，而是有一个睿智精干的母亲唆鲁禾帖尼。能让四个儿子个个都那么优秀，用今天的话来说，就是父母教育得好。客观地说，蒙哥能登上大汗之位，与唆鲁禾帖尼的苦心经营是分不开的。

当年，拖雷因为势力过大，才华突出，为自己的亲哥哥窝阔台所不容，四十多岁就死了，于是，抚养孩子和维系一个家族的重担就全部落到了正妻唆

▶拉希德·阿丁 《加米·阿特瓦里》插图

描绘的是旭烈兀的军队进攻巴格达，是1258年蒙古人征服巴格达的情景。

鲁禾帖尼的肩膀上，从拖雷去世到蒙哥登上汗位，这其中有太多不足为外人道的辛酸。

拖雷在替兄受死前，曾嘱咐窝阔台帮自己照料孤儿寡妇，窝阔台虽然口头上答应了，但后来并没有履行诺言，他对拖雷的遗孀和儿子们，不仅谈不上照顾，甚至还有欺负的嫌疑。

虽然唆鲁禾帖尼对丈夫的死心存疑虑，但人已经死了，而且他们孤儿寡母也斗不过当时风头正劲的窝阔台，因此唆鲁禾帖尼只能强忍悲痛，并严格地约束诸子及部属，既不让他们做有违窝阔台大汗的事情，更不让他们彼此之间有争执，总之就是不给窝阔台整治拖雷家族的理由。然而，尽管唆鲁禾帖尼和拖雷家族的人谨小慎微，窝阔台却还是不断地挑衅。

拖雷生前继承了父亲大半的财产，家产丰厚，窝阔台为了将拖雷家的家产合法地转移到自己家族，竟然颁下了一道诏书，要唆鲁禾帖尼改嫁给自己的长子贵由。此时的唆鲁禾帖尼已经四十多岁，而贵由还不到三十岁，而且贵为王子的贵由并不缺女人，很明显，这是一个政治阴谋，窝阔台不过是想借机将拖雷家族的兵权财富统统纳入囊中，而拖雷诸子失去了母亲这个主心骨，也必将成为一盘散沙。窝阔台的如意算盘打得不错，不过唆鲁禾帖尼并没有让他得逞，她以自己发誓要将拖雷的孩子们抚养成人为理由，婉拒了窝阔台自作主张的婚配，而且贵由似乎并没有领会到父亲的一番苦心，对年长自己十多岁的唆鲁禾帖尼也没有表现出太大的兴趣，如此，拖雷家族才躲过了一劫。

俗话说，明枪易躲，暗箭难防，唆鲁禾帖尼遇上窝阔台这样不讲信用、不讲兄弟情谊的人，暗箭好防，明枪却难躲。强制婚配没有达到目的，不久窝阔台又来了一手。在毫无理由、未与任何宗室商议的情况下，窝阔台竟然将原属于拖雷家族的三千军户划到了自己的次子阔端的名下。这根本就是对拖雷家族的挑衅，拖雷的一些部下实在看不过去了，纷纷表示要去讨个公道。

但唆鲁禾帖尼依旧不动声色，她一方面劝阻部属，平息了他们的怒火，另一方面，干脆做个顺水人情，通过这三千军户与阔端结下了友情，之后，阔端成了窝阔台家族中与拖雷家族走得最近的人。在蒙哥与窝阔台家族争夺汗位时，他还曾支持过蒙哥。

元太宗十三年（1241年）十一月，窝阔台因饮酒过度离开人世，留下遗嘱让自己的孙子失烈门即位，但他的六皇后乃马真氏想要自己称制掌权，迟迟不肯按照遗嘱行事，导致蒙古汗国在长达五年的时间里没有一个合法的君王。只要君主的人选还没有确定下来，那么谁都有可能成为君主，何况蒙古人向来不喜欢遵守游戏规则，只相信"枪杆子里出政权"，谁有本事将汗位抢到手，谁就可以做大汗。在这期间许多宗王都打起了汗位的主意，互相打来打去，蒙古国内一片混乱。然而，自始至终实力最强的拖雷家族都没有蹚这趟浑水，一直按兵不动。相反，当乃马真氏想要立自己的儿子贵由为帝时，唆鲁禾帖尼和拖雷家族还表现得非常配合，当贵由终于登上汗位之后，他不再像父亲窝阔台一样处处针对拖雷家族，反而赐给他们各种荣誉和权力。

唆鲁禾帖尼讨好窝阔台家族，只是一种韬光养晦的策略而已，因此，当她得知贵由借养病为由准备讨伐拔都时，马上派密使将这个消息暗暗通知了拔都。如此一来，不仅贵由对她感激涕零，连拔都也觉得欠了她的人情。贵由还没有到达拔都的封地就在半路上去世了，有人认为贵由的离奇死亡与拔都有关系，如果真的是这样，唆鲁禾帖尼及时报信无疑是帮了拔都一个大忙，而拔都也只能更加感激她。

贵由死后，唆鲁禾帖尼依旧礼数周到，第一个派人前去看望贵由的大皇后斡兀立海迷失。海迷失效仿乃马真氏临朝执政。可惜的是，她并不适合作为一个当权者，不久蒙古汗国便又陷入混乱之中。此时，拔都以成吉思汗长子家族的身份，突然向宗王们广发"英雄帖"，要他们到自己的钦察汗国来召开选举新汗的忽里台大会。对于他的要求，包括海迷失皇后在内的宗室都不得不给这个面子，虽然不愿意亲自前去，但还是纷纷派了代表前往。唯有唆鲁禾帖尼收到"英雄帖"后，命蒙哥立即前往，再一次让拔都心存感激。虽然拔都也想称汗，但是在权衡再三之后，还是决定放弃，并主动拥护蒙哥为汗。在他的帮助下，蒙哥终于顺利地登上了汗位。

可以说，正是唆鲁禾帖尼之前的努力，为蒙哥取得汗位铺垫了基石。她所起的作用，如《史集》的作者拉斯特所评：她的经验和能力，使她将国家这个新娘送到蒙哥的怀抱中，也正是因为她的隐忍，才保存了拖雷家族的大部分实力，让几个儿子有了称帝的资本。

阔阔真帮助铁穆耳称帝始末

因为"母凭子贵",在封建社会里,皇后、皇妃们便绞尽脑汁、千方百计为自己的儿子争取皇位。对于只有一个儿子的后妃来说,她们只要完成"生"和"争"这两项任务就可以了,但对于阔阔真来说,她还有一个更为艰巨的任务,那就是从自己的三个儿子中选择一个来坐汗位,她最终选择了年纪最小的铁穆耳,这是为什么呢?

阔阔真又名伯蓝也怯赤,姓弘吉刺。据说,有一次忽必烈外出狩猎,偶感口渴,便走近一家牧人的帐房讨要马奶喝。当时阔阔真正好在帐房外搓毛线,见有客人来到,便很有礼貌地迎接。听了忽必烈的要求,阔阔真说:"我家虽然有马奶,可是现在家中没有其他人,我一个女子不便接待客人。"忽必烈听后不仅没有生气,反而觉得她说得很有道理,便转身上马准备离去。阔阔真又连忙叫住他说:"家人很快就能回来,客人稍等。"不久,阔阔真的家人果然回来了,热情地接待了忽必烈。

阔阔真待人接物如此周到,忽必烈和他的近臣们因此对她有着极为深刻的印象。等到给真金选太子妃时,整个蒙古汗国的美女都被送到朝廷供忽必烈挑选,竟然没有一个令他满意的。有些知道内情的大臣便派人去打听阔阔真是否已经婚配,得知她还未婚配,大臣便连忙向忽必烈禀报。这正符合忽必烈的心意,他立即将阔阔真纳为真金长妃。

阔阔真嫁给真金后,待人接物非常得体,对忽必烈和察必皇后也是礼节周到,很得皇帝公公和皇后婆婆的欢心,也是真金的贤内助。可惜的是,真金只有做太子的命,并没有做皇帝的福分,43岁便去世了。于是忽必烈只得再次确定太子人选,并将目标锁定在真金与阔阔真所生的三个儿子身上。

阔阔真所生的三个儿子分别是长子甘麻刺、次子答刺麻八刺、三子铁穆耳。在这三个儿子中，首先可以排除掉答刺麻八刺，他在至元二十九年（1292年）就病逝了。在剩下的两个儿子中，阔阔真最偏爱的是小儿子铁穆耳，因此她一再嘱咐重臣伯颜和阿鲁浑萨里等人在忽必烈面前为铁穆耳美言。至元三十年（1293年），确定铁穆耳为皇太孙，如此一来，阔阔真成功地帮助铁穆耳踏出了继承皇位的第一步。

元 螭虎纹玉璧

忽必烈死后，铁穆耳并没有立刻继承皇位，因为忽必烈没有留下让太孙铁穆耳继位的遗嘱。由于蒙古民族历来有通过忽里台大会选举新汗的习俗，虽然铁穆耳是皇太孙，但诸位宗王们依旧为谁继位而争执不休，其中有一部分人更支持阔阔真的长子甘麻刺。此时铁穆耳与甘麻刺都还出征在外，等到三个月后赶回时，诸王们也没能争论出个结果。

眼看形势发展下去只会对铁穆耳越来越不利，阔阔真又想出了一条计策，她指派御史

元 螭虎伏丘玉顶

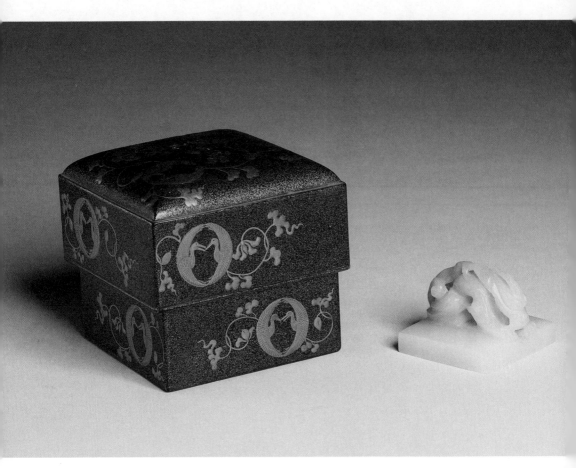

元 龙钮玉印

龙钮方形印用青玉为原材料，雕刻精致精细。

中丞崔彧献玉玺。据崔彧自己讲，这块玉玺是木华黎的一个曾孙世德的老婆拿
出来卖的，因为家中缺钱，便拿着玉玺到街上叫卖，欲换点零花钱，刚好崔彧
经过，见玉玺非常漂亮，便买了下来。拿到玉玺后，崔彧又假装不识字，遍示
群臣，大伙互相传看，其中一位汉臣看了便大声念道："受命于天，既寿永合，
此乃传国玉玺啊！"既然是"传国玉玺"，这影响就大了，于是崔彧立刻上交
阔阔真。阔阔真又当着众位大臣的面，亲自将玉玺授予铁穆耳，声称是忽必烈
留给铁穆耳的。而此时的重臣伯颜与玉昔贴木儿也和阔阔真站在一边，甘麻剌
和其他宗王只得承认铁穆耳的继承权。

关于阔阔真帮助铁穆耳继承皇位，还有另外一种说法。据说阔阔真当着前来参加推举皇帝大会的宗王们宣布，甘麻剌和铁穆耳谁能把"必里克"（即用韵文记录的去世大汗的事迹、语录）讲述得更好，谁就取得皇位。

　　这法子看上去很公平合理，不了解内情的人还以为阔阔真对两位儿子一视同仁，因为实在没有办法二中选一，所以才用了这个公平竞争的办法。其实，我们只要了解甘麻剌一着急就会口吃，就能明白阔阔真还是偏向小儿子的。结果如阔阔真所预料的那样，铁穆耳语句流畅，而甘麻剌则败下阵来。如此一来，宗王们也没有理由反对了，只得向铁穆耳行礼，推举他为皇帝。

　　铁穆耳称帝后，对阔阔真自然是满心的感激，尊封其为皇太后，居于隆福宫。大德四年（1300年），阔阔真病逝，谥裕圣皇后。

元朝的女犯为何都被流放到东安州

在古装电视剧中，我们经常会听到一种处罚犯人的方式——流放，《水浒传》中的林冲就曾被流放到沧州。在历史上，也曾有很多著名人士被流放，如大名鼎鼎的纪晓岚就曾被流放到新疆。但是，这些被流放的大多是男人，对待女犯人，他们也会如此吗？在元朝，也有流放女犯人的习俗，一般犯了法或者触犯当权者利益的女人都会被流放，而且是被流放到同一个地方——东安州，这是怎么回事呢？

在元朝的历史上，很多女性都曾被流放到东安州（今河北安次县西北），如泰定帝的皇后巴巴罕以及两位妃子必罕和速哥答里，在泰定帝去世后，被迁居东安州，元文宗图帖睦尔的皇后卜答失里后来也被流放东安州。在元朝时，只要是遭到流放的女犯，去向只有一个，那就是东安州，这是为什么呢？要回答这个问题，我们需要从铁穆耳的一位皇后——卜鲁罕皇后说起，她是第一个被流放到东安州的贵族女人。

元朝皇帝有立多个皇后的习惯，窝阔台就曾有六位皇后，铁穆耳后来也立有两个皇后，一个是伯岳吾氏卜鲁罕皇后，一个是弘吉剌氏失怜答里皇后。铁穆耳在位时，由于身体虚弱，难以长时间地料理国事，卜鲁罕皇后便"居中用事"。她很有政治家的风范，史称"大德之政，人称平允，皆后处决"。但遗憾的是，她不曾生育，铁穆耳一生只有一个儿子，名德寿，为庶出。没有生育的卜鲁罕因此对德寿的母亲失怜答里妒恨交加。大德九年（1305 年）五月，德寿被铁穆耳正式立为皇太子。但是在当年的十二月，德寿便一命呜呼。他的生母失怜答里无法承受如此打击，精神失常，也很快随他而去。很多人都怀疑是卜鲁罕暗地里对小太子下的毒手，但因没有确凿的证据，最终不了了之。

对铁穆耳来说,失去亲儿子除了给他带来心理上的痛苦,其他麻烦也随之而来。因常年酗酒,他已经不可能再有子嗣,那么百年之后,他的江山要传给谁呢?他想到的是自己的那些侄儿们。

铁穆耳的两个哥哥甘麻剌和答剌麻八剌都有儿子。大哥甘麻剌有三子:也孙帖木儿、松山、迭里哥儿不花。二哥答剌麻八剌也有三子:阿木哥、海山、爱育黎拔力八达。不过,阿木哥是汉族侍女郭氏所生,不予考虑,海山与爱育黎拔力八达则是由正妃弘吉剌氏答己所生。铁穆耳非常喜欢答己所生的两个皇侄,于是他打算按"兄死妻嫂"的风俗,将寡妇二嫂答己纳为妃子,这样一来,皇位继承人的问题也就解决了。

按说这与卜鲁罕皇后没有太多关系,既然她自己没有儿子,那谁继承皇位不都是一样的吗?但是她却百般阻挠铁穆耳纳答己为妃,并先后将答己母子赶出了京城。

大德十一年(1307年)正月初八,元成宗铁穆尔去世。诸位宗王们又开始了新一轮的皇位争夺战,卜鲁罕皇后与左宰相等人定下由她摄政、堂小叔安西王阿难答辅政,并最终将帝位传给阿难答的计划。安西王阿难答的父亲忙哥剌是真金太子之弟,也是忽必烈非常喜欢的儿子,但在至元十七年(1280年)就已经病死。而阿难答的年纪比海山还要大,之前一直在北部边境为大元御边,曾与海都等叛王交战。铁穆耳死后,卜鲁罕皇后立即派人让阿难答回京。

让卜鲁罕没有想到的是,她的政敌、右宰相哈剌哈孙表面上执行她的计划,暗地里却派人通知海山与爱育黎拔力八达,让他们立即赶赴京城夺取帝位。答己和爱育黎拔力八达先行到达京城。卜鲁罕皇后眼见政敌来到自然分外眼红,便和阿难答等人暗地里商议,趁三月初三为爱育黎拔力八达庆祝生日的机会除掉这对母子。可惜这次又走漏了消息,三月初二这天,爱育黎拔力八达抢先动了手,将卜鲁罕皇后和阿难答等人一网打尽。答己母子反败为胜,经过反复商讨后,二人决定由答己的长子,爱育黎拔力八达的哥哥海山即位。

海山称帝后的第一件事,就是着手处治母亲答己的情敌兼政敌卜鲁罕皇后。在此之前,爱育黎拔力八达已经对其诬以"私通安西王阿难答"的罪名,贬至东安州。海山在弟弟的做法上更进一步,废掉卜鲁罕的皇后头衔,又将其就地处死。

自卜鲁罕以后,元朝皇族遭流放的女子都是去了东安州。

海迷失沉河溺死

海迷失虽然和乃马真皇后有着一样的野心，但是却不具备乃马真那样的心计和谋略，与托雷妃唆鲁禾帖尼相比就差得更远了。因此，在贵由过世后，海迷失在较短的时间内曾听政监国，但终因她不具备管理国家的能力，不仅儿子们背叛她，最终还落得一个被沉河溺死的下场。

1248 年，43 岁的元定宗贵由死在征途中。当时随驾西征的海迷失皇后秘不发表，只是派人将此事告之拖雷妃唆鲁禾帖尼和拔都，自己则怀抱窝阔台的幼孙失烈门匆忙赶回和林，自行称制。

海迷失称制两年多的时间，忽里台大会迟迟没有召开。在此期间，她曾在窝阔台家族统治的地区接见了来自法兰西路易九世的使者、天主教多米尼克修会的三位教士：安德烈·德·朗朱米和他的兄弟盖依，以及让·德·卡尔卡松。海迷失后称制二年（1250 年）七月，她还对税费制度进行了改革。《大元马政记》中记载，当时的朝廷会对游牧民的牧群征税，这种税构成了游牧民对朝廷的主要财政义务。最初在元太宗六年（1234 年）的时候，朝廷规定每户人家每百头牲畜须纳一头。根据这种制度，拥有牲畜数目少于百头的牧人就不在纳税人之列。但是到了海迷失后称制二年的七月，海迷失皇后发布诏令，将税率做了大幅度的提升，每十头牲畜就要纳一头。这样做的结果是，支持窝阔台家族的游牧民的数量大大减少，为蒙哥从窝阔台家族中夺走汗位行了个大大的方便。

可见，海迷失并不是一个合适的当权者。更要命的是，她还一度沉迷巫术，不关心朝政，最后连她的亲生儿子忽察和脑忽都看不过去了，各自为政，与海迷失所在的朝廷分庭抗礼。由于这母子三人间的纠纷，这一时期的元朝一片混乱。海迷失被迫在平息自己家庭内部的不和上花费了大量时间和精力，与此同时，她还要想办法阻止拖雷系的合法候选人登上汗位——即使她自己不能坐上汗位，让自己的儿子坐也是不错的。事实上，海迷失还是想将汗位传给窝阔台系的王子，或者是窝阔台死之前钦定的失烈门，再或者就是她与贵由所生的忽察（此时还很年幼）。然而，由于海迷失之前的所作所为，窝阔台系的威信彻底破产。当时身份、兵力都首屈一指的，非术赤家族的拔都莫属，拔都又向来与窝阔台家族的人不和，借这次选择新汗的机会，他决定排除窝阔台系。更准确地说，他与拖雷的遗孀唆鲁禾帖尼联合起来，想借此机会将窝阔台家族的人赶下汗位，由于之前唆鲁禾帖尼曾在贵由欲讨伐拔都时及时给他报信，有恩于他，再加上拔都深知自己不可能夺得汗位，于是便卖了个顺水人情，提名唆鲁禾帖尼与拖雷所生的长子蒙哥为大汗。大约于1250年在伊塞克湖以北、拔都的阿拉喀马克营地，拔都召集诸王在此召开了忽里台大会，会上，拔都推举了蒙哥。

在召开此次忽里台大会之前，拔都曾广发"英雄帖"，召集众宗王前去他的封地召开会议。除了蒙哥在唆鲁禾帖尼的授意下亲自到场外，包括海迷失在内的很多窝阔台系和察合台系的亲王们并没有前往，不过慑于拔都的实力，他们还是纷纷派了代表前去。因此这次的选举结果一出，海迷失第一个就表示不同意，并提出在和林再召开一次忽里台大会。拔都也不计较，就派人护送蒙哥东去和林参加选举，而自己则驻在西方做后援。召开大会之时，窝阔台与察合台系的宗王都知道争不过拔都和蒙哥，都不到会，结果依然是蒙哥当选。

蒙哥即位之后，察合台系与窝阔台系中那些宗王们见大势已定，这才纷纷前去道贺。然而，在道贺的背后，心有不甘的海迷失还有另一重打算。正当蒙哥和诸位亲王庆祝宴饮之时，蒙哥的一个养鹰人克薛杰到草原的另一边去寻找自己丢失的骆驼，无意中遇到了一支带着许多大车的军队。起初，克薛杰以为这是一支军需车队，专门给宴会供应食物的，因此并没有在意。就在他打算走开的时候，车队中的一个孩子叫住了他，请求他帮忙修理一辆坏了的大车。克薛杰一将车盖打开，顿时大吃一惊：车里竟然全是精良的兵器！修好车后，克薛杰又和周围的人拉家常，这才得知所有的大车里都装着同样的东西。原来，海迷失的儿子脑忽、窝阔台的孙子失烈门和另外一位窝阔台系的王爷忽突黑运了大批兵器到此地，打算趁着蒙哥及诸王欢歌狂醉之机将他们一网打尽，然后夺走汗位。克薛杰一听到这个消息，立即纵马狂奔回营地。原本三天的路程，他一天就赶到了，并当面向蒙哥禀报此事。蒙哥立即派大将忙哥撒儿率三千骑去"迎接"脑忽等三人和他们的军队。天助蒙哥，这三人只带了几百随从，却走在离自己的军队辎重很远的地方，结果可想而知，被活捉了去见蒙哥。

脑忽、失烈门、忽突黑被蒙哥抓住了把柄，好汉不吃眼前亏，只好承认蒙哥的大汗身份。毫无反抗之力的三人被蒙哥给扣押了起来，见此，其他没有来参加称汗大会的察合台及窝阔台系的诸王纷纷前往和林澄清自己。借着这个机会，蒙哥和拔都大举清除异己。如察台台的孙子不里，虽然他对蒙哥继位毫无意见，却因酒醉辱骂拔都而被杀。之后，蒙哥又派出使者传召海迷失和贵由长子忽察，忽察在一个妃子的劝说下承认了蒙哥的大汗地位，保住了身家性命，从此被软禁。但是海迷失皇后态度却很强硬，她以摄政者的身份质问蒙哥："各系宗王们都曾经发过重誓，大汗之位只能由窝阔台家族的子孙来传承。如今你们自食其言，不守信用！"面对海迷失皇后的责问，蒙哥终究还是有些心虚，只能避重就轻地指责海迷失皇后想当女王，并派人强行用生牛皮绑住她的手把她抓到和林去。就在和林，曾经做过近三年摄政女王的海迷失遭到了非人的折磨。负责审问的忙哥撒儿下令对她裸身处刑，海迷失极力驳斥，但没有任何用处，最终在对方的严刑逼供下被迫认"罪"。随后，海迷失便被判处死刑，与失烈门的母亲合答合赤哈敦一起，被裹入大毡抛入河中溺死。蒙哥的弟弟忽必烈把失烈门带往驻扎在中国的蒙军中，暂时救了他，但后来蒙哥还是把这个可怜的年轻人投入水中淹死，而忽察则被放逐到哈拉和林以西的地区。

蒙哥消灭了海迷失皇后这个最强大的对手之后，继续削弱窝阔台家族的势力，仅是诸将大臣就杀了77个，这才坐稳了汗位。

巴巴罕挟君弄权

　　元朝是游牧民族入主中原建立的，其社会习俗中保留了较多的母权制风貌，蒙古妇女在社会生活中占有重要地位，故元朝也是我国历史上后妃干预政治现象最为突出的朝代。但是，在泰定帝之前，弄权的妇人或是君死称制，或以太后身份施威，而像巴巴罕这样在泰定帝在世之时，就能挟持君主，肆行己权的，实在是独一无二，所以巴巴罕堪称元朝第一后！那么，她是缘于什么样的机遇和使用什么样的手段挟君弄权的呢？

　　在元朝先后称帝的君主中，较深介入政治的皇后多达 11 人。如元太宗皇后脱列哥那在太宗崩后，摄国称制，统治国家达四年之久。其间，她对以前与之有旧怨的人，通过种种方式打击报复，一度引起国家的骚乱。元世祖忽必烈的皇后弘吉喇·察必，在元初迁都北京后，有蒙古贵族要求元世祖把京城附近的土地分割给各部落牧马，废农田为牧场，但是察必却明确提出反对，后来在她的劝说下，忽必烈下令废除占地为牧场的命令。察必死后，继立的皇后弘吉喇·南必更多地参与政治决策，大臣们常常都见不到忽必烈，而是通过南必来传达和汇报政事。

　　忽必烈的太子真金早死，后被追认为裕宗。裕宗皇后阔阔真是个极有政治才干的人，忽必烈对她相当欣赏，经常采纳她的建议。忽必烈死后，阔阔真立即派人通知儿子铁穆耳，让他立即回来登临帝位。在铁穆耳返回京城前的一年时间里，阔阔真主持了一切重要国事，当铁穆耳顺利到达后，阔阔真又主持召开了忽里台大会，亲手将儿子送到皇帝的位置上。此后，阔阔真以皇太后的身份对朝廷重大决策有着特殊的影响。

　　元成宗铁穆耳的皇后伯岳吾·卜鲁罕是位野心很大的女人。成宗身体多疾，

元 佚名 元世祖忽必烈皇后南必像

南必皇后是忽必烈的第二任皇后，察必皇后死后继任。由于元世祖年老多病，朝臣常都见不到忽必烈，而是通过南必来传达和汇报政事。因此南必皇后颇多干预朝政。

元 佚名 元顺宗皇后答己像

答己以太后、皇太后、太皇太后的身份干政，宫内宠信黑驴母亦烈失八，朝中亲信失烈门、纽邻以及铁木迭儿，浊乱朝政，最后导致了元朝中期混乱的局面，为元朝的灭亡埋下了祸根。

皇后居中用事，信用贤臣哈剌哈孙，形成大德之治，为人所称赞。积累了政治经验的卜鲁罕雄心勃勃，她将对自己执政有威胁的顺宗妃答己与其子爱育黎拔力八达贬到怀州。成宗死后，她积极策划垂帘听政，但因爱育黎拔力八达先行下手，卜鲁罕被赐毒酒了结此生。

在泰定帝之前，弄权的妇人或是君死称制，或以太后身份施威，而像巴巴罕这样在泰定帝在世之时，就能挟持君主，肆行己权的，实乃元朝第一后！

泰定帝也孙铁木儿即位后，在倒剌沙等大臣的辅佐下，朝野上下太平了几年。饱暖思淫欲，于是，泰定帝也孙铁木儿沉迷于酒色之中而不顾其他。为了有充裕的时间享乐，他甘愿将朝政付与皇后巴巴罕。

皇后巴巴罕，本来就不是寻常女子。她不仅聪慧过人，而且十分有心机，胸怀大志。她自从被册立为皇后，便产生了弄权窃柄的野心。只是在泰定帝即位之初，由于其年富力强，勤于政事，使得皇后巴巴罕无从插手朝政。后来平定叛乱后，朝野无事，泰定帝也孙铁木儿开始迷恋酒色。巴巴罕一看机会来了，便乘机想出了一条计策，要替皇帝物色几个足以移人心性的尤物，来迷惑泰定帝。只要泰定帝沉迷于酒色，自然就会懈于朝政，自己就有机会亲临朝纲。

皇后巴巴罕想到做到，立刻就物色到迷惑泰定帝的人选。巴巴罕的叔父衮王买住罕有两个女儿，大女儿速哥答里年方二十，小女儿必罕芳龄十八，二人生得天姿国色，各有千秋。皇后巴巴罕游说两姐妹要如何讨得皇帝欢心，有了皇帝做靠山，今生富贵荣华将享用不尽。必罕两姐妹被说服。

　　一天，皇后巴巴罕得知泰定帝散朝以后要来自己的宫中，就派人将两姐妹叫进宫来，同在一处闲谈，如此这般地嘱咐了一通。再说泰定帝也孙铁木儿来到后宫，看到必罕和速哥答里顿时惊呆了。巴巴罕见了泰定帝这副神态，会心窃笑，忙将两位妹妹推向前去，引见给皇帝，又忙令摆酒席。必罕姐妹之前得到过皇后巴巴罕的嘱咐，便使出平生所有的狐媚手段殷勤劝酒。泰定帝也孙铁木儿几杯酒下肚，早已心猿意马。皇后巴巴罕见时机已到，遂假说更衣起身出去了。

　　皇后在外面候了一会儿，料想屋内已成好事，遂转身进来。见必罕姐妹衣襟散乱，桃绽双腮。泰定帝也孙铁木儿则尚自在榻上两眼痴呆，面凝淫笑。皇后佯惊装怒，非要把此事禀告叔父，随即命起驾衮王府。泰定帝也孙铁木儿明白此事闹腾出去，将会失去已经到手的两位美人，又一时想不出什么好法子阻止皇后，只得说皇后如能包容此事，往后朝廷大事统统由皇后决断。巴巴罕要的就是这个，今见此话终于由皇帝亲口说出，还有何求？

　　自此以后，泰定帝也孙铁木儿一来迷恋于必罕姐妹的美色，二来有言在先，不便反悔，就果真将朝政悉数交由皇后处置。巴巴罕皇后遂专权擅政，简直就是不临朝的女皇帝。那必罕姐妹二人日夜承欢宫中，六宫宠爱集于姐妹二人身上，也是心满意足。真乃一事成而四人皆大欢喜。

乃马真氏摄政长达五年

封建社会是男人的天下，女性当权往往都存在各种各样客观的原因，武则天能当权，是因为有一个懦弱的皇帝丈夫，而且当时的社会风气较为开放，男尊女卑的思想还不那么严重。而慈禧太后能当政，除了有孝庄皇后这个榜样外，也因为当时的清朝内忧外患严重，在任皇帝年幼难于亲政，给了慈禧太后专权的机会。与武则天、慈禧一样，乃马真氏能摄政五年，当然也有非常客观的原因存在，那么这些原因是什么呢？

元太宗十三年（1241年），窝阔台一病不起，称制摄政的乃马真皇后召集诸王召开大会，议立新汗。其实，元太宗窝阔台生前曾选定第三子阔出为皇位继承人，但阔出在战事中不幸身亡，窝阔台便又指定阔出的儿子失烈门为嗣，窝阔台死时他尚未成年，因此"汗位虚悬与乃马真氏摄政"。《元史·后妃传》关于乃马真氏摄政这件事的记载十分简单："岁辛丑十一月，太宗崩，后称制摄国者五年。"并没有给出她长期"称制摄国"的原因。

乃马真氏为什么能在成吉思汗家族儿孙众多的情况下摄政长达五年之久呢？《史集·窝阔台合罕的儿子贵由汗纪》的记载给出了原因："当窝阔台合罕去世时，他的长子贵由还没有从远征（钦察草原）中回来。"不久，另一位有影响的汗妃，原本摄政的窝阔台的长皇后也去世了。但乃马真氏是窝阔台的六皇后，按排行怎么也轮不到她摄政，可是她有着其他皇后无法比拟的巨大优势。她能够摄政长达五年，主要有以下原因。

第一，乃马真氏是窝阔台的众位皇后中最有摄政资本的。乃马真氏本是蔑儿乞部首领的妻子，成吉思汗消灭蔑儿乞部后，将她抢来赐给窝阔台为妻。乃马真氏相继为窝阔台生下了贵由、阔端、阔出、哈剌察儿、合失五个儿子。窝阔台的七个儿子中，只有合丹、篾里为妾妃所生。"母凭子贵"，为窝阔台生下这么多的儿子，她当然有资本"称制摄国"。

第二，乃马真氏工于心计，擅长笼络人心。在还未摄政时，她就已经用巧妙的手段争取到了察合台的支持。察合台毕竟是成吉思汗的嫡子，说话还是具有一定威信的。有了他的支持，其他人都不敢反对，即使反对了也无效。这位封建时期的皇后还是一位人类心理学方面的专家，何以见得？她深知"人为财死，鸟为食亡"的道理，为了笼络人心，她"用各种馈赠笼络亲属和异密们的心，他们全都倒向她那方面，听她摆布"。有了如此广大的群众基础，她能持续摄政五年，也就变得很平常了。

第三，当时的蒙古汗国男子长年出征在外，汗国内的生产、生活管理乃至国事处理，往往都是由妇女全权负责。身为皇后的乃马真氏从这些日常的管理中也学到了不少的管理经验，为后来的摄政打下了基础。

第四，乃马真氏与拔都在汗位人选问题上出现了严重分歧，乃马真氏要召开选举新汗的忽里台大会，但是拔都借故不肯前来参加，导致大会迟迟不能举行。窝阔台死后，乃马真氏并不想按照窝阔台遗嘱中说的那样，将汗位传给失烈门，她希望自己的长子贵由能够做皇帝。拔都和贵由曾在"长子西征"的战役中结下了仇怨，此次的忽里台大会将推举贵由为汗，拔都担心自己此行凶多吉少，便以身体不适和有腿病为由，不肯前往。忽里台大会的举行因此又拖了三年之久，这也是乃马真氏能够摄政长达五年之久的一个客观原因。

不过，能够摄政五年，对于乃马真氏来说已经算不错了。因为在她摄政期间，除了大臣中不断有人提议召开忽里台大会，尽快选定新汗，她也实在没有什么政绩可言。

《史集·窝阔台合罕的儿子贵由汗纪》记载，乃马真氏在执政期间，重用西域女俘法提玛和西域大臣奥都剌合蛮，然而这两个人实在不是治理国家的良才。当时，乃马真氏非常倚重法提玛，包括封疆大臣所办的军国大事都要通过她做中介，后来又"按照这个心腹的意见，撤掉了在合罕时被委以重任的异密和国家大臣，并任命了一批不学无术的人来取代他们的职位"。奥都剌合蛮又是个什么样的人呢？《元史·太宗纪》记载：元太宗十一年（1239 年）"十二月，商人奥都剌合蛮买扑（宋元时期的一种包税制度）中原课银二万二千锭，以四万四千锭为额，从之"。"十二年庚子春正月，以奥都剌合蛮充提领诸路课税所官"。这件事在蒙古国的朝政中引起了一场激烈的争论，《元史·耶律楚材传》记载：奥都剌合蛮扑买课税这件事，是一位译史向丞相镇海建议的，即将中原课税从110万两增至220万两，整整增加了一倍，之后又允许他加倍征收，税额高达440万两，中原百姓的负担一下子就增加了四倍。汉法派重臣耶律楚材为了维护中原百姓的利益，不顾一切地面折廷争，在窝阔台大汗面前"声色俱厉，言与涕俱"。但争论的结果是，窝阔台"姑令试行之"，耶律楚材的主张被否定了。

乃马真氏执政后，奥都剌合蛮更是如鱼得水。乃马真氏为了进一步让奥都剌合蛮独揽大权，又罢免了大宰相镇海和财政大臣马合木·牙剌瓦赤。此时的乃马真氏对奥都剌合蛮的信任已经到了无以复加的地步，竟将汗廷盖有印章的空纸交给他，让他自行填写。耶律楚材再次坚决抵制，说："天下者，先帝之天下。朝廷自有宪章，今欲紊之，臣不敢奉诏。"乃马真氏这才收回成命。然而，不久她又颁下诏令："凡奥都剌合蛮所建白，令史不为书者，断其手。"乃马真氏的这些荒唐行径让耶律楚材倍感忧愤，不久他便含恨去世。

作为一名摄政者，乃马真皇后并没有很好地履行自己的职责，只知一味搜刮财物，尽情享乐，导致蒙古汗国内外交困，几乎到了崩溃的边缘。最终，拔都派自己的几个弟弟代替他参加忽里台大会，贵由得以当选，才结束了乃马真氏摄政的局面，但贵由在位的一年多时间里，乃马真氏依旧参与政事。

依速甘和也遂是亲姐妹吗

历史上，亲姐妹共侍一夫的事情并不少见，最有名的莫过于赵飞燕与赵合德两姐妹一同嫁给汉成帝。赵飞燕在嫁给皇帝后，为了巩固自己在宫中的地位，又将漂亮的妹妹赵合德介绍给皇帝。依速甘与也遂的故事与赵家两姐妹相似，不同的是，依速甘是将已经出嫁的姐姐介绍给成吉思汗。

成吉思汗一生有四十多个妻妾，分守四个斡耳朵宫帐，主持第四斡耳朵的皇后便是依速甘皇后，依速甘是也遂皇后的妹妹。由于她举荐姐姐也遂，成吉思汗才得到也遂皇后。虽然她嫁给成吉思汗较早，但是甘居姐姐之下。

依速甘和也遂本是塔塔儿人。当年，铁木真的父亲也速该就是被塔塔儿部的人害死的。

铁木真9岁（也有书上说是13岁）那年，父亲也速该带他去外婆家求婚，二人走到半路遇见了一个亲戚德薛禅。德薛禅一见铁木真便喜欢上了他，让二人去自己家中做客。也速该领着铁木真来到德薛禅的家中，德薛禅趁机说自己有个女儿，想要许配给铁木真，又叫来女儿让他们父子过目。也速该见到小姑娘眉清目秀，于是便转而向德薛禅求婚。德薛禅答应了下来，那小姑娘就是后来的孛儿帖，比铁木真大一岁。当下，也速该就将带来的马匹当作财礼，又把铁木真留在德薛禅家里，就独自回去了。也速该在回去的路上遇到一群塔塔儿人在举行宴会。塔塔儿人请他喝酒，也速该也不客气，就和他们一起大吃大喝起来，结果在回家的途中发现自己中毒了。原来也速该曾经抢过塔塔儿人的粮食，这次邀请他参加宴席，是有意要加害于他。只是事已至此，待也速该明白过来已经晚了，他只能勉强支撑着走回家中，不久便毒发而死。

铁木真长大后，曾多次征讨塔塔儿人，但是塔塔儿部比较强大，铁木真每

南宋 陈居中 鞑靼狩猎图

图绘蒙古人狩猎场景。

次都难以如愿。直到他消灭泰赤乌部后，势力迅速壮大。1202 年的春天，铁木真再次率部下对塔塔儿部发起了大规模的进攻。这次塔塔儿人终于没有逃脱劫难，被铁木真的人马杀得四下逃窜。一名塔塔儿人也客扯连为了活命，就将自己的小女儿依速甘献给铁木真。可惜以依速甘一人之力并不能挽救他们的整个部落，铁木真只答应不杀害也客扯连，其他塔塔儿人还是照杀不误。为此，铁木真还和几位重要的部下商议，决定杀掉所有高于车轮的塔塔儿人。但是这个消息被别里古台无意中泄露给了也客扯连，也客扯连又将这个消息带回了自己的部落，并让他们做好准备积极反抗。后来，当铁木真的人马准备举行大屠杀时，遭到了塔塔儿人的顽强抵抗，蒙古兵伤亡严重。事后，铁木真得知是别里古台走漏了风声，便狠狠对他进行了惩罚，但是对也客扯连却不曾追究，说来说去，还是看在依速甘的面子上才如此宽宏大量。

也许是希望自己的姐姐能够在蒙古人的大屠杀中幸免于难，依速甘又向成吉思汗推荐了姐姐也遂："我的姐姐也遂比我还要美丽。"成吉思汗道："如果我找到你的姐姐，你会让位给她吗？"依速甘说："会的。"于是铁木真派人去找也遂。当时也遂正和丈夫在树林中避难，蒙古兵发现他们后，她丈夫丢下她逃跑了。蒙古兵将也遂抓去见铁木真，在妹妹依速甘的劝说下，也遂答应嫁给铁木真。

再说也遂的丈夫丢下也遂后，逃过了蒙古兵的追杀，事后想想又觉得舍不得也遂，便混入了蒙古军中。一日，成吉思汗坐在也遂、依速甘两姐妹中间饮酒，也遂始终郁郁不乐，还多次不自觉地长声叹息。铁木真顿时起了疑心，就把博尔术和木华黎叫到跟前，吩咐他们把所有的人按原来的部落分开，不得出现混杂。分完之后，就发现有一个男子不属于任何一个部落，经过一番询查，发现他原来是塔塔儿人，是也遂的丈夫。此时的也遂在铁木真旁边大气都不敢出，虽然担心前夫的命运，却也不敢擅自求情。而铁木真是绝对不会对自己的情敌手下留情的，当即命人将他杀了。

铁木真断了也遂的牵挂，也遂只得一心一意跟着他。在铁木真的众多妻妾中，也遂是最受宠爱的一个，铁木真多次出征都带着她，临终时也只有她陪伴。由于也遂皇后随成吉思汗出征西夏有功，西夏灭亡后，其百姓大多数都分给了也遂皇后。

多才多艺的察必皇后

如果来一个历史上最多才多艺的皇后评选赛，忽必烈的察必皇后必定榜上有名。为什么这么说呢？难道她琴棋书画样样精通吗？当然不是，作为蒙古人出身的察必皇后，能学好汉语就不错了，琴棋书画是只有出身汉族大家庭的女子才擅长的才艺，察必皇后没有机会学习，恐怕也不屑于去学，因为她更愿意学习比较实用的技能，如将废弃物进行再利用、设计出既好看又实用的服饰等。

在忽必烈与阿里不哥争夺皇位的时候，察必皇后起到了非常重要的作用，她一方面坚守忽必烈的大后方，另一方面派人让忽必烈尽快回京都争夺皇位。由此可以看出，她是一位可以独当一面的女子，让我们忍不住对她另眼相看。其实，察必皇后让我们另眼相看的地方还有很多，下面一一来介绍。

首先，察必皇后是一位出色的环保专家。

和元朝许多皇后一样，察必皇后出自"黄金家族"弘吉剌部。她虽然贵为皇后，却非常勤劳朴实，称得上是一位环保专家。

据《元史·后妃传》记载，有一次，察必皇后派人去国库里支取丝帛一匹，忽必烈知道后，便责备皇后说这是朝廷所需，私人不应随便支取。察必皇后是位明理的女性，非但没有生忽必烈的气，还在后宫展开了轰轰烈烈的"废物利用"活动，带头过起了"节约型"的皇宫新生活。察必皇后让宫女收集用旧用坏的弓弦，统一放在大锅里蒸煮后捣烂织成绸帛。用这些绸帛做成的衣服都非常的坚韧密实，是军士们非常理想的"安全衣"。不久，宫廷里几乎人人都知道察必皇后亲自带头将废弃的弓弦煮制成布匹，并为她勤俭节约的美德所折服，史官还自觉地将这件事写进了史书中。察必皇后听说后非常高兴，在废物利用与节俭方面更加下功夫了。不过，如果她能预知一百多年后，明太祖的马皇后

元

元世祖后半身像

元世祖忽必烈的皇后弘吉剌·察必。

以她为榜样在皇宫中亲自织布纺纱，估计会更加开心。

　　周围人的赞扬对察必皇后的节俭行为无疑是一种鼓励，于是，她有空就会在皇宫中寻找可回收利用的废弃物。一日，她来到专为皇宫造酒的宣徽院里，竟在库房里发现许多旧的羊臑皮被弃置一旁，看上去已经放了好几年了。察必皇后当即命人将这些搬回后宫，又让宫女们将这些羊臑皮洗净，晾干，裁剪成大小合适的块状。将这一小块一小块的羊臑皮缝合起来，竟然做出一张非常漂亮耐用的地毯。除此之外，关于察必皇后废物利用的事迹还有很多，据传，她曾经在自己居住的王宫台阶前，亲手栽种了一株从成吉思汗的故地带回的青草，并取名为"誓俭草"，除了时时提醒自己要节俭行事，也告诫子孙后代不可忘旧，要保持节俭的好习惯。后来，有人专门写诗赞扬察必皇后的这种俭朴美德。

　　其次，察必皇后还是一位非常出色的服装设计师。

　　察必皇后在服装设计上也有很高的天赋。有一次，她发现忽必烈骑马时依旧穿着像平时一样宽袍大袖的衣服，骑射很不方便。于是，她开动脑筋设计出了一种全新的衣服，这种衣服是用旧衣服改造而成，没有领子和袖子，后面比前面要长，两边各缀一排用布做的扣子和扣套，忽必烈骑马时穿上这种衣服，不仅看上去非常潇洒，而且还很方便。察必皇后还给这种衣服取了一个好听的名字，叫"比甲"。由于在骑射时穿这种衣服非常方便，还给穿上此衣的人平添了几分潇洒，因此人人争相仿效。这种衣服发展到现在就成了马甲。察必皇后还发明了带帽檐的帽子。元朝人戴的胡帽都是没有前檐的。有一次，忽必烈打猎回来后，向她抱怨打猎时因太阳光过强，眼睛有时候睁不开。心灵手巧的察必皇后便设计出一款可以遮阳的帽子。当忽必烈再去打猎时，他戴的帽子和别人的不一样——察必皇后在前面缝上了一个帽檐。用过一次后，忽必烈觉得这种帽子不错，便下令所有的帽子都按照这种形状来制作。

再次，察必皇后是一名出色的政治家。

可以说，忽必烈能够称霸天下，成为一代名帝，察必皇后功不可没。察必皇后是一位出色的政治家，有着敏锐独到的政治眼光，在很多事情上，忽必烈都会听取她的意见。

忽必烈即位后依旧不断南征北战，进一步扩大蒙古国的疆域，并于1276年攻占宋都临安。忽必烈一时兴起，便下令大摆筵席，庆祝这一伟大胜利。然而，在庆功宴上，察必皇后的脸上却没有任何喜悦之色。忽必烈见此便问她因何而不高兴，她说："妾闻自古无千岁之国，毋使吾子孙及此，则幸矣。"用今天的话说就是：我听说自古以来没有任何一个国家能持续千年，如今南宋为我们所灭，但愿将来我们的子孙不要落到这步田地！她的这种"未雨绸缪"的忧患意识使忽必烈没有被暂时的胜利冲昏头脑，建立元朝后依旧励精图治。察必皇后还经常对忽必烈的错误行为进行劝谏。一次，忽必烈竟然将大都城外的一大片土地封给禁卫军将领，让他将此地改为牧场，以畜养马匹。察必皇后听说后，当即劝阻说："我们蒙古人只重畜牧而不重农业，陛下现在将农田再改为牧场，这片土地上的农民怎么办呢？希望陛下能收回成命！"忽必烈细细一想，觉得她说得很有道理，便收回了命令，并下令建立"司农司"，以促进农业生产。

关于察必皇后的逸事还有许许多多，我们无法一一进行详述，能说的唯有一句：能娶到察必皇后，是忽必烈之幸。

身份卑微的奇氏

　　凭着自己的美貌和聪颖，她在皇宫，由一个为皇帝煎茶的身份卑微的小宫女，逐渐得到皇帝的宠幸，最终，被册封为皇后——这是一个典型的灰姑娘的故事，结尾很俗套。不过，有一点比较出人意料——这个版本中的"灰姑娘"，她还是一个高丽人。

　　元惠宗妥懽帖睦尔在位时先后册封了三位皇后。第一位册封的皇后是伯牙吾氏答纳失里，又称伯牙吾氏；第二位册封的皇后是弘吉刺氏伯颜忽都；第三位册封的皇后为奇氏（肃良合·完者忽都）。其中，答纳失里是先皇权臣燕帖木儿的女儿，伯颜忽都是元武宗宣慈皇后母家的孙女，唯有奇氏，原本是来自高丽国的一名贡女，负责在宫中烹茗。这样一名普通的外国女子，最终却成了元惠宗的皇后，她是怎么做到的呢？惠宗的原配皇后答纳失里的骄横让惠宗爱上了这位出身卑微、性格柔和的高丽女子。

　　当年答纳失里嫁给惠宗的时候，两人的年纪都还小，根本就不懂爱情。而且答纳失里是权臣燕帖木儿家的小姐，在家时就蛮横跋扈惯了，所以虽然夫君是一国之君，她也根本不放在眼里。可怜惠宗当时年纪小，面对小皇后答纳失里的欺辱也只能忍气吞声——谁让她的叔父与兄长们都那么有权势呢？可能从小娇生惯养的人都比较贪心，不懂得什么叫见好就收。惠宗一再忍让，答纳失里却只当他好欺负，于是变本加厉，她私自传懿旨，将十万两盐银据为己有，仗着自己是皇后，她还经常对后妃们横加责打，惠宗的宠妃奇氏就曾遭到她的毒打。

　　奇氏是徽政院使秃满迭儿进献给惠宗的高丽女子，本名叫肃良合·完者忽都，是高丽人奇子敖之女，出生于高丽幸州。她不仅人长得漂亮，性格也十分乖巧伶俐，在宫中负责烹茗。经过多次接触后，惠宗渐渐喜欢上了这个性格柔和的外国女子，一来二去两人便产生了感情。这种事情当然瞒不过答纳失里，很快就有人向她报告了这件事情。答纳失里怒不可遏地召来奇氏，命人用鞭子将她打得遍体鳞伤。当时的惠宗自己都害怕答纳失里，更无法保护奇氏。

答纳失里在对惠宗为所欲为的时候，也许不会想到自己有一天也会落得个被杀的下场，虽然她很无辜，只是受到自己哥哥的牵连，但是对于惠宗而言，这是除掉她的一个非常好的机会，他又怎么会错过呢？在惠宗正式即位以前，燕帖木儿就已病亡。左丞相撒敦因多病辞职，惠宗因摄于答纳失里皇后的淫威和燕帖木儿家族的势力，便命答纳失里的哥哥唐其势代任。唐其势就任数日，就多次与伯颜发生争执，于是请求罢职。惠宗只得召回撒敦，再次任命他为左丞相，并追赠燕帖木儿，加封德王，谥曰"忠武"。

左丞相撒敦病死后，伯颜专政，唐其势心里很不平，常对密友说："天下本我家的天下，伯颜何人，位置却在我之上，可恨！"一气之下他就写信给叔父答里，信中说伯颜专权，惠宗昏庸，劝答里带兵入朝行废立之事。答里与宗王晃火帖木儿交情很深，于是答里、晃火帖木儿、唐其势三人密谋一番后，计划起兵入宫杀伯颜、废惠宗。不料消息走漏，等他们杀入宫禁时，却反被伯颜安排的伏兵活擒。结果不仅唐其势和其叔父答里性命不保，就连无辜的答纳失里也受到牵连，被伯颜用鸩酒毒死。

惠宗的第一个皇后就这么死了，由于答纳失里昔日的所作所为实在太过张狂，所以对她的死，惠宗一点也不难过，并很快开始张罗立他最喜爱的奇氏为后。不过，他的这一计划因伯颜的强烈抗议而没有得到执行。最后册封了伯颜忽都为皇后。伯颜忽都是蒙古语的音译，与权臣伯颜并没有任何关系。

伯颜忽都的性格与答纳失里完全不同，她性情温和，有度量，当时惠宗虽然有了她这个皇后，但大部分时间还是在奇氏那里过夜，伯颜忽都对此没有任何怨言，对奇氏与其他妃嫔也很好，从来不挑拨离间，因此惠宗对她也很好。

按说有伯颜在，而且惠宗也已经有了皇后，奇氏要做皇后是没什么希望了，但是这奇氏运气好，偏偏这时候伯颜出了事。由于惠宗的过分宠信，伯颜在朝廷中几乎一手遮天，夸张一点地说，当时的天下人只知道有伯颜，不知道有惠宗。惠宗也不傻，知道伯颜权力过大必定有碍于自己，就想个办法将他抓了去，流放岭南，伯颜还没到流放地便在半途病死了。接下来惠宗又流放了图帖睦尔的皇后不答失里，如此一来，21岁的惠宗终于有了做皇帝的感觉——他可以自己做主了。

1338年，奇氏为惠宗生下一个儿子，取名叫爱猷识理达腊，这样一来惠宗就更加爱她了。奇氏因宠生骄，对皇后的宝座难免会有想法。但是当时已经有了伯颜忽都皇后，而且皇后做人太到位了，根本就抓不着她的把柄，怎么办呢？奇氏自有办法，元朝不是流行多位皇后并列的制度吗？想当年成吉思汗一人就有六位皇后，所以，虽然有了伯颜忽都这位皇后，再多自己一个也是可以的。于是，她找来自己的宠臣沙剌班，嘱咐他上了一道奏折，惠宗本就有立她为后之心，有了沙剌班的提议，他马上顺水推舟册立奇氏为第二皇后。

就这样，奇氏一步步坐上了元朝皇后的宝座。自从做了第二皇后，奇氏利用自己身为高丽人的优势，将许多高丽女子安置在后宫，作为培养她私人力量的工具。当时的很多朝臣以拥有她赐予的高丽女子为荣，因此她将这些美艳的高丽女子送给朝臣，他们就甘心为奇皇后效力了。

奇氏是元朝历史上唯一的一个外国皇后，也是元朝最后一位皇后，1369年，明太祖出师进攻开平，顺帝逃到和林，后来又颠沛流离到了应昌。不久，51岁的顺帝因痢疾去世。

皇太子爱猷识理达腊继位，是为北元昭宗。他的皇后权氏也是高丽人。1378年，爱猷识理达腊在和林去世。奇皇太后不知去向。

▶元　赵国祥等　《尚食图》

《尚食图》作者是元代画师赵国祥和王彦达等人，画面描绘了水神天官的生活场景，因为内容主要是进膳，所以得名《尚食图》。

藏在古画里的大元史

他们不靠命运、不待时势、不惧困难、不畏艰险，坚信人定胜天。他们宅心仁厚，以拯救天下苍生为己任。他们惠泽万民，以建立太平盛世为目标。他们气宇轩昂，妖魔鬼怪见之退避。他们胆量超人，泰山崩于前而色不变。英雄豪杰的慷慨悲歌，留下了可歌可泣的千古传奇。正是因为他们想凡人不敢想之事，做凡人不敢做之事，所以必然留下许许多多匪夷所思的奇闻谜案。哈麻兄弟俩为何同时被杖死？权力的滋味到底有多么甜美，可以为了它让亲情变得支离破碎？当带着腥味的鲜血自七窍中喷迸而出的时候，那些曾经为了权力而争得不可开交的灵魂，会不会有所感悟？

第四章

权臣将相：百岁光阴如梦蝶

成吉思汗召见丘处机

成吉思汗是蒙古的大汗，曾亲率蒙古铁骑，攻伐厮杀，横扫蒙古草原，所向披靡，满身刻满了杀戮和征服的印记。丘处机是中原道教全真教的掌门人。两个人的职业相差十万八千里，根本就没有交集可言。不过，成吉思汗向来有自己的主张，既然他要召见丘处机，也必然有着非常充分的理由，到底是什么理由呢？

在崂山太清宫三皇殿东西壁，立着两方石碑，上面刻有成吉思汗"圣谕"，这道"圣谕"正是成吉思汗为丘处机和他掌管的全真教而颁发的。成吉思汗为何要对丘处机和全真教颁发"圣谕"呢？这件事首先得从耶律楚材说起。

当年成吉思汗率领几个儿子以及诸多部下东征西战，统一了蒙古国，并重用汉学派大臣耶律楚材。耶律楚材希望用自己所掌握的儒学来协助成吉思汗治理天下。但是，成吉思汗从小就生活在一种弱肉强食的环境中，蒙古也是他通过武力统一的，他根本就不曾了解过儒学。如果耶律楚材告诉他要有仁爱之心，成吉思汗必定会嗤之以鼻，然后继续攻城略地，用鲜血来证明唯有依靠武力才能夺取天下的"真理"。当时的蒙古国中，耶律楚材是唯一的比较受成吉思汗重视的汉学派大臣，他深知一个人的力量太小，于是就想到将丘处机介绍给成吉思汗，让他先了解一下道教，有了道教的基础，再给成吉思汗讲儒学就会方便很多。

虽然有耶律楚材的介绍，但我们要知道，成吉思汗可是日理万机，他怎么会随随便便就召见一个普通人呢？关键是丘处机并不普通，当时的他是全真教的掌门人，不仅精通养生之术，而且由于道教的发展和壮大，他本人在民间也有着非常大的影响力与号召力。

丘处机画像

丘处机是道教全真派「北七真」之一。因以 74 岁高龄远赴西域劝说成吉思汗止杀爱民而闻名世界。

我们让时间倒回到 1214 年的秋天，那一年丘处机为金朝办了一件大事。时年山东大乱，杨安儿等人起义反金，金宣宗多次率军讨伐，均无功而返，只好请来丘处机对乱民进行安抚。据说"所至皆投戈拜命，二州（登州、宁海）遂定"。从此丘处机名声大噪，南宋、蒙古和金朝的统治者也因此见识了丘处机和全真教的号召力。而成吉思汗之所以听取了耶律楚材的意见，同意召见丘处机，也是出于这么一个政治因素。

元太祖十四年（1219 年）五月，使臣刘仲禄带着成吉思汗的《召丘神仙手诏》，从阿富汗北疆阿姆河畔西征军营出发，历时七个多月到达山东莱州，

"召请"丘处机，丘处机接到诏书时已经是当年的十二月，他不顾73岁的高龄，带领18个弟子，于次年的正月欣然前往蒙古，历尽各种艰辛，他终于在元太祖十七年（1222年）四月初五到达成吉思汗驻地，见到了成吉思汗。

虽然耶律楚材嘱咐丘处机要多用养生术来吸引成吉思汗，但是此次会面，史料上记载，他们谈得最多的还是治国之术。

此次谈话中，丘处机为成吉思汗治理山东、河北献出一条计策："山东、河北，天下美地，多出良禾美蔬，鱼盐丝帛，以给四方之用。自古得之者为大，所以历代有国者惟重此地耳。今尽为陛下所有，奈何兵火相继，流散未集，宜选清干官为之抚治，量免三年赋役，使军国足金帛之用，黔黎复苏息之安。一举而两得，斯乃开创之良策也……"稳住了山东与河北，那么将来再攻打金朝和南宋就会容易得多，如此高招，成吉思汗没有理由不采纳。或许到此时，他才真正地从心里感谢耶律楚材为自己推荐了一位良才。

丘处机在蒙古一待就是近两年的时间，之后便东归，走了一年的时间到达燕京。抵达后，蒙古贵族都争相与其交往，而丘处机也应达官贵人们的请求，住进了白云观。

丘处机与成吉思汗待在一起的两年时间中，他们到底讨论了些什么，我们不得而知。但是从成吉思汗给丘处机开出的待遇来看，他还是非常赏识丘处机的——他不但授予丘处机虎头金牌和玺书，还颁下"圣谕"，命其掌管天下道教，诏免道门赋役。

丘处机用道教的道德之心打动了成吉思汗，用道教的世界观去影响成吉思汗，将成吉思汗引入了中原文化的大门，也为后来耶律楚材开展尊儒崇佛之事打开了方便之门。

太监朴不花身首异处

元朝不仅有高丽皇后奇氏，还有高丽太监朴不花，更巧的是，这位皇后和太监居然小时候是邻居，两人青梅竹马。同样出身的两个人，后来的命运却完全不一样，奇氏做了皇后，朴不花却终身都只能做一个太监。不过，他好歹也是元朝历史上唯一一个有名的外国太监，再加上他也并非安分之辈，所以我们还能从史料中找寻到一些关于他的蛛丝马迹。

中国的皇宫中居然有高丽太监，今天的我们听起来一定会倍觉不可思议吧，其实这在当时并不是什么大不了的事情。从东晋开始，朝鲜就是中国的藩属国，朝鲜国王都要受中国君主的册封。根据当时的形势，中国会向这些藩属国提出一些要求，其中就包括索要太监。

从高丽输入的太监，大多年龄较小，到中国后不久便能融入周围的群体中，而且他们在外貌上与中国人也没有什么区别，时间久了，就连一些历史书籍在写到他们时，也忽视了他们的外籍身份，朴不花比较幸运，史书上还有关于他的记载。据《中国历史未解之谜全记录》一书中记载，朴不花在7岁时被净身，然后又和其他小太监们一起被送到了中国，从此就在元朝宫中生活，从事皇宫内的杂务工作。与其他同来的小太监们不同的是，他们很多人都无声无息地来到中国，然后又默默无闻地死去，没有人对他们的身世和国籍感兴趣。唯有朴不花，因为他与皇后的老乡关系，也因为他曾经以太监的身份参与国政，权倾朝野，所以，我们今天才有机会了解他的生平。

进入宫中之后相当长的一段时间里，朴不花都只是一个不起眼的太监，负责宫中的杂务。而与他同一批来到中国的奇氏，因相貌出众，聪明伶俐，获得了给元惠宗煮茶的工作，受到惠宗的宠爱，并逐步升为皇后——直到这时，朴不花才开始有了出头之日。

奇氏当了皇后之后，和太子爱猷识理达腊一起住在兴圣宫，为了关照小时候的邻居，奇氏请求惠宗将朴不花调到兴圣宫，照管太子的生活起居。从小就生活在人事复杂的宫廷中，朴不花没别的大本事，阿谀奉承，讨主子开心的本领倒是还不错。调入兴圣宫后不久，元惠宗就注意到有朴不花这么个人，并逐渐开始赏识他，再加上奇氏天天对他吹枕边风，这朴不花是一路青云直上，先后被提升为荣禄大夫，加资正院使。资政院是元朝专门管理全国财政的部门，是个肥缺。二皇后奇氏将如此实惠的差事交给了朴不花，朴不花当然不能不捞，他逐渐蓄存了万贯家财，并且分了很多给二皇后。朴不花贪污得很小心、很巧妙，未被朝廷察觉，加上朴不花经常把贪占的财产送给朝中的权贵及皇亲国戚们，使得宫内宫外都说朴不花人好心好，赞扬之声不绝于耳。

朴不花并不满足于这种赞誉，他希望能够参与到政事中。至正十八年（1358年），京师大闹瘟疫，百姓病死无数。为了收买民心，为将来干预政事打下良好基础，朴不花主动向惠宗请命救济灾民。有如此好事，惠宗当然没有不同意的理由，他还赐钞七千锭，算是他作为一国之君的一点心意。后宫中，皇后奇氏也带头赏赐钱财，接着东宫皇后、皇太子、太子妃也纷纷效仿。这次救灾，朴不花自己拿了玉带、金带各一条，银两锭，米三十四斛、麦六斛，青貂、银鼠裘各一裘。连皇帝都只出钞七千锭，皇后妃子们肯定也多不到哪儿去，作为发起人的朴不花也没舍得多拿，这么点钱，那么多的灾民，怎么救得过来呢？原来，朴不花所谓的救灾民，主要是在京城外南北两处各掘一个大深坑，一个坑葬男尸，一个坑葬女尸，只需赏给每个送尸体的人一点辛苦费。朴不花前前后后埋葬了灾民尸体二十余万，对活着的人，凡是有病者给予免费药物，无钱下葬者给棺木一口。

一时之间，朴不花名声大振，百姓们更是对他感恩戴德。皇后奇氏借机在惠宗面前颂扬朴不花，惠宗便命翰林学士张翁作文章记述朴不花所行的善举，刻在石碑之上，名曰"善惠之碑"。

赈灾只是朴不花为自己登上政治舞台设置的一块垫脚石，他的真正目的是要干预元朝的政治。因此，在有了一定的资本后，他开始积极运作。他和奇氏、太子爱猷识理达腊一起将忠于惠宗的左丞相太平逼下相位，然后和右丞相搠思监互相勾结，两人把持朝政后，蒙蔽视听、结党营私，形成了一个庞大的利益集团，不久朴不花就权倾朝野，一些官吏慑于他们的势力，纷纷趋附。为进一步巩固自己的势力，朴不花与搠思监合谋，加大力度打击蒙古权贵世族，诬谤惠宗的舅父老的沙和孛罗帖木儿密谋造反。惠帝在不经查实的情况下，下诏免除孛罗帖木儿的军权。孛罗帖木儿本是皇族后裔，他的祖上在世祖执政时期屡建奇功，父亲死后，他承袭了爵位，总领河南等地的三军，本人也非常骁勇善战。一接到惠宗的诏书，他就知道是朴、搠二人搞的鬼，于是，对诏书不予理会。此时，虞宗王也向惠宗陈述朴、搠二人的罪状。惠宗迫于内外压力，只好下诏免除二人职务并发配出京，但两人并未出京。第二年，孛罗帖木儿得知这一消息，大为震怒，一气之下发兵包围京师，并扬言不交出二人决不退兵，惠宗见大事不妙，无奈将二人交给孛罗帖木儿处置，随即朴、搠二人被斩首。

朴不花若是一直老老实实，或许还能得一世安稳，然后默默无闻地死去。他虽然显赫一时，却落得个身首异处的下场。

元代白玉带

服饰佩戴玉器，长 7.1 厘米。长方形弧角青玉材质，其中一面镂雕螭纹装饰。

元代青玉鹅首带钩

服饰佩戴玉器，长 4.6 厘米。鹅型青玉带钩，花纹细腻，造型栩栩如生，颇有动态感。

元代双兽玉带钩

服饰佩戴玉器，长 7.2 厘米。整体颜色呈白色泛褐斑，浮雕两兽，其中一只兽身躯呈 S 状，腹附另一爬行小兽。

在成吉思汗的众多部下中，有一个人，他因为去世过早而没有获得太多的关注，虽然他和哲别、速不台、忽必来并称"四勇"（也叫"四獒"），而且还形同成吉思汗的再生父母。大蒙古国建立时，他是十大功臣之一，被封为千户长，享有九次犯罪不罚的特权，他就是者勒蔑。

者勒蔑是何许人也？他怎么会成为成吉思汗的再生父母呢？相信很多人在看到这个标题时，就会在心中先打下两个问号。者勒蔑或作折里麦，是成吉思汗的救命恩人，而且还三次救成吉思汗于危难中。

者勒蔑是兀良哈人的后代，从成吉思汗的祖辈申端察尔时代开始，兀良哈人就是成吉思汗家族"门户内的奴隶"。者勒蔑出生后没多久，他的父亲扎儿赤兀歹就将他送到也速该那里。当时成吉思汗刚出生，扎儿赤兀歹还给他带去了一个貂鼠皮的裹袱作为礼物。但是当时的者勒蔑太小了，也速该便又让扎儿赤兀歹先带回家养着。

者勒蔑在自己家长到了 18 岁，直到成吉思汗成婚，扎儿赤兀歹才把儿子者勒蔑又领了过去。之后，者勒蔑就留在成吉思汗身边，为他"备鞍子，开门子"，并在不久后救了成吉思汗一命。

成吉思汗与孛儿帖成婚后的第二年夏天，蔑儿乞人突然袭击他们的营帐，名义上是要报二十多年前成吉思汗的父亲也速该抢走诃额仑的仇，实际上不过是看他们孤儿寡母势单力薄，仗着自己人多捞点好处。如果不是老女仆豁阿黑臣及时发现敌情，后果将不堪想象。得知蔑儿乞人到来后，成吉思汗马上组织家人骑马逃往不儿罕山躲藏。当时马匹不够，孛儿帖只能坐在牛车上逃跑，但没跑多远就被蔑儿乞人抢走。成吉思汗和家人们躲在不儿罕山中，蔑儿乞人搜寻了一番便无功而返。待蔑儿乞人离开后，成吉思汗和家人才从山中出来。后来成吉思汗回忆说："在被蔑儿乞人于不儿罕山围困我时，你曾救我性命……这些年来我一直记得。"但是成吉思汗没有说明者勒蔑是如何救他的，今天我们已经无法考证，不过既然成吉思汗亲口说了，必是有这么回事。

后来在阔亦田之战中，者勒蔑又两次救了成吉思汗。成吉思汗在作战的过程中，被哲别一箭"伤其项脉，血不能止"。成吉思汗顿时痛晕了过去，一直跟随在他身边的者勒蔑急忙将他抱回军营。由于当时没有随军医生，者勒蔑又担心伤口发炎造成感染，于是他学着蒙古医生的样子，伏下身去，用嘴将成吉思汗伤口里的脓与血一口口地吮吸出来。得到了及时的救治，午夜时分，成吉思汗慢慢苏醒过来，含糊说道："血已干矣，吾渴甚。"考虑到成吉思汗一天都没有吃东西，身体又虚弱，者勒蔑就决定给他找点吃的来。

者勒蔑脱下帽、靴和衣服，只穿一条短裤，然后若无其事地来到敌营中。他在泰亦赤兀惕人的车辆中摸索着寻找马乳，但一无所获，后来终于找到一桶奶酪，于是，他毫不犹豫地扛起来就往回跑。回到军营后，者勒蔑又找来一些清水，调了一杯牛奶拿给成吉思汗喝。喝完牛奶后，成吉思汗感觉"眼已明了"，便让者勒蔑扶着他坐起来。他见周围地上有很多血迹，便问是怎么回事，者勒蔑老实回答了自己为他吸血疗伤的经过。成吉思汗又问他为何只穿一条裤子，光着上身。者勒蔑就将自己冒险到敌营偷奶酪的事说了。不料，成吉思汗听了大怒道："如果你被他们抓住了怎么办？到时他们不就知道我受伤了吗？"者勒蔑赶忙叩头向成吉思汗解释："我就是担心被敌人发现，所以脱去上衣。倘若他们真的抓了我，我就说我来你们这儿偷东西，结果被你们的士兵发现，逃跑时把上衣给弄丢了。这样说他们就不会怀疑我了，等他们放松警惕我再拿着奶酪骑马离开，绝对不会出卖大汗的。若不是见大汗口渴难忍，我也不敢冒险入敌营。"成吉思汗被者勒蔑的忠心和智慧所感动，就对者勒蔑说："从前你在不儿罕山救过我一次；这次又为我吸血疗伤，是为第二次；在我口渴难忍之时，你又舍身冒险去敌营为我找来奶喝，这是第三次。你三次救我性命，我会永远记着的。"

成吉思汗统一大漠后，对部下进行封赏。原本是门户内奴隶的者勒蔑被封为千户，并恩准他"九次犯罪休罚者"。

神箭手哲别的本名

在金庸的武侠小说《射雕英雄传》中，郭靖曾经创造出一箭双雕的奇迹，而他能拥有如此精准的射术，与他的"哲别师父"的悉心教导是分不开的。电视剧中的哲别，指的就是成吉思汗手下的一名神箭手，射术出众，百发百中。不过，他的本名并不是叫哲别，那是叫什么呢？

哲别是蒙古最著名的神箭手，也是成吉思汗手下极为勇猛的"四獒"之一和极出色的将领之一。哲别辅佐成吉思汗统一蒙古草原、攻金朝、消灭西辽、追击摩诃末、大败钦察人和斡罗思人，战绩赫赫，为成吉思汗开疆辟土立下了汗马功劳。哲别这个威震四方的名字因此永载史册，但许多人并不知道"哲别"这个名字却不是英雄本来的名字，这到底是怎么回事呢？"哲别"这个名字是怎么来的，而"哲别"又是什么意思呢？

其实，"哲别"这个名字是成吉思汗赐给他的，至于为什么叫他哲别，回答这个问题还要从两人刚认识的时候说起。

前面写到者勒蔑曾在阔亦田之战中两次救了成吉思汗的命，而成吉思汗之所以会受伤，完全是哲别惹的祸。当年铁木真统一蒙古草原，被众人推为"成吉思汗"之后，又联合汪罕不断攻打其他的部落，不断地扩张。札木合害怕成吉思汗继续壮大下去会对自己不利，就联合东方十二部落组成反成吉思汗的军事联盟，札木合担任"古儿汗"，也就是联盟的总首领。在札木合的带领下，他们共同对抗成吉思汗与汪罕。然而，十三个部落联合起来，也没能打得过成吉思汗和汪罕，联军很快就作鸟兽散，成吉思汗于是率军乘胜追击旧敌泰赤乌部。泰赤乌部的首领带领部民一直逃到斡难河对岸，他再次聚集溃散的百姓，决心与成吉思汗决一死战。在交战中，泰赤乌部的一名年轻的将领豁阿歹向成

元　佚名　《元人射猎图》

纵长 273 厘米，横长 148 厘米，美国克利夫兰艺术博物馆藏。此画描绘的是元人野外狩猎的场景，画中元人各骑一马，各司其职。有的弓箭傍身，正在寻找猎物；有的手持刚刚猎得的猎物；有的策马狂奔追逐猎物。画面构图和谐，虚实有度。作者对画面中人物和动物造型的刻画细腻，其神情和动作丰富，使画面活泼跳动。

吉思汗的咽喉射了一箭，当箭呼啸而来时，成吉思汗听到了响动，立即将头一偏，利箭穿颈而过，"血不能止"。后来幸亏有者勒蔑吸血救主，成吉思汗才化险为夷。

在这次战斗中，泰赤乌部大败。后来，泰赤乌部许多部民投降成吉思汗，其中包括昔日射箭闯祸的谿阿歹。实际上，成吉思汗已经认出当日那个用箭伤到自己的年轻人了，他故意对着这些人问道："当日在阔亦田对阵时，自岭上将我的马颈骨射断的是谁？"谿阿歹早就看到成吉思汗脖子上包扎着的白布了，知道他是碍于面子才谎称是马中箭。谿阿歹主动站出来承认是自己射出的箭，然后又对成吉思汗说："现在，如果可汗让我死，不过污染一片巴掌大的地方，倘若饶我一命，我将为可汗赴汤蹈火，在所不辞。"

成吉思汗本来就十分欣赏他的射术，如今更觉得他是一个光明磊落之人，值得信赖，结果不仅没有杀他，反而亲自给他取名"哲别"。在蒙古语中，"哲别"是"梅针箭"的意思，当初哲别正是用"梅针箭"射伤成吉思汗的。因哲别擅长射箭，成吉思汗便命他保护自己。

哲别跟随成吉思汗后，曾屡屡立卜赫赫战功。1219年，成吉思汗举兵西征时，命哲别为先锋，速不台和脱忽察儿紧随其后。当他们计划攻打不花剌（今乌兹别克斯坦的布哈拉）时，哲别与速不台遵照成吉思汗的命令，行进时尽量隐秘，避免惊动摩诃末。但脱忽察儿却一路掳掠，摩诃末很快得知蒙古大军到来的消息，闻风逃逸，他的儿子札兰丁则迎战失吉忽秃忽，直逼成吉思汗大营，情况十分危急。哲别与速不台、脱忽察儿赶紧又杀回来，成吉思汗大营才脱离了危险。1220年春，成吉思汗再次命哲别、速不台与脱忽察儿率领3万精兵穷追向南逃窜的摩诃末，并给他们下了死命令："直到将他们追上为止……你们不擒获他不要回来。"于是哲别再次挥军渡过必阳札卜河（阿姆河主源），一直紧追到你沙不儿。由于摩诃末事先得知消息，已经先行逃走，哲别与速不台继续分兵追寻。面对蒙古兵的一路追杀，摩诃末自知在劫难逃，只好在宽田吉思海（今里海）的一个小岛上栖身，不久后便忧病而死。

1222年春，蒙古军与谷儿只军队遭遇，哲别带着5000人埋伏起来，速不台则带着军队与对方交战。最初，蒙古兵败退，谷儿只乘胜追击。哲别率领众伏军冲出来，将谷儿只人包围在中间，一下子就歼敌3万余人。

元 负匣骑马俑

陕西省西安市长安区出土，陕西省考古研究院藏。

　　大胜谷儿只军后，哲别和速不台继续攻取打耳班（今阿塞拜疆里海西岸高加索山南达尔班特），并决定从此处凿石开道，翻越太和岭（今高加索山）。当时，蒙古兵的骁勇善战世界闻名，北高加索的阿兰人与黑海、里海北滨草原的钦察人得知蒙古人打来了，便决定联合起来抵抗蒙古人。哲别和速不台并没有强行攻打，而是先使了一手离间计，他们派人告诉钦察人说：我们是同一个种族的人，阿兰人只是外族，我们之间最好互不侵犯。前去的使者还给钦察人带去了许多财物。钦察人相信了他们的话，就解除了与阿兰人的合作关系。结果，哲别与速不台的军队很快便战胜了阿兰人，接下来又集中力量对付松散的钦察人，不但将之前送去的财务全部夺回，还抢了他们许多东西。

　　经过一次次战争的历练，哲别很快就成长为一代名将，并用自己的勇敢和智慧换来了成吉思汗的肯定和赞赏，成为成吉思汗所封的95个千户长中的一个。由于常年征战劳顿，哲别最终病死在军旅途中，卒年不详。

贤臣耶律楚材

提到那些君主帝王们，就不能不提到成吉思汗。同样，在说到文臣武将时，耶律楚材也是一个不能不说的人物，他对元朝来说有着如此重要的作用，以至于在写前面的各个人物时，他的名字就已经多次出现。有人评价他是蒙古帝国第一贤臣，这个评价非常中肯，在蒙古帝国的众多官员中，也只有他配得上如此名号。

耶律楚材出身于契丹贵族家庭，是辽朝东丹王耶律倍的八世孙，辽太祖耶律阿保机的九世孙，世居金中都燕京（今北京）。当时燕京是北方的经济文化中心，有着非常深厚的汉文化底蕴，从小生长于燕京的耶律楚材深受汉文化熏陶，他的理想就是按照儒家的学说来治理天下。

耶律楚材十几岁时就在金朝担任官职，后嫌官职太小，无法实现自己的抱负，于是削发为僧，云游天下。蒙古人在入主中原后，随着统治地域的扩大，

新问题也不断产生，而成吉思汗最迫切想要解决的一个问题就是：出身于草原游牧民族的自己，要如何统治中原的农业社会呢？正在他需要一个能帮助他管理好中原地区的人时，他遇到了耶律楚材。

耶律楚材对于元朝的贡献是无法计量的，我们只能捡最具代表性的事情来叙述，再现当年元朝第一贤臣的风采。

耶律楚材最擅长的是儒学，然而当时的蒙古上层根本就不知儒学为何物，雇用双方首先在沟通上就有困难，怎么办呢？耶律楚材利用蒙古贵族的实用主义思想，主要从保护和任用儒才、传播儒家礼教的方面入手。

耶律楚材在得势之后，大力保护汉人儒士并将他们推荐给蒙古帝国的君主。1230年，耶律楚材在中原辖区设置了十个卡口，每个卡口都任命了正副课税使，这些课税使皆是儒士。耶律楚材的这一行为开了蒙古最高统治集团大批任用汉人的先河。耶律楚材不仅启用儒士，在皇帝南征北战之时，他还会特意对儒士们加以保护。在蒙古灭金和征伐南宋时，元好问、赵复、窦默、王磐等名士均被保护起来，并被任用。金朝灭亡后，蒙古的统治地域进一步扩大，窝阔台需要更多的人才辅助自己。耶律楚材就对他说："制器者必用良工，守成者

五代十国　李赞华　东丹王出行图

契丹耶律倍，又名李赞华（899—936年）。是辽太祖耶律阿保机长子，契丹太子。亦是耶律楚材的八世祖。926年，被封为东丹王，爱好文学艺术，亦是著名画家。此画是耶律倍的传世名作，画中是一位契丹武士牵马射猎的形象。马匹骏硕，勇士形象挺拔威武。图画线条流畅，绘制细腻生动。

必用儒臣。"窝阔台听从了他的建议，"乃命宣德州宣课使刘中随郡考试，以经义、辞赋、论分为三科，儒人被俘为奴者，亦令就试，其主匿弗遣者死。得士凡四千三十人，免为奴者四之一"。通过这次选拔，耶律楚材为蒙古人物色了不少人才，如杨奂、张文谦、赵良弼、董文用等人，这些人都是忽必烈时代的名臣，为帮助蒙古人在中原站稳脚跟做出了巨大贡献。

耶律楚材虽然做了蒙古帝国的官员，但时时刻刻都没有忘记中原的百姓。在建立元朝以前，蒙古人一直都是过着一种弱肉强食的生活，统治者没有收税的概念，更没有想过人口与赋税的关系。速不台在攻下南宋都城汴京后，向窝阔台请示按老习惯屠城，耶律楚材在一旁听了，赶紧上奏窝阔台："得地无民，将焉用之？"即"大汗你虽然得到了南宋大片的土地，但是土地上一个人都没有，那你还要它做什么呢？"窝阔台想了想，觉得很有道理，便没有同意速不台的请示。耶律楚材一句话，保住了147万人的性命，而更重要的是，蒙古人在之后的战争中，很少再有屠城的行为了。

除了这些，耶律楚材还改变了蒙古人传承下来的裂土封疆制度。按照蒙古的习俗，在扩大疆域的过程中，大汗要不断地将所得的土地、人口，按地位的高低、功劳的大小分别赏赐给贵族和将领。然而这种分封制度存在着非常大的弊端，那就是当地方势力越来越大的时候，中央政权将会越来越危险，因此，耶律楚材建议窝阔台加强中央集权制度，不给地方势力扩大的机会。裂土封疆的习俗对蒙古人来说是古来有之，耶律楚材这么做，不仅是向旧的习俗挑战，也触犯了那些地方势力的利益，他们必然会产生不满。不过耶律楚材自有办法，他很快就想出了一个让窝阔台与蒙古贵族都可接受的办法，就是"五户丝制"。所谓"五户丝制"，就是已经分封出去的土地并不收回，但是这些封地隶属于地方政权机构州、县，朝廷会专门派出官员进行治理，领主不得过问朝廷官员的行政事务，也无权在封地内征兵征税。而所谓的"五户丝"，就是朝廷从所征收的丝中，按领主占有民户的数目，以每五户分得一斤丝的标准，向领主颁赐丝料作为报酬。如此一来，虽然土地还是领主的土地，但是他只是个挂名的领主而已，没有治理和收取赋税的权力。

之后，耶律楚材又帮助窝阔台制定了一系列的宫廷礼仪。他还说服察合台带头参拜窝阔台——按照蒙古人的旧俗，即使窝阔台贵为大汗，作为哥哥的察

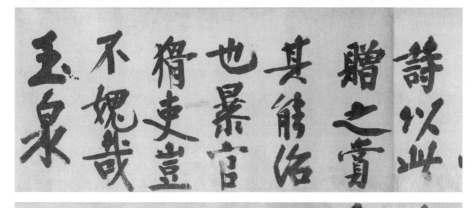

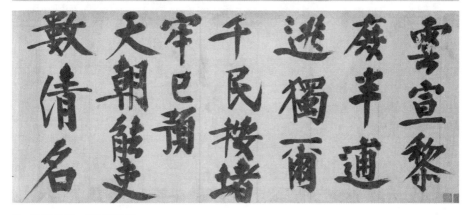

元　耶律楚材　送刘满诗卷

耶律楚材博学多才，又通天文地理及释道之学，亦是一位书法家。其书法作品遒劲有力，颇有漠北环境的刚劲气势。

合台都不用给他下跪，好在察合台一心拥护窝阔台，便同意下跪，如此一来，满朝文武官员便没有一个不跪的了。关于此类耶律楚材帮助元朝政权改弦更张的事，还有许多许多，可以说，如果没有耶律楚材，蒙古人在马上打下的天下，依旧会坚持在马上治天下，那么，也许还等不到元惠宗即位，蒙古人就已经退回到他们的大草原上了。

贪婪的阿合马

《元史》中的三大奸臣，忽必烈的理财官阿合马首当其冲，另外两位也是跟理财有关的，一位是继阿合马之后上任的卢世荣，另一位是宰相桑哥，主管的也是理财。难道真的像人们所说的那样，钱不是好东西吗？还是阿合马太过贪婪呢？

阿合马是回族人，他是一个理财高手，帮助忽必烈设计了多种搜刮民财的方案，例如清理户口、垄断专利、滥发钞票等。忽必烈非常喜欢他，但为什么《元史》会将他列入奸臣之列呢？空口无凭，咱们还是用事实来说话。

自忽必烈于中统三年（1262 年）任命阿合马兼管中书左右部，兼任诸路都转运使开始，阿合马就负责处理财政赋税方面的事。到至元七年（1270 年）正月，忽必烈又设立尚书省，裁撤制国用使司，并任命阿合马为平章尚书省事。阿合马为人智谋而擅长言辞，人人都称赞他能力超群，忽必烈也很看重他，授予他大权，对他言听计从。然而，忽必烈不明白的是，给阿合马过大的权力，反而会害了他。

开始设立尚书省的时候，有圣旨说："凡是加以考核选举的大小官员，由吏部拟定他的资历，呈报尚书省，由尚书省咨送中书上奏。"此时，阿合马开始利用职权提拔他自己的人，而且根本不经过吏部拟定，也不咨送中书省。

至元九年（1272 年），忽必烈把尚书省合并于中书省，又任命阿合马为中书平章政事。阿合马利用职权，任命儿子忽辛为大都路总管，兼大兴府尹。

阿合马在位期间要风得风，要雨得雨，时间一长便开始贪婪骄横，将奸党郝祯、耿仁升到中书省任职，并和他们相互勾结，对上蒙蔽皇帝，对下为所欲为，欺压百姓、侵占良田、收受贿赂、卖官鬻爵。朝中百官敢怒不敢言。有一

元代错金银带轮羊尊

羊造型四轮台座方尊，造型独特，局部错
金修饰，羊身表面阴刻回纹、卷云纹等纹
饰。原藏于热河行宫内。

元代银锭

五十两。

个叫秦长卿的值宿禁卫，因为激昂慷慨地上书揭发阿合马的种种罪行，结果被阿合马谋害，死在监狱中。

另外，阿合马还利用自己财政官员的身份大肆捞金。由于金银没有固定价格，他可以随意操纵这两种贵金属的兑换率，从而为自己谋利。他严格限制私人交易贵金属，但自己却囤积了许多。他还肆意发行纸币，导致通货膨胀，百姓们对纸币失去信心，纷纷囤积金银。如此一来，通货膨胀加剧，阿合马却利用价格波动再次获利。司马光说："天下之财，不在官则在民，不在民则在官。"财富现在都到忽必烈和阿合马那里去了，百姓的财富自然就少了。

阿合马在位期间，百姓们叫苦不迭，就连朝中许多官员都对他恨之入骨，无奈忽必烈宠爱他，大家都没有办法。有个叫王著的千户，对阿合马实在看不下去，便秘密铸造了一把大铁锤，又与另外一名叫高和尚的人设计杀死了阿合马。

正驻在察罕脑儿的忽必烈惊闻阿合马被杀，大为震怒，当即起驾回到上都，命人抓捕并处死了王著和高和尚。墙倒众人推，阿合马生前屡屡与太子真金作对，一手遮天，百官不敢言语，他一死，忽必烈终于有机会听到其他人的声音，这才知道阿合马"益肆贪横""内通货贿""外示刑威"，后来派人去抄他家时又找到了两张人皮，为行巫术的道具。忽必烈由此怀疑阿合马有异心，于是下令掘墓开棺，在通玄门外斩戮其尸体，又诛杀其子侄，把他的家属和财产没收入官。

任阿合马生前如何受到忽必烈宠爱，死后还是被钉在了"大奸臣"的耻辱柱上，后人在写《元史》时，也毫不犹豫地将他列入奸臣之中，真可谓是：是非功过，自有后人评说。

自树"功德碑"的桑哥

他是中国历史上第一位藏族宰相，他擅长的是翻译，但是忽必烈却让他管理国家财政；他有着别的官员所不曾有过的荣誉——忽必烈亲自下令为其修建"功德碑"，但最后抄他家产，砍他头颅的还是忽必烈，这一切到底是怎么回事呢？

桑哥，吐蕃人，也即我们今天所说的藏族人。他有非常高的语言天赋，"能通诸国言语，故尝为西蕃译史"，在当时算得上是"高级翻译"。而桑哥之所以能接近蒙古皇室是因为八思巴①。据《汉藏史集》上记载："以后，当他任速古儿赤之职时，因其见识广博，得上师喜爱，多次遣往皇帝驾前奏事。皇帝也因此人之学识和功德，将他从上师处取来。"速古儿赤是怯薛执事中"掌内府上供衣服者"。当时他还是八思巴的侍者，后来因为有机会频频接触到忽必烈，便被忽必烈要了去。可见忽必烈对桑哥的印象还是很不错的。

虽然为忽必烈所赏识，但桑哥的仕途也并非一帆风顺。《汉藏史集》中记载，桑哥当官后在大都帝师居处梅朵热哇（意为花苑）旁建了一座佛堂，因此被御史台治罪，还坐了牢，后来得八思巴说情，他才有机会被放出来。之后，桑哥的政治之路才逐渐顺遂了一点，甚至还得到了一项至高无上的荣誉——忽必烈命人为他竖起了功德碑。

阿合马、卢世荣相继被杀后，由于朝廷开支过大，收入相对不足，忽必烈急需找一个能为朝廷敛财的"能人"，桑哥便成了他的目标人选。

至元二十四年（1287 年）初，忽必烈听取了麦术丁的建议，任命桑哥和

---

① 八思巴：元朝第一位帝师。

铁木儿为平章政事，重新立尚书省，改行中书省为行尚书省，六部为尚书六部，更定钞法，在境内颁行至元宝钞。

桑哥上任后，第一个检核的就是中书省账目，查出中书省"亏欠钞四千七百七十锭"，这让当初举荐桑哥的麦术丁后悔不迭，但也只能自认倒霉，乖乖伏法。接着，桑哥又在省部及各地大行"钩考"，又当众命从人殴打汉族大臣，杀了很多与他意见不合的人以立威。

由于桑哥敛财有道，在半年时间内就为朝廷增加了不少收入，忽必烈一高兴又封他为右丞相。担任宰相后，桑哥进一步抨击上至中央下至行省的官员，奏请忽必烈革职罢免了许多贪官污吏。当时，忽必烈由于急需大量钱财，像桑哥这种擅长敛财的官员自然会受到他的宠爱，于是，桑哥趁机撺掇手下上"万民书"，要求为桑哥"立石颂德"。忽必烈当即同意了，"民欲立则立之，乃以告桑哥，使其喜也"。不久，翰林院的学士们便详列桑哥功德，在中书省府院前竖立一块巨石，上题"王公辅政之碑"，并"楼覆其上而丹腭之"，即在大石头的外面又盖上了漂亮的阁子。

可见，虽然这"功德碑"是忽必烈下令建的，却是桑哥自己要求的，不过话说回来，如果不是桑哥得宠，恐怕忽必烈早就找个理由给推掉了。可惜乐极生悲，这功德碑建成后没多久，麻烦便找上了桑哥。

在敛财的过程中，桑哥触犯了很多贵族和官员们的利益，他虽然为朝廷聚集了许多财富，却让百姓们苦不堪言，再加上他以宰相的身份卖官鬻爵，贪污受贿，被人抓住了许多把柄，并在忽必烈面前被参了一本。

一次，忽必烈正在柳林打猎，带刀侍卫彻里趁忽必烈心情大好，上书谏言说桑哥误国害民。忽必烈本来心情很好，见彻里告自己最宠爱的大臣桑哥的状，以为他存心诬陷，就斥责彻里"诋毁大臣"，命令左右卫士猛扇彻里的嘴巴。彻里被打得满脸是血，忽必烈问他："你还要诬陷桑哥吗？如果执迷不悟就继续打！"彻里大声说："我与桑哥无冤无仇，现在为什么要冒着生命危险诬陷他，我实在是出于对国家的忠心才这么做的啊。"

忽必烈听了，沉吟了一会儿，身边的众人见状，纷纷站出来弹劾桑哥。如此一来，忽必烈也没心思打猎了，立即回到宫中，召来出使在外的翰林学士承旨不忽木询问实情。不忽木又是一番痛心疾首的控诉，忽必烈这才意识到桑哥问题的严重性，于是下诏御史台及中书省辩论桑哥之罪，并命人毁掉了"桑哥辅政碑"。

后来，忽必烈又派人抄了桑哥的家，发现他的家财竟然有大内的一半之多。据《史集》载，从桑哥家抄得两箱子的珍珠和贵重物品，世祖责问他："你有这么多珍珠，我曾向你要两三颗，你都不给。"桑哥羞愧地说："这些都是大食达官贵人送给我的，他们都是每个地区的长官。"世祖又问："为什么他们不把珍珠和贵重物品也献给我呢？你把一些粗毛衣带给了我，而把金钱和无比贵重的物品归了自己！"《汉藏史集》也记载了忽必烈对桑哥的责问："汉人织匠为我织成无缝衣服，献给我两件，你手中却有三件，甚至超过了我，这不是你的罪过吗？"面对忽必烈的质问，桑哥无话可说，最终因贪赃罪被拘捕入狱，并在几个月后于闹市中被斩首示众。

权臣伯颜由兴盛走向衰落

权臣的出现，往往是因为皇帝无能，他们的权力一再膨胀，甚至大过皇帝。但是，这些权臣大多数都没有好下场，他们权力再大，江山还是帝王家的江山，大臣还是帝王家的大臣，当皇帝的地位一再受到威胁时，除非皇帝极度昏庸，否则权臣就会成为众矢之的，被其他人联合起来消灭掉。权臣伯颜就是如此，在人生的最鼎盛时期被自己的侄儿大义灭亲，从辉煌迅速走向衰落。

在元顺帝即位时，他父亲元明宗的一位近臣阿鲁辉帖木儿告诫他："天下事重，应该委托给丞相处理；如果自作主张，则必负恶名。"顺帝居然牢记了这个劝告，并依照着去做，他倚重的第一个丞相是伯颜。需要讲明的是，这个伯颜并不是前面智退海都的那个伯颜，那个伯颜在至元三十一年（1294年）十二月便去世了。我们所说的伯颜，原本是蔑儿乞部人，宁宗死后，他拥立顺帝继位，顺帝为嘉奖他的翊戴之功，任命他为太师、右丞相，封为秦王，让他与燕帖木儿的弟弟左丞相共同管理国家大事。

在顺帝登基以前，燕帖木儿便已经去世了，但由于文宗时期燕帖木儿家族的势力太过强大，因此刚刚登基的顺帝为了稳住燕帖木儿家族，便娶燕帖木儿之女伯牙吾（即答纳失里）为皇后，又让燕帖木儿的儿子唐其势袭太平王封号，之后又任命唐其势与伯颜的弟弟马札儿台并为御史大夫。顺帝表面上给了燕帖木儿家族更多的权势，实际上他更倚重伯颜，并借伯颜的力量慢慢削弱燕帖木儿家族的势力。

元统三年（1335年）三月，担任左丞相的撒敦病死。顺帝和伯颜抓住机会，对燕帖木儿家族展开有预谋的行动。顺帝以照顾皇后家族的名义，让唐其势担任左丞相，伯颜依旧是右丞相。唐其势任职后，多次与伯颜发生冲突，于是便

愤然声称："天下本来就是我家的，伯颜算什么东西，他的职位居然在我之上！"不久，唐其势便联合叔父答里和一位宗王突入宫阙，但由于不小心走漏了风声，他们被早有准备的伯颜一举抓获。此次唐其势造反，不仅自己获罪被杀，还牵连到了伯牙吾，也因这一事件饮下了顺帝所赐毒酒。之后，凡是燕帖木儿、唐其势等所推荐的人，罢免的罢免，流放的流放，盛极一时的燕帖木儿家族从此不复往日的辉煌，燕帖木儿的特权转到了伯颜手里。

　　唐其势被杀后，朝廷再也没有命人担任左丞相一职，如此一来，伯颜便成为和燕帖木儿一样的权臣。但顺帝不是文宗，他还给了伯颜更多的权力，在总领蒙古、钦察、斡罗思诸卫亲军方面的权势，伯颜远远超过了当年的燕帖木儿，在土地和财富方面，顺帝对伯颜的赏赐也从来都不吝啬。

　　权力从来都是把双刃剑，伯颜能用这把剑来制服他人，但是一不小心也会伤到自己。专权的时间久了，看到其他人都对自己唯唯诺诺，伯颜便开始自我膨胀，开始"专权自恣"。伯颜每次有事出门时，都有诸卫精兵前呼后拥，"导从之盛，填溢街衢"。当时，连顺帝出行都没有如此待遇，只是"落落如晨星"而已。天下很多人都只知有伯颜，不知有顺帝。慢慢地，顺帝也开始对他有所防备。

事实上，顺帝的防备并不是没有道理的，伯颜掌权不久，便废除科举制。这样一来，省院台的官员都出自他的门下，而朝廷所收的赋税，也大都进了他的私囊。如此一来，顺帝倒成了挂名皇帝，真正的实权都掌握在伯颜的手中。

至元五年（1339年）十月，顺帝下诏，以伯颜为大丞相，并加尊号"元德上辅"。不过此时他已经开始对伯颜的诸多行为不满，而最让顺帝无法忍受的是，伯颜越来越无视他的存在。伯颜这样做无疑是在自寻死路，但也许是平时骄横惯了，也许是顺帝给他的印象一直是那么懦弱，以至于他根本就没有想过这样下去的后果，而惠宗则一直在等待机会将他一举拿下。此时，连伯颜的侄子脱脱也早已对他的行为不满，并决定联合顺帝大义灭亲。

至元六年（1340年）二月，伯颜领兵到柳林狩猎，请顺帝同往。脱脱让顺帝假装生病，推辞掉了。伯颜便又请太子燕帖古思一块儿去了。燕帖古思是文宗图帖睦尔的儿子，按照顺帝即位时的约定，他去世后，皇位将由燕帖古思继承。趁伯颜打猎之际，顺帝连夜升殿，召大臣入见，让他们随时准备听令，又起草了历数伯颜罪状的诏书。诏书写成，已经是四更天，顺帝命人马上持诏前往柳林，宣布贬伯颜为河南行省左丞相。

伯颜接到圣旨后感到十分意外，赶紧派人来城下问是什么缘故。脱脱在城门上大声宣布，顺帝下旨只是贬黜伯颜一个人，与其他官员无关。一听这话，伯颜所领的一干卫兵们立即一哄而散。伯颜见大势已去，又请求亲自去向顺帝道别，但顺帝没有给他这个机会，令他赶紧上路。

当年三月，顺帝又下诏将伯颜贬徙南恩州阳春县（今广东阳春市）安置，权倾一时的伯颜最终凄凉地病死于路上。可叹一代权臣，却落得如此悲凉的下场，只是，这又怪得了谁呢？

伯颜妙计智退海都

　　蒙古人之间的交战向来都是以勇猛取胜，但是在伯颜与海都的战争中，伯颜却多次用到计谋，最后打得海都落荒而逃。作为一个蒙古人，伯颜在战场上活用兵法显得难能可贵，而他智胜海都的经过，又让我们不得不拍手称快。

　　海都的存在一直都是忽必烈的一块心病，当初忽必烈攻打南宋时，他算准了忽必烈要顾全大局的心理，一直在后方作乱，忽必烈只能先对他采取安抚的政策。南宋灭亡后，忽必烈决定找海都算账，可惜错过了最好的时机，他的势力已经今非昔比。对于忽必烈来说，海都就如同鸡肋，既没有必要在大西北驻扎一支军队专门对付他，但又不能听之任之，不然他总会不甘寂寞弄出一点动静来。这不，朝廷的一堆事还等着忽必烈处理呢，海都又不合时宜地出现了。

　　忽必烈在处置完桑哥之后，又在群臣的要求下穷究桑哥余党，根本就无暇顾及外交，而此前江南连年盗乱，广东董贤举，浙江杨镇龙、柳世英，循州钟明亮，江西华大老、黄大老，建昌邱元，徽州胡发、饶必成，建平王静照，芜湖徐汝安、孙惟俊等先后揭竿而起，忽必烈累得吃不好睡不好。此外，还有开凿会通河、通惠渠，沟通南北等事宜都等着他下决定，无奈之下，忽必烈便把北方军务都交给皇孙甘麻剌和时任左丞相伯颜。

　　伯颜镇守和林，威信很高，海都虽然时常背着朝廷搞点小动作，但还是知道深浅，不敢轻易招惹。在海都的唆使下，王爷明里铁木儿前去攻打和林。伯颜出兵迎击，率军到达阿撒忽突岭时，只见敌军已经在此驻扎，到处都是他们的人马。伯颜立即举着令旗，一马当先冲锋陷阵。各军见伯颜如此勇猛，无不豪气冲天，争入敌营。明里铁木儿得知消息后赶紧前来拦阻，但伯颜的军队锐不可当，明里铁木儿在气势上便已经输了三分，略略一盘算，料知自己打不过伯颜，便索性回转营后，逃离了阵地。伯颜也不追击，只是命令速哥梯迷秃儿等人继续追杀敌人，自己则带领军队慢慢往回退。

退到必失秃岭时，眼见天要黑了，伯颜就令军士山下扎营，严装待命。其他将领不明白伯颜葫芦里卖的什么药，纷纷前去探问，并提出连夜行军，好早点赶回和林。伯颜这才解释自己的意图：让将士们驻守到天明，待敌军被速哥梯迷秃儿追得疲乏之后，再命各路将士越岭追击。众人一听此妙计，纷纷称赞伯颜高明。次日，将士们拔营登山摇旗呐喊着去追明里铁木儿的军队。追上时，发现敌兵后队已经停止逃跑，而前队纷乱，于是乘势杀入。此时，追赶明里铁木儿的速哥梯迷秃儿回行时刚好经过此地，又帮了伯颜一个大忙，双方合力扫尽敌兵。

伯颜这才收兵，并命令各将士凭借所获敌军首级报功，粗略一计竟然有数千颗头。这时候，侦骑又抓到明里铁木儿派出的一名间谍，诸将要杀间谍，伯颜却不同意，将他召入慰问，好好款待了一番后，就将他放走了。看着对伯颜千恩万谢的间谍离开，众人又迷惑起来，丞相葫芦里究竟卖的什么药？不过几天后谜底就揭晓了，间谍回去后不久，明里铁木儿就表示情愿率众归降，众人这才恍然大悟，同时也更佩服伯颜的智慧了。

这边海都听说明里铁木儿攻打和林失败，就亲自率军大举入侵和林。按说伯颜应该会积极应战，但这次他又不按常理出牌，只是命令各处要隘严加把守，却不应战。朝廷得知后，以为伯颜怯敌，更有平日里嫉妒伯颜之人，瞄准机会弹劾他。众口铄金，原本十分信任伯颜的忽必烈也开始半信半疑，便任命皇孙铁穆耳主管北方军务，由太傅玉昔帖木儿辅助，并要求伯颜居大同，静待后命。

圣旨一到，诸将都很为伯颜抱不平，请求发兵对敌，先除海都，然后再按照圣旨的安排行事。伯颜当即命令各军出战，并传令只准败，不准胜，违者斩首。众人虽然心里直犯嘀咕，但也只能遵守命令，一连七天，只要与海都的军队交战必定失败，败退了七十里。众将不明白伯颜的用意，再也不肯退了，执意要迎战。伯颜这才解释道："海都如今孤军奋战，如惊弓之鸟，我只要胜他一仗，他必定会立即逃走。现在我准备用失败的假象诱使他深入，使他自投罗网，到时候，他想逃都没有地方可逃。今天诸位一定要速战速决的话，如果让他逃走了，这个责任由谁来负？"假装败退的原因说得很明白了，但是诸将担心朝廷再弄出点什么事来，依旧纷纷要求速战速决，无奈，在众人的要求下，伯颜长叹一声："这也是海都命不该绝，你等出战吧！"

　　一声令下，万众欢呼，众人向着海都军队的驻地进发。结果海都大败，见大势已去，便立即逃走了。伯颜虽命令军队追出数十里，但因后路平坦，只是夺了一些军械，抢了些马匹，外加杀伤几百个敌兵，海都却已经逃远了，伯颜只好命令收军回营。

脱脱辞职与重归相位之谜

脱脱曾经是元顺帝最为倚重的丞相，特别是在伯颜被除后，他尽心尽力辅佐元顺帝，为其排忧解难，尽到了一个做臣子的本分。然而，他在官至右丞相时，突然主动提出辞职，并一连申请17次才获得了元顺帝的同意。五年后，脱脱再次登上相位。他当初为何辞职，五年后又为什么再次登上相位呢？

伯颜被除后，大义灭亲的脱脱得到了元顺帝的信任，被升为中书右丞相、录军国重事。脱脱当政后，踌躇满志地宣布进行"更化"，废除了伯颜立下的苛政，恢复科举考试，发还校产，同时"开马禁，减盐额，蠲负逋，又开经筵，遴选儒臣以劝讲"。如此一来，被伯颜弄得乌烟瘴气的朝廷气象陡然一新，又有了活力，因此，众人称脱脱为"中外翕然称为贤相"。

除了各项改革之外，脱脱还主持修撰了宋辽金三朝国史，从至正三年（1343年）开始，到至正五年（1345年）十月，116卷的《辽史》、135卷的《金史》与496卷的《宋史》相继修完。《宋史》完成后，已经担任右丞相四年的脱脱感到身体不适，又有术士说他"流年不利"，再联想一下历朝历代许多官员不得善终，脱脱担心自己的势力过大，即使元顺帝不猜疑，恐怕不怀好意的人也会在背后挑唆，于是决定暂退避祸，上表请辞。元顺帝当然不肯同意，没有了脱脱，他就相当于失去了左膀右臂。然而脱脱坚决请辞，一连17次提出申请，元顺帝知他去意已决，再挽留也没有用，便同意了，并"有旨封郑王，食邑安丰，赏赉巨万"。

脱脱辞职后，元顺帝于至正七年（1347年）任别儿怯不花为右丞相。别儿怯不花执政，因为之前与脱脱不合，便多次在元顺帝面前诉说脱脱的过失，一开始元顺帝只是听听而已，也没太当回事。结果别儿怯不花又说，脱脱的父

元代官吏肖像

在元朝，中央一级机构主要由中书省（总政务）、枢密院（秉兵柄）和御史台（司黜陟）组成。
中书省下分左三部（吏部、户部和礼部）；右三部（兵部、刑部和工部）。

亲马扎尔台假装养病，其实是有目的的，他暗地里结党营私，图谋不轨。元顺帝最怕的就是这个，这一次竟然信以为真，于是一道圣旨，放逐马扎尔台到西宁州。

马扎尔台奉召前往西宁州，脱脱一向孝顺，见父亲被贬，便向元顺帝请求同行，得到批准。实在不明白元顺帝怎么会相信马扎尔台密谋造反，要知道此时的马扎尔台已经老态龙钟，连起居服食都需要有人照顾，都老成这样了还能造反吗？幸亏脱脱孝顺，一路上寸步不离父亲，服侍周全。如此一来，二人安安稳稳地到了西宁州。

别儿怯不花见马扎尔台父子二人安然到达西宁州，特别是年迈的马扎尔台居然没有因为旅途劳顿累死或者心情抑郁病死，于是又唆使省台各员上书说有叛乱，并将马扎尔台牵扯了进去。昏庸的元顺帝不辨真伪，连下数诏，又将马扎尔台贬至西域撒思，那是一个著名的苦寒之地。马扎尔台父子不敢违旨，只好再次前往。幸运的是，还没到那儿，他们又被一纸诏书召回甘州。

难道元顺帝突然之间变得明察秋毫，知道是自己冤枉了马扎尔台吗？当然不是。原来自从别儿怯不花担任右丞相后，元朝的天灾人祸便接连不断。1344年，黄河决口，河南、山东、河北、安徽、江苏等省很多地区成为一片泽国，祸及朝廷的漕运和盐场，致使财政入不敷出，这时候，元朝政府居然拿不出好的对策。灾难频发又导致人心动荡，河南、山东盗贼蔓延；江淮一带也多暴动，匪徒四处劫掠；湖广又乱。作为宰相，别儿怯不花却没有任何作为，有几个刚正不阿的言官看不下去了，劾奏宰辅，别儿怯不花此时倒有了自知之明，主动辞职，右丞相一职再次空缺。

国难当头，一帮朝臣便开始想念脱脱，于是，御史大夫亦怜真班趁着这个机会替脱脱父子说话，称马扎尔台是谦让的君子，脱脱为了国事也是任劳任怨，两人不应该遭到贬黜。没有了奸人在耳边挑唆，元顺帝这才将整个事件前前后后想了一遍，认为是自己错怪马扎尔台父子了，于是又下了一道圣旨将正往西域撒思去的父子俩给召了回来。

后来，元顺帝想来想去，觉得只有脱脱能担任右丞相一职，再加上其他官员的力荐，至正八年（1348年），元顺帝重新起用了脱脱为中书右丞相主持危局。

权臣哈麻被杖死

哈麻本欲逐走其妹婿秃鲁帖木耳，反被秃鲁帖木耳先发制人，诉于顺帝，兄弟俩同时被杖死。权力的滋味到底有多么甜美，让亲情变得支离破碎？当带着腥味的鲜血自七窍中喷迸而出的时候，那些曾经为了权力而争得不可开交的灵魂，会不会有所感悟？

哈麻，字士廉，康里人，元末权臣。

哈麻的母亲是元宁宗的乳母，故入为宿卫。因为十分受元顺帝的宠信，所以曾为殿中侍御史，礼部尚书。至正初年，脱脱为相，也先帖木耳为御史大夫。哈麻攀权结贵，与脱脱关系甚密。脱脱与太平、别尔怯不花等有矛盾，哈麻支持脱脱。等到脱脱复相，哈麻便拜中书添设右丞。不多时，哈麻又与脱脱不合。在至正十四年（1354 年），脱脱领兵镇压高邮张士诚，哈麻以"劳师费财"之罪劾之，脱脱和也先帖木儿皆被贬死。脱脱兄弟倒台后，至正十五年（1355 年），朝廷拜哈麻为中书左丞相，拜其弟雪雪为御史大夫，"国家大柄，尽归其兄弟二人矣"。同时，顺帝下旨，把从脱脱之弟也先帖木儿家中所抄之物尽数赐予哈麻。

哈麻的最早"发迹"，在于他偷偷将一个西蕃密宗和尚引荐给元顺帝。这个僧人有一秘术——"演揲儿法"（汉语"大喜乐"），即一种可以壮阳的气功。同时，哈麻的妹夫、时任集贤学士的秃鲁帖木儿有样学样，也把一位西蕃淫僧引荐给顺帝。这位名叫伽璘真的淫僧，其"秘术"更进一步，需男女双修，他对元顺帝说陛下虽尊居万乘，富有四海，不过保有现世而已。人生能有几何，当受此秘密大喜乐禅定等等之类的话。这种气功房中术，让顺帝沉迷不已，更有哈麻、秃鲁帖木儿以及顺帝的舅父老的沙、弟弟八郎等十人日夜陪同"修炼"。

这十人还有专门称号"倚纳",即"最亲密心腹"之意。

这个房中术让元顺帝练得快活,于是,皇帝就下诏任哈麻所荐西僧为司徒,任秃鲁帖木儿所荐西僧为大元国师。这两个大淫僧手下徒众很多,每一个人都取良家妇女三四人伺候,号为"供养"。

顺帝本人沉迷其间,日事淫戏,取宫女三宝奴、文殊奴等十六人训练,演习"十六天魔舞",以供淫乐时助兴。更可怕的是,皇帝本人与十"倚纳"及诸多妇人终日吞食春药,以修炼为名,男女裸处,君臣同盖一张大被,共同淫乱。同时,顺帝又下诏在上都建穆清阁,"连延数百间,千门万户,取妇女(充)实之,为'大喜乐'故也"。可以说,元顺帝变得荒淫,实是由哈麻带教而成。

当了丞相后的哈麻,深深地为自己先前以淫僧荐帝的做法感到耻辱,又嫉妒妹夫日夜在顺帝面前专宠擅权。于是,有一天他回府见到他的父亲后说:"我兄弟现位居宰辅,应导人主以正术。今秃鲁帖木儿专以淫亵媚帝,天下士大夫必讥笑我家,我将除掉此人清理门户。今上(顺帝)年长,日渐昏庸,皇太子年长,聪明过人,不若立以为帝,奉今上为太上皇。"不料这话却被哈麻的妹妹偷听到了,得知大哥想杀自己的丈夫并要换皇帝,于是即刻将此事告知了秃鲁帖木儿。

皇太子一直讨厌秃鲁帖木儿,秃鲁帖木儿自己也深知这一点。如果皇太子当皇帝,自己肯定第一个被杀。情急之下,秃鲁帖木儿立刻入宫向元顺帝禀告这一变故,说哈麻嫌顺帝年岁大靠不住,想搞政变拥皇太子为帝。

顺帝闻言大惊:"朕头未白,齿未落,哈麻兄弟为何嫌朕老啊?"惶恐恼怒下,他马上与秃鲁帖木儿定计,准备除掉哈麻兄弟。

转天一大早,正待上朝,哈麻兄弟发现有大批禁卫军包围府邸,随即有圣旨传下:"哈麻兄弟有罪,哈麻惠州安置,雪雪肇州安置,立刻出城等待发配。"

变故如此之快,简直让人来不及反应,兄弟俩十分诧异惊愕。怔忡之中,刚刚出城,忽然又有诏旨传来:兄弟俩罪大恶极,立时杖死。

兄弟俩还没有来得及申辩,虎狼军士一涌而上。顿时棍杖上下翻飞,兄弟俩鬼哭狼嚎,不大工夫就被打成两堆烂肉。抄家的时候,人们看到,顺帝赐给哈麻的那份也先帖木儿的家产纹丝未动,封识还没有开启。

哈麻之死,距脱脱之死才几个月。当时,百姓皆以为是元顺帝明悟见欺于哈麻,恨他诬害脱脱,才下旨处死哈麻兄弟。实际上,哈麻之死完全是元朝贵族之间的争拗,没有任何正义可言。

安童得到忽必烈重用

古往今来，资格和"学历"这两把尺子，不知道扼杀了多少才俊。假如任人只看资历，只看过去的业绩，那就会僵化和凝固，失去朝气勃勃的生命力，从而停止前进的步伐。只有唯才是用、不拘资历，才能得到真正的人才。在这一点上，元世祖忽必烈做得很好，尤其表现在对安童的重用上。那么，安童是如何得到忽必烈重视的呢？

元世祖忽必烈打出了中国历史上最大的版图，建立了元朝，成为继成吉思汗之后蒙古帝国历史上功绩最大的皇帝。他的杰出不仅仅体现在这些方面，还体现在他在用人能慧眼识才，唯才是用上。他把18岁的安童任命为丞相就是他不重资历，大胆提拔人才的一个例证。

安童（1248—1293年），蒙古札剌亦儿部人，是元初"开国四杰"之首的木华黎四世孙，其母弘吉剌氏是世祖察必皇后的姐姐。但他的突出并不体现在他的门第上面，而在于他能表现出与众不同的成熟和稳重上面。安童13岁时就因祖父的功劳而被"召入长宿卫，位上百僚之上"。但他一点也不愿意倚仗着祖辈功劳的荫庇享清福，而是胸怀大志，勤奋学习。

元世祖忽必烈与阿里不哥争王位得胜后，拘捕了阿里不哥的党羽千余人，世祖问安童："朕欲置此等于死地，你以为如何？"安童说："人各为其主，他们跟随阿里不哥也是身不由己，这由不得他们选择。陛下现在刚刚登上王位，要是因为泄私愤而杀了这些人，那又怎么能让天下人诚心归附呢？"一个16岁的少年竟然说出这样有见识的话来，这是元世祖所没有料到的，于是，他惊奇地说："爱卿年纪尚幼，何从知道这番道理？卿言正与朕意合！"从此，元世祖对安童开始另眼相看。

又过了两年，安童已经18岁了，元世祖看他处世练达，办事果断，为人稳重，足智多谋，就决定破格提拔他。安童推辞道："现在大元虽然安定了三方，但江南尚未归朝廷，臣年少资轻，恐怕四方会因此而轻视朝廷，还请陛下另请高明。"元世祖主意已定，毫不动摇，说："朕思之熟矣，无从逾卿。"于是，元世祖就把安童提拔为中书右丞相。

少年得志的安童，免不了会招来很多人的嫉妒。至元五年（1268年），有几位大臣想削夺安童的实权，建议设尚书省并让阿合马主持，而让安童居三公之位。元世祖把这件事交给大臣们讨论。大臣商挺极力反对："安童，国之柱石，若为三公，是崇以虚名而实夺其权也，甚不可。"元世祖赞同商挺的意见，维护了安童的地位。

此后，安童一直身居要职，直到46岁因病去世，共为元世祖效力二十八年，为元初国家的稳定和繁荣做出了巨大的贡献。

用一个18岁的年轻人为丞相，这在大一统的王朝中，甚至是直至今日，这也是绝无仅有的。假如元世祖在用人上按资论辈，非要等到安童三四十岁，甚至更老的时候才提拔他，那时的安童可能已经锐气全无，才思迟钝，早就与其他的人"同流合污"了，就更别谈什么积极性了，这将是对人才的扼杀。元世祖却抛开这些年龄、官阶、门第、资格，只从实际的才能出发，他认为安童有丞相之能，就大胆任用，破格提拔，"得一人而天下兴"，为自己的江山社稷打下了坚实的基础。

元代的"岳母刺字"

　　岳母刺字与岳飞精忠报国的故事，在今天几乎家喻户晓，千百年来，岳母的深明大义与岳飞对国家的一片赤诚感动了一代又一代的中华儿女。在元朝时，也有一批人为了表达对蒙古统治者的忠心，纷纷效仿南宋时期的岳飞，在背上刺下八个大字，可谓"精忠报国"这个故事的翻版。那么，这批人究竟是些什么人，他们身上又刺上了哪八个大字呢？

　　岳母刺字的故事家喻户晓，岳飞的母亲姚太夫人，古代四大贤母之一，她作为母教典范和妇女楷模，在国家危亡之际，励子从戎，在儿子的背上刻下"精忠报国"四个大字，被传为佳话，世尊贤母。元朝末年，竟然也出现了一批背上刺上了字的"岳飞"，这一千多人纷纷在背上刺下八个大字："赤心报国，誓杀红巾。"可惜他们非但没像岳飞那样慷慨激昂、叱咤风云、名垂千古、卓尔不群，反倒留下千古笑谈，这是怎么回事呢？

　　据陶宗仪著《南村辍耕录》中记载，元朝末年，杭州有一个叫胡仲彬的人，以做说话人为职业。所谓说话人，通俗一点说就是说书人，在元朝时，这种职业很流行。胡仲彬经常到省府的大官员家中说书，跟这些官员都走得很近，后来便通过这些关系得到了一个巡检的头衔。所谓巡检，就是县级以下的武职，也没有正式编制，通俗一点解释，就是有官方授权的民兵武装头目。

　　元朝末年，以蒙古族贵族为主的统治阶级，对各族，特别是汉族人民的掠夺和奴役十分残酷。他们疯狂地兼并土地，把广阔的良田变为牧场，如大臣伯颜得赏赐土地就达两万顷。大地主"广占土地，驱役佃户"，农民失去土地沦为奴婢。官府横征暴敛，苛捐杂税名目繁多，全国税额比元初增加20倍。再加上黄河河堤连年失修，多次决口，导致民不聊生，出现了"饿死已满路，生者与鬼邻"的悲惨局面。反抗的烈火在人民心中燃起。社会上流传着"一日三遍打，不反待如何"的歌谣。至正十一年（1351年），在颍州爆发了红巾军起义，由韩山童、刘福通、徐寿辉等领导。

到1357年，红巾军如火如荼，队伍在各地得到响应，聚集了几十万的起义军。胡仲彬见此，为了讨好朝廷，便"招募游食无籍之徒"，并在每个人的后背均刺上"赤心报国，誓杀红巾"八个大字，准备用来帮助朝廷镇压起义军。结果，胡仲彬的叔叔去官府告发胡仲彬作乱，当局一看他招募了这么多的无籍之徒，居然也认为他有心作乱，于是立即将其逮捕，并搜出花名册，按册搜捕。可惜胡仲彬一心想要帮助朝廷，结果人家不仅不领情，还将他和他的三百六十余名同党全部诛杀。由于陶宗仪的记述很简略，没有写明朝廷诛杀胡仲彬及其同党的具体原因，不过想想这胡仲彬也确实死得不算冤枉。试想，他以一个江湖说书人的身份做上了杭州巡检，而且还能聚众千余人，可见他的煽动力还是比较大的，日后势力发展壮大后，恐怕也会像红巾军一样成为对抗朝廷的一分子，与其等到那时候，还不如现在就斩草除根，免除后患。

效颦岳飞的人不仅仅只有胡仲彬一个，据明人沈德符撰《万历野获编》中的记载，在正德年间，锦衣卫中有个叫刁宣的人，四处炫耀自己后背上刺有"精忠报国"四字，被正德皇帝无意中听到。正德皇帝与元朝的官员态度一样，大怒之下，命人将其痛打一顿，然后流放到岭南。到嘉靖年间，又有一位南京的礼部侍郎黄绾被人弹劾，当他在皇帝面前自我辩解时，竟然也称自己背上刺有"精忠报国"几个字，这个黄绾比较幸运，没有被皇帝打一顿然后流放，但旁人听了却是嗤之以鼻，认为他是东施效颦。

同样的事情，发生在岳飞身上便成了流传千古的美谈，而发生在其他人身上，却成了笑柄，所以，与其效仿岳飞在背上刺字，还不如效仿他护国爱民的精神，多做实事。

效忠者史天泽

他是蒙古的汉族人中最得力的效忠者，为蒙古的开疆建国立下了赫赫战功。蒙古也待他不薄，给他"左丞相"的高职，在蒙古历史上可称是"前无古人，后无来者"。他就是史天泽。拨开历史的迷雾，站在今天的立场上，我们应该用什么样的眼光来看待这位蒙古耿耿忠心的效忠者呢？

史家为河北土豪，籍贯为永清，多年来一直处于金朝统治下。史天泽一家三代，上有其父史秉直，下有其子史格，皆是蒙古耿耿忠心的效忠者。

史天泽的曾祖史祖伦是个盗墓贼，有书记载史祖伦"少好侠，因筑室发土得金，始饶于财"，不过是史臣为之涂金的说法。盖房子挖地基，竟能掘出一窖大元宝，真是子虚乌有的事情。

史天泽父亲史秉直这一辈，正赶上金朝末年蒙古军队攻入金境杀人劫财毁城的乱世。听闻蒙古的"太师国王"木华黎统兵南伐，杀人无数，史秉直恐惧之际招集族人，裹胁当地数千居民，径自到涿州向蒙古军投降。木华黎看见这么一个汉族人如此忠心，非常高兴。不久，蒙古军与金朝讲和，军队回撤，把史秉直诱集的汉民迁往漠北当奴隶。一路之上，饥寒交迫，加上凶残的蒙古兵士的折磨殴打，十万余户汉人能活着到达漠北的，百不存一。后来，蒙古又兴兵，攻打金朝，史秉直仍旧为蒙古军主持馈饷工作，由于保障有力，服务到位，最终"光荣"地归老于家，安死床上。

史秉直有三子，其第三子史天泽，字润甫。此人"身长八尺，音如洪钟，善骑射，勇力绝人"。其兄史天倪被武仙诱杀后，史天泽报仇心切，于是招兵买马，又得三千蒙古援军，击败武仙手下有名的骁勇之将葛铁枪，乘势破中山，略无极，拔赵州，与二哥史天安会兵一处，合力赶跑了武仙，克复真定治所。

宋恭帝即位前曾被封为左卫上将军、嘉国公等，在位期间朝政多由太皇太后谢道清代理。

而后，史天泽在蒙古灭金的战斗中胜绩连连，特别是金哀宗弃汴京逃跑以后，史天泽一路率军紧追不舍，并在蒲城歼灭了金朝宰相完颜白撒所率的八万兵，给金朝以灭顶一击。蔡州之战，史天泽"血战连日"，最终逼得金哀宗在幽兰轩上吊自杀。

灭金后，史天泽又与蒙古军杀向南宋。峭石滩一战，杀溺宋兵数万；寿春之战，他又率蒙古军把数万宋军驱入淮水中淹死；蒙哥汗伐蜀，史天泽亲统水军，在嘉陵江三败南宋援蜀的大将吕文德，顺流纵击，夺得战舰数百艘。忽必烈继位后，史天泽扈从北进，得拜中书右丞相，从征阿里不哥，立功甚多。李璮据山东叛，史天泽亲受忽必烈诏旨，率军讨伐，最终攻克济南，活捉李璮。因怕李璮被押送大都后胡乱牵扯自己及河北的汉将，未经忽必烈批准，史天泽即刻将其剐杀了。

回大都后，怕忽必烈猜忌汉人，史天泽主动请求解除兵权，此举大得忽必烈欢心，也为史家赢得了更大的生存空间——至元元年（1264年），朝廷加封其为光禄大夫，"右丞相如故"。至元三年（1266年），史天泽任枢密副使，至元四年（1267年），改授中书左丞相。

至元十一年（1274年），忽必烈下诏派史天泽与丞相伯颜一起统领大军，发起对南宋的最后一击。行至郢州，史天泽患病，返至襄阳休养。忽必烈闻讯，立刻派近侍携葡萄酒相赐，并慰勉说："卿自朕祖以来，躬擐甲胄，跋履山川，宣力多矣。又，卿首事南伐（宋朝），异日功成，皆卿力也。勿以小疾阻行为忧。"于是，忽必烈派人护送史天泽回真定，派去数批御医为他治病。

史天泽回真定后很快就病死，时年74岁，"讣闻，帝震悼，遣近臣赙以白金二千五百两，赠太尉，谥忠武。后累赠太师，进封镇阳王。"

史天泽之子史格自少年时就为蒙古效命，灭宋战役中常常不避箭矢，纵马前冲，一身战伤无数。特别是史格跟从元朝大将阿里海涯进攻广西、广东，破十八州，杀人无算。宋恭帝出降后，陈宜中、张世杰等人拥益王在福州为帝，准备复兴宋朝。当时，元朝在广东、广西等地的将领多年在外征战，常思北归，纷纷上言要求朝廷放弃肇庆、德庆、封州等"蛮荒"之地，并兵合力在梧州设置戍守即可。如果这样，南宋很有可能苟延残存，但正是史格"高瞻远瞩"，上表坚称不可撤备。在他的要求下，忽必烈"益增兵来援"，最终没给南宋一丝喘息的机会。

由此可见，史氏祖父孙三人是蒙古的汉族人中最得力的效忠者，而史天泽所得的"左丞相"高职，在蒙古史上可称是"前无古人，后无来者"。

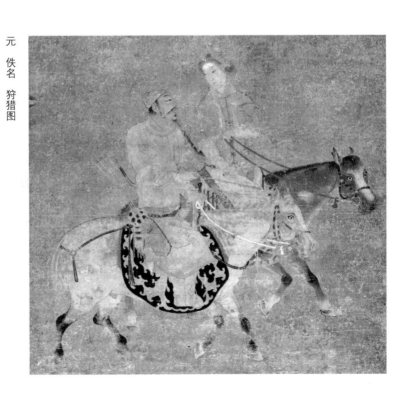

元　佚名　狩猎图

画面中是身着元代服饰的一男一女，坐在马上，手持弓箭欲狩猎的场景。两人并行骑马，似在交谈。

藏在古画里的大元史

第五章

民俗民风：一城山水一城歌

元朝是中国历史上第一个由少数民族建立的全国性统一的封建政权，其民俗文化也色彩斑斓，富有时代特点。本章全面展示了元朝的民俗民风，让读者体会到留有浓郁草原游牧气息的蒙古风俗遗痕。这种与他族交融而不失原有特色的文化现象，正是一个民族内部凝聚力经久不衰之重要渊源所在。

蒙古女子已婚未婚的标志

如今走在大街上，你能从某位女性所穿的衣服或者所戴的帽子来判断她是否结婚了吗？一定不能吧。但是在元代，我们很容易就能分辨出蒙古女子是未婚还是已婚，为什么呢？因为从她们所戴的帽子就可以看出来了。

蒙古人很重视帽子，在他们的眼中，帽子是神圣不可侵犯的，因此，他们最忌讳随处扔帽子或用其他东西触摸、玩弄帽子。如果戴在头上的帽子突然掉在地上，他们会认为这是一种不吉利的预兆。蒙古族妇女的帽子多姿多彩，尤其是逢年过节、喜庆宴会、探亲访友和举行婚礼时，蒙古族妇女帽子上的装饰更是色彩斑斓，让人眼花缭乱。帽子上的头饰种类很多，材料也各不相同。讲究的人多用珍珠、宝石、金银、红绿色的珊瑚和玛瑙等制作，以红色调为主，偶尔也会配以蓝色和绿色，形成强烈的颜色对比，看上去雍容华贵。除了装饰作用，在元朝时，帽子对于蒙古女性来说还有一种特殊的含义，那就是可以表达她们的婚嫁状况。

从元代流传下来的许多图画中，我们可以看到很多蒙古族女子都头顶一种圆筒形的帽子，上面点缀着各种各样的装饰。这种帽子叫作罟罟冠（也叫顾姑冠、姑姑冠），蒙古语读作孛黑塔。蒙古的贵族妇女，多数戴罟罟冠，所以戴这种帽子的就意味着是已婚妇女。罟罟冠这种帽子很特别，据当时的人记载，帽子是用铁丝结成的，形如竹夫人（一种圆柱形的竹制品），有三尺（1米）多长，用红绿色的锦绣或者珠宝金玉装饰起来，上面再装饰红青色条绒或者翠花的木杖或者竹杖，下面还有野鸡毛装饰。考究一点的罟罟冠，上面还会用珍珠、玛瑙、琥珀、串珠、玉片等珍贵材料装饰。

13世纪记述蒙古地区情况的《长春真人西游记》《蒙鞑备录》《黑鞑事

略》中也有对罟罟冠的记载。《黑鞑事略》写道："霆见'姑姑'之制，用画木为骨，包以红绢金帛，顶之上用四直尺长柳枝或铁打成枝，包以青画。其向上人则用我朝翠花或五彩帛饰之，令其飞动。以下人则用野鸡毛。"1974年，内蒙古自治区文物工作队曾在四子王旗古墓中发现了许多完整的罟罟冠，"呈长筒形，高约一尺，用桦树皮围成。外面包着花绸子，缀着各种珠子"，有的"顶上插着一根三四寸高的木棍儿，上端连着一个圆木珠"，也有的"插着许多蓝孔雀羽毛"。

　　罟罟冠是从什么时候流行起来的，我们不得而知，但在成吉思汗时已经很流行。加宾尼的《蒙古史》中写道："此种头饰，至元朝之后期，蒙古妇女仍服之。"《永乐大典》服字韵中记载蒙古冠服，引《析津志》所记："其富丽之概，已非蒙古初期可比。然民间仍较简陋。"罟罟冠不仅见载于中外史籍，而且也通过画像和岩画流传下来。1927年，在中国传教的比利时传教士田清波，将故宫中收藏的一幅戴着罟罟冠的元代帝后画像刊布出来。

　　可惜元朝灭亡后，这种冠饰一度失传。1974年，在内蒙古自治区四子王旗发掘的元代蒙古贵族陵墓中，多有罟罟冠出土，其形式多样，各具特色，反

元　佚名　番骑图（局部）

这是一幅元人出行狩猎的画作。画中妇女头戴的是罟罟冠。全画共画有6人、4匹马和2只骆驼，人物以袖遮面，迎风而行。此场面绘出了边塞沙漠恶劣的气候。

映了元代蒙古族精湛的工艺水平。这种女性顶冠虽然在民间绝迹已久，但如今却频繁出现在蒙古族服饰展示会上。

元朝时的未婚妇女则会佩戴另外一种帽子，据约翰·加宾尼的《出使蒙古记》记载，未婚妇女的帽子是这样的："以树枝或者树皮制成的圆的头饰，这种头饰有一只手高，其顶端呈正方形。从底部到顶端，其周围逐渐加粗，在其顶端，有一根用金、银、木条甚至一根羽毛制成的长而细的棍。这种头饰缝在一顶帽子上，这顶帽子下垂至肩。这种帽子和头饰覆以粗麻布、天鹅绒或织棉。不戴这种头饰时，她们从不走到男人面前去，因此，根据这种头饰可以把她们同其他妇女区别开来。"

除了头饰之外，在元朝时，已婚妇女与未婚妇女的衣着也有差别，也可以用来进行辨别。

元代一些城市为什么没有城墙

在古代，城墙有着很重要的作用，可以用来抵抗外敌的侵犯，如果城墙被攻破，便意味着城墙里面的城池失守。然而，在元朝的某一段时期中，我国的很多城市都是没有城墙的，只有一座城门独自矗立在那儿，这是为什么呢？

在古代，城墙和城门都是城市的标志，城墙限制着城区的大小和形状，也保护着城内居民的安全，城内的人们出城时，都要经过城门。但是在蒙古建国初年，曾有一段时间，我国的很多城市都是没有城墙的。

马可·波罗在他的著作《马可·波罗游记》中，讲述元世祖忽必烈平息乃颜之乱时，提到了元朝军队的驻防情况。他说：你应知道，在所有契丹省、蛮子省和其他所有大汗领地内，有很多不忠实、不可信赖的人，一有机会他们就犯上作乱，因此在城多民众的各省，我们很有必要在这些城市驻扎军队，并且拆除了这些城市的城墙和城门，不允许再次建置，这样，军队就能随意进入城市而不受阻挡。当时，这些驻军和指挥军队的将领都是每两年一换防。通过这种控制手法，臣民保持平静，没有发生什么变故。

在上面这段话中，马可·波罗叙述了元朝没有城墙的事实和原因，事实真的是这样的吗？

元代方志中曾提到元朝政府下令拆毁各地城墙的史实。在脱因修、俞希鲁纂《至顺镇江志》卷二《地理·城池》记载："元混一海宇，凡诸郡之有城郭皆撤而去之，以示天下为公之义。"元人张铉修纂《至正金陵新志》卷十《兵防志》也有记载：天兵下襄樊，沿江诸城或降或遁，不数月而社为墟。曩之治险蓄兵，其胜安在？今天下一统，城郭沟池悉废为耕艺，而中土之兵分翼镇守。

《元史》中的记载则更为详细。至元十三年（1276年）九月，元世祖忽必烈就"命有司隳沿淮城垒"。到了这一年的十一月，拆除城墙的地域向南扩展，元世祖下令"隳襄汉、荆湖诸城"。拆毁城墙的工作一直持续到第二年即至元十四年（1277年）二月，下令"隳吉、抚二州城"。至元十五年（1278年）三月"命塔海毁夔州城壁"；八月"川蜀悉平，城邑山寨洞穴凡八十三，其渠州礼义城等处凡三十三所，宜以兵镇守，余悉撤毁"。

在《元史》中，我们还可以清楚地看到，元朝建立后，就立即拆毁各地的城墙来削弱被征服地区的防御能力，蒙古人先后拆毁淮河流域、长江中游、长江上游地区城市的城墙，只有极少数城市因为各种特殊原因幸免，如江西的隆兴城由于城墙还有防洪的功能，才得以"姑存之"。

元朝拆毁城墙向南经江浙、福建，一直远达广东南部。元代方志中有不少相关资料。元人卢镇续修《琴川志》卷一《县城》："《前志》（笔者按，此处指宋志）云县城周回二百四十步，高一丈，厚四尺。今不存。"

元代佚名之士纂修《无锡志》卷一《城关》："《南徐记》所载即今之州城。按今州城虽废，迹尤可见。"

元人单庆修、徐硕纂《至元嘉禾志》卷三《城社》："（嘉兴路城）圣朝至元十三年罗城平，子城见存……圣朝至元十三年后门楼亦闲废。"

元人王元恭修，王厚孙、徐亮纂《至正四明续志》卷三《城邑》："国朝混一区宇，无恃偏壕支垒之险固，郡城之废，垂六十有余载。民居侵蚀，夷为坦途，至元五年省命取勘，起科官租。旧子城直南中阙，今建明远楼于其上，余并废。虽有州东、西二门之名，实为通衢矣。"

元代陈大震纂修《大德南海志》卷八《城壕》："有州郡则有城池，所以捍御外侮也……天兵南下，平夷城壁，楼橹雉堞一切荡除。以后因之，不复修治。"

以上都是史料中关于元朝拆毁城墙的记录，那么，元朝拆除城墙的行为一直持续到什么时候才结束的呢？据推测大概是在至元十五年（1278年）的十月份，因为当时的元代颁布了一条重要法令。《元典章》中收有题为"修城子无体例"的一则法律条文：至元十五年（1278年）十月，江西行省准枢密院咨、奉中书省札付、江州路申、目今草寇生发，合无于江淮一带城池西至峡州，东至扬州二十二处，聊复修理。斟酌缓急，差调军马守御。似为官民两便。承此，移准上都枢密院咨：八月十二日本院官与阿术丞相一同闻奏过，奉圣旨："修城子里，无体例。钦此。"

在这条法令中，很明确地说明了很多江淮之间的城市，因没有城墙，导致无法抵御民变。为了加强防御，有地方官员就提出重新修复城墙，可见此时江淮一带的城墙基本已经拆毁，为了抵御民变，需要再次修葺。于是，我们看到元代后期各地又纷纷补建城墙。这两方面的事实表明，元代前期的很多城市确实没有城墙。这和马可·波罗所记完全吻合。

元朝时全国上下都尊奉天妃

　　在封建时代，平头百姓无法掌控自己的命运，于是常常祈求神佛的恩赐与护佑，人们去庙里上香，或者是祈求早生贵子，或者是祈求升官发财，再或者是祈求疾病早日康复、家人健康长寿等，虽然所祈求的目的各不一样，但所拜的神佛却大致没有什么区别。与其他朝代不同的是，在元代时，人们都会祈求一位被称为天妃的神灵的保佑，在民间，天妃有着非常高的地位，这是为什么呢？

　　在今天的连江县敖江镇白沙村，有一座"天妃庙"，其中供奉的"天妃"是白沙村村民的主信仰之一。这座庙始建于元代延祐四年（1317年）。天妃，也称天后、天后圣母，福建、广东、台湾一带呼之为妈祖，民间常俗称为海神娘娘。在元朝，"天妃庙"香火旺盛，前来祈求护佑的人很多，这是为什么呢？

　　元朝大都（北京）建成后，人口迅速增加，需要不断从江南运输粮食，而运粮的主要方式就是漕运。

　　从至元十三年（1276年）开始，元朝先后开凿大运河北段的济州河、会通河、通惠河等以方便漕运，但北方河道经常出现断流，河运需要等候足够的水流才能通航，而且沿途还需要安置许多纤夫，既劳民伤财，效率也低。至元十九年（1282年），丞相伯颜首次提出海运，朝命"上海总管罗璧、朱清、张王宣等造平底海船六十艘，运粮四万六千石"。但是海运也不是没有风险的，海上风大浪大，很容易发生事故，因此，当时朝野内外普遍不接受这个建议，但同意河运与海运并举，又各设万户府管辖。发展到至元末年，人们看到海运比河运的效率要高出十几倍，这才逐渐用海运取代了河运。海运的起点是江苏刘家港，终点为天津港，其航线经主航者在实践中三次修正才稳定下来。至元

180

清　佚名　妈祖奇迹图

妈祖，以中国东南沿海为中心的海神信仰，又称天妃、天后、天上圣母、娘妈等。

二十八年（1291年）完全停止河运，朝廷专设海道都万户府于苏州，专门管理海漕，但是并没有解决海运容易出现事故的问题。

元朝的海运，由最初的每年四万六千石增加到三百万石左右，所以在当时，上至皇家下至官民，都非常关心海运的安全，于是祈求天妃庇佑。柳贯的《敕赐天妃庙新祭器记》记载："海神之贵祀曰天妃，天妃有事海者之司命也，其别庙在吴城西北陬，盖漕运都府治吴，专领海漕，岁运东南之粟三百万石实京师，常以春三月、夏五月上旬之吉，开樯刘家港，乘便风，不兼旬达直沽口。舟将发临，遣省臣率漕府官僚，以一元大武，致天子毖祀之命，荐于天妃，得吉卜而后行，精神肝，如父母之顾复其子，无少爽也。"因此，元朝官员对天妃的

据说是古代出海人的旗帜，人物是"天后圣母"（天女，圣母）

祭祀仪典也极其隆重。在致祭的前一天晚上，由漕府帅臣率一众人等"斋祓宿庙下，用视涤濯，随衅逆牲，奉币享神。之旦五鼓，乐既奏，公率掾属、漕府官以下，恪虔致祷，拜兴肃然，罔敢怠哗"。除了在特定的日子要进行祭拜之外，漕船上的押运官员和船工，也会每日礼拜祈祷，这并不是没有原因的，黄向《天妃庙迎送神曲》："浙河东西，翰粟数百万石，途经数千里，海道险艰，时日进止，一唯神之听，否则危败立见。"所以朝廷非常重视这项祭祀，元世祖早在至元十八年（1281 年），就晋封妈祖为至高无上的海神——护国明著天妃。

元朝先在苏州、刘家港、昆山修建了三座天妃庙，专供漕府官员致祭。后来，又在胶东半岛凸出部的成山和天津大直沽等处建庙，到元朝后期，漕道沿途修建天妃庙达十多处。

媒人也被称为"红娘"

　　说到"媒人"这两个字，相信没有人不知道它的意思。生活中，我们还习惯叫媒人为红娘，为什么这么称呼呢？这说起来还与元朝的文学家王实甫有关，"红娘"这个名字第一次出现便是在他的作品《西厢记》中，那么，后来为什么它又成了媒人的代称呢？

　　自古以来，媒人在中国的婚姻嫁娶中就起着牵线搭桥的作用，所以一提到"媒人"，几乎不需要另外解释，每个人都明白"媒人"这两个字的含义。在今天，我们还经常用"红娘"代替"媒人"，二者都表示在婚嫁中牵线的人，不同的是，"红娘"原本是一个人名，后来经过不断发展，才成为媒人的代称。

　　红娘原本是元代王实甫的《西厢记》中的一个人物。《西厢记》的故事前身是唐人元稹的《莺莺传》。到北宋时，这个故事广为流传，士大夫"无不举此以为美谈，至于倡优女子，皆能调说大略"，很多著名的文人都曾读过这个故事，北宋著名的文学家赵令畤曾用《商调蝶恋花鼓子词》歌咏这一故事。到南宋时，《莺莺传》又被民间艺人改编为话本《莺莺传》和官本杂剧《莺莺六幺》。到金代，董解元在前人的基础上进一步把这个故事改编为《西厢记诸宫调》。而王实甫的《西厢记》就是在《西厢记诸宫调》的基础上进行加工创作而成的。

　　王实甫的《西厢记》全名为《崔莺莺待月西厢记》，其中有一个人物的名字就叫红娘。红娘本是崔莺莺的一个婢女，元稹在写《莺莺传》时，并没有给她安排很重要的戏份，所以，在之后很长一段时间里，红娘一直处于默默无闻的状态，而让她成名甚至走红的，就是王实甫的《西厢记》。

　　《西厢记》主要讲述的是书生张珙与崔莺莺之间的爱情故事，故事的大概

明　仇英　西厢记图册（一）

《西厢记》是元代戏剧作家王实甫写的一本
杂剧，是古代通俗文学中描绘爱情的剧本。
讲述的是书生张珙与相国之女崔莺莺相爱，
在婢女的帮助下，冲破了封建门第等级观念
的束缚，有情人终成眷属的故事。

明　仇英　西厢记图册（二）

是这样的：书生张珙和相国小姐崔莺莺在普救寺里一见钟情，但是两人身份地位悬殊，张珙只是一名穷书生，而崔莺莺的父亲贵为相国。为了追求自己的幸福，两人不顾封建势力的阻挠，挣脱礼教的束缚，经过不懈的斗争与努力，最终在侍女红娘的帮助下，私定终身。崔母发觉后，红娘为二人据理力争，崔母害怕家丑外扬，便只好承认婚事，但要求张珙立刻上京应考，后来，张生中举归来，两位有情人才终成眷属。

所以，红娘并不是莺莺和张生初次会面的"介绍人"，即并非传统意义上的媒人，但是，在他们后来的交往中，红娘起到了非常重要的作用。

红娘本是按崔母的命令监视张珙与崔莺莺的，然而，随着故事情节的发展，红娘的身份发生了转变，并促成了张珙与崔莺莺之间的姻缘。一次，崔莺莺在普救寺与张珙约会时，孙飞虎派兵包围普救寺，要将崔莺莺掳去为妻，并口出狂言：三日之内若不交出崔莺莺，"伽蓝尽皆焚烧，僧俗寸斩，不留一个"。面对如此变故，崔老夫人当众宣布："但有退兵之策的，倒陪房奁，断送莺莺与他为妻。"张珙听后欣喜若狂，立即修书一封，请来白马将军，退去贼兵。按理，两人的美满姻缘指日可待了。然而此时的崔老夫人却出尔反尔，在庆功宴上悔亲赖婚。崔老夫人的行为不仅伤害了张珙和崔莺莺，更激起了小丫鬟红娘极大的不满。从此，红娘不再监视张、崔二人的举动，而是坚决地站在了他们的立场上，帮助他们促成好事。原本监视二人的红娘成了张、崔二人的传音筒，并帮助张珙出谋划策。在红娘的帮助下，张珙与崔莺莺私定终身，崔老夫人只好作罢，张、崔二人终成眷属。

在崔、张的婚姻中，红娘虽然并不是给他们牵线搭桥的那个"介绍人"，但她却是成就这段姻缘的关键人物，而且她聪明伶俐、妙语连珠的美好形象也能打动人心。所以后来，在社会上从事婚姻介绍工作的人，或者偶尔担任这一角色的牵线搭桥者，都会以"红娘"自称，结果"红娘"这个词逐渐被越来越多的人所熟知，成了媒人的代名词。

元代公务员的法定假日有哪些

每到重大节日来临，如春节、清明节、五一、十一，我们都会享受法定假日。在今天，法定假日已经成为众所周知的概念。在几百年前的元朝也有法定假日吗？如果有，法定假日是针对哪些人提出的呢？元朝的法定假日又有哪些呢？

法定节假日，顾名思义，就是法律规定要放假的日子。在西方，这种规定起源于《圣经》。《圣经》说，上帝创造世界时，用六天的时间将所有的活儿都干完，到第七天安息了。所以《圣经》把第七天称为"圣日"。《圣经》说上帝第七天"安息"，其实并没有说在第七天就要给老百姓放假，只是这一天人们需要向上帝祈祷，不能干世俗的活儿。

《圣经》关于第七天休息的规定，成为法定节假日的较早来源之一，后来便逐渐发展成了周日为法定假日，工作了一星期的人们可以在这一天得到休息。不过，在元朝时，即使是官员，也没有每工作六天放假一天的待遇，在当时，我国的假期制度与西方还是有些出入的。

元朝时，由于当时的人们还是以农业和小手工业为主，工作和休息都是由自己安排，所以法定假日仅仅针对当时的公务员——官员。官员们拿了国家的俸禄，要为国家服务，国家就要规定官员们上下班的时间，官员们不能一年到头都上班，偶尔也需要办理一些自己的事情，于是法定假日便应运而生了。不过，当时还没有休周末的概念，但是一年中也有不少放假的日子。

中统五年（1264年），忽必烈颁布了一道圣旨，规定京府州官员，遇天寿、冬至，各给假二日；元旦、寒食，各给假三日；七月十五、十月初一、立春、重午、立秋、重九、每旬，各给假一日。在今天看来，元代官员的假期并不算多，要知道，我们每周就要放两天呢。但是，与其他各个朝代相比，元朝的法

定假日名目之多已经算是比较少见的。

那么多的节假日，官员们都是怎么度过的呢？下面介绍元朝时几种重要节日的主要活动内容。

元旦在旧时是指农历正月初一，这一直都是我国的传统节日，从汉武帝时期就已经有了庆贺元旦的风气，而"元旦"之称则见于南北朝。元朝时每逢元旦的早晨，京城官员便会在五更时分入朝行庆贺礼，然后脱去公服，互相之间道贺并赠予手帕，并在自家备好美酒佳肴招待客人。

元宵节，也称"上元节""元夕节"。因整个晚上都张灯结彩，通宵供游人欣赏，所以又叫"灯节"。忽必烈在位时，喜欢在大都宫中挂灯赏灯，甚至将丽正门外一棵挂满灯笼的树赐名为"独树将军"。后来每逢元宵节，这棵树上就挂满了各种花灯，树旁边还有各种夜宵、枣面糕、甜品等出售，游人赏灯饿了累了，还可以在这里歇息片刻，吃点夜宵。后来又有"张灯为鳌山"的景观，即根据海上巨龟背神山的传说，然后又模仿大象的形体，把许多彩灯架在一起，供人欣赏。

元宵节过后，正月十九日为燕九节，也称"烟九""宴九"等，这个节日是元朝所独有的，因为是用来纪念全真教道长丘处机的。往后还有清明节三天，朝廷会派遣大臣代为祭祀三皇等古代帝王，此时民间家家户户都会上坟祭祖，郊游踏青，而宫廷中则会举行一系列的娱乐活动，如荡秋千等。端午佳节到来时，中书礼部、资政院等会向当朝皇帝进献各种精致宝扇等，而在北方的一些地区有打球射柳等活动，南方则会举行划龙船比赛；在过七夕节时，元代有张挂鹊桥图、摆设摩诃罗供牛郎织女的一些习俗。摩诃罗原本是佛

◀ 元　佚名　元人岁朝图（局部）

纵 146.5 厘米，横 45.3 厘米。台北故宫博物院藏。画面为冬景年节时期，普通家庭百姓纷纷出门互贺新年的场面。孩童三五成群，或放爆竹，或乐器助兴，场面十分热闹。

经中的神名，元代称之为"巧神"，通常是用土、木、玉等精雕细琢而成的小人形，然后给它们穿上衣服。也有很多人在七夕节前，把小豆、小麦等浸在瓷器里，待生芽后，再用红蓝彩线束缚起来，在七夕当天供奉牵牛星。元代还有寒衣节，每年的十月初一，人们会祭奠先人，这在元代叫作送寒衣节，在我国现在的一些农村，还保留着这样的习俗。除了清明节之外，元代还有扫黄叶，也是祭祀先祖上坟。最盛大的可能要算国庆大典，在皇城东华门外，设立"开垛场"，先由太子发三箭，名曰射天狼，俗称射天狗，尔后诸王、宰辅等接着射箭，射毕开设盛宴，这就是当时的国庆大典。

　　元朝的节日虽然名目繁多，但是与今天相比，也只能是小巫见人巫了。

元朝流行的发型和服饰

看古装电视剧时，我们会发现，不同朝代的发型和衣饰都会有所不同，唐朝有唐朝的特点，宋朝有宋朝的风格，元朝肯定也不例外。而且元朝的统治者是蒙古人，他们的发型和服饰自然也自成风格。那么，元朝的蒙古人到底流行什么样的发型和服饰呢？

去大草原上观光旅游时，我们常常会被蒙古族同胞的发型和衣着所吸引，爱上那种极具民族特色的装扮。在衣饰和装扮上，蒙古人确实与汉人有很多的不同，在元朝时就已如此。

先说元朝时蒙古人的发型。蒙古人很重视自己的头，他们认为头是智慧之源，至高无上，因此对发型和帽子都极为讲究。在当时，蒙古男子习惯留三搭头，戴栖鹰冠。据《蒙古秘史》记载，乞颜氏的祖灵神是白海青，所以他们的发型和帽子很有可能是以海东青为式，以表示对图腾的崇敬。《蒙鞑备录》中说道：上至成吉思汗，下至平民百姓，都是剃婆焦，类似小孩子留三搭头。所谓三搭头，就是首先环剃除去顶发，然后将颅前发剪短，使之自然垂至眉毛，形同刘海。两边的头发会编成辫发，绾辫结环，垂于肩上。总体的样子就是两束辫子垂于耳侧，仅留前额一撮头发，看上去非常可爱。

蒙古女人在结婚之后，也会剃去前半部分头发，仅留后半部分并扎起来，然后戴上罟罟冠。前文已述，已婚女子戴罟罟冠在成吉思汗时期已经发展成为一种风俗。

蒙古族的服饰和发型一样，也曾经历了一个很大的变化过程。到元代时，蒙古族的服饰又有了许多改变。元世祖忽必烈把服装分为官服和民服两种。其中官服为龙蟒缎衣，从衣服上的图案我们可以看出官员的等级，其中以龙爪图案的官员为最高，狮、麟、鹤、雉等图案的则依次递减。虽然忽必烈曾规定民服"从旧俗"，但民服变化也很大。几世纪前，蒙古族的衣服是不分男女的，都是以同样的式样制成的，所以从衣饰上几乎没有办法区别未婚女子与蒙古男人。元朝以后，男女的服装有了区分。男子的服饰为长袖、宽襟，而女人的衣服则为短袖、高领的长袍。另外要特别提到的是，元朝有一种衣服，前面没有衽，后面很长，既没有领子也没有袖子，在腰部缀上两条带子，看起来就像我们今天的马甲，这是忽必烈的皇后察必设计出来的，当时名叫"比甲"，骑射时穿上既暖和又方便。直到现在，蒙古人穿的坎肩或坎肩式无袖女式长袍罩都是由此发展而成。

据《蒙古秘史》记载：十三世纪时，蒙古人有一种披肩叫"扎合"，"其式如箕，左右垂于两肩"。明清时，又改名叫作"甲哈"。清朝末年，在呼伦贝尔地区巴尔虎还有蒙古牧民穿着这种带有"甲哈"的蒙古袍。甲哈有男、女服饰之分。男式"甲哈"下端到腹部，以便把它用腰带扎住。女式"甲哈"略似护肩，下端呈椭圆形。因甲哈为防寒用品，故常挂以轻柔的毛皮。

在冬天，蒙古人最少要准备两件皮袍过冬，一件袍子的皮毛向内能起到保暖的作用，另一件的皮毛向外以抵御风雪。穿在外面的经常是用狼皮、狐狸皮或狒狒皮制成的，而穷人们则会用狗皮或者羊皮。有时候，蒙古人也会用毛皮做裤子，富人还制作一种极为柔软的丝绵衣，这种衣服轻便保暖。忽必烈建立元朝后，蒙古人的服饰样式开始向汉人靠近，他们的衣服样式参考了汉人的服饰，但只是皇帝及贵族、王公大臣的服饰有了一些变化，一般蒙古人的服饰大体上仍保留着原来的样式。

元　佚名　秋景戏婴图

六名孩童穿各色绣花长衫，在山石树下嬉戏玩耍，或端花提篮，或玩赏兔子，或切弄水果。这六名孩童服饰亮丽，织品纹样皆为织金云纹或花朵纹，寓意吉祥。发型也是元代时期的经典发式，或留三搭头，或自然垂发，头饰翎毛。

元朝人的婚礼仪式

结婚是每个人人生中的一件大事，因为大部分人一生只结一次婚，因此对婚礼也会特别重视，两个人需要经过层层仪式后，才能结为夫妻。相对于元朝，现在的婚礼仪式已经简化了许多，回头看看那个时候男女结婚之前所要举行的仪式，你会发现许多你闻所未闻的规矩。

忽必烈建立元朝后，政府对婚姻制度非常重视，曾由礼部拟定了"婚姻法"——也就是当时的婚聘定式——颁布全国施行。

当时元朝政府颁布的"婚姻法"，是在汉族旧有体例的基础上，按照朱熹《家礼》内的婚礼，又参照古代的一些仪式制定而成的。从这种婚姻定式中，我们可以看出元朝的婚礼仪式分为议婚、纳采、纳币、亲迎、妇见舅姑、庙见、婿见妇之父母等几项程序，下面一一进行讲解。

议婚：议婚是中国传统婚礼礼节之一，亦称议亲，是商议婚娶的最初阶段。两家联姻之前，男方先要派媒人到女方家说和，如果女方家长同意，才能进行下一步——纳采。不过议婚有个前提条件，就是结婚当事人和主婚人没有期年之丧。

纳采：所谓纳采，就是男家遣媒人到女方家中提亲，送礼求婚。初议后，若女方有意，则男方派媒人正式向女家求婚，并携带一些礼物和求婚书。如果女方接受了求婚书，并且回书同意结亲之后，下一步才能进行纳币仪式。

纳币：亦称纳成、纳征。就是男方向女方送聘礼。《礼记·昏义》孔颖达疏："纳征者，纳聘财也。征，成也。先纳聘财而后婚成。"男方是在纳采之后，如果女方允婚才可行纳征礼的，行纳征礼不用雁，是六礼中唯一不用雁的礼仪，可见古人义礼非常分明。历代纳征的礼物各有定制，民间多用首饰、细

元代某后妃像

图片中的皇后或妃嫔头戴珍珠饰罟罟冠，以两块桦皮围合圆筒，外裹红丝绸，缀以珠饰，冠顶插雄尾。

帛等项为女行聘，谓之纳币，后演变为财礼。清朝纪昀《阅微草堂笔记·如是我闻二》中有言："细询始末，乃知女十岁失母，鞠于外氏五六年，纳币后始归。"在这一步中，男女双方的家人就要商定婚期。

亲迎：即在婚前的一天，女方家派人到男方家中布置新房，次日，男方的家长在祠堂为新郎举行醮礼。随后，新郎乘马车或轿前往女方家迎亲。新郎到达女方家后，女方的家长也同样在祠堂为新娘举行醮礼。根据当时的风俗，新娘到新郎家后，脚不能直接与地面接触，所以要铺设席子在院内，新娘脚踏席子入门。

妇见姑舅：即成亲后的第二天，新妇要拜见高堂，新妇娘家馈赠男方父母礼品，而男方也要宴请女家。

庙见：即结婚后的第三天，男方带新妇到家族祠堂见礼，拜祭先祖的遗像或者牌位。

婿见妇之父母：婚后，女婿到妻子的娘家拜见岳父、岳母以及亲友，与今天一些地方回门的风俗相似。

从议婚到婿见妇之父母，这些仪式都完结后，男女才算正式完婚。根据元朝婚礼定式的规定，订婚后，如果无故五年之内没有成亲，或者结婚后丈夫逃亡，迟迟不归者，就可以离婚，不用归还聘礼。

元　佚名　农村嫁女图

其原名《瘤女图》，全卷共绘有37人，这一行人大致分为了四部分内容，从右向左依次为，骑牛夫妇为一对新人，正在嫁娶的途中；来宾与迎宾双方会面；向长者敬酒；奏乐迎亲的乐器队。此图向我们展现了元代农村普通人家的嫁娶仪式。

葡萄酒是在元朝流行

    在我们今天的生活中，葡萄酒是一种很常见的饮品，几乎在任何一个超市中都能看到它的身影。葡萄和葡萄酒都不是我国原有的产物，都是从国外引进而来，在元朝时，我国就已经有了葡萄和葡萄酒了，其中葡萄酒还是宫廷宴席上的珍贵饮品。那么，葡萄酒在民间的发展又如何呢？在元朝时，民间又是否流行喝葡萄酒呢？

    "葡萄"一词，源自中古波斯语 batak（葡萄酒）。在汉籍中，最早记载葡萄和葡萄酒的是司马迁的《史记》，上面提到"（大宛）左右以蒲陶（葡萄）为酒，富人藏酒至十万石，久者数十岁不败"。可见，早在汉朝时，我国就已经开始了葡萄的种植，并酿制葡萄酒。

    到元代时，对于蒙古贵族而言，葡萄酒是比较常见的饮品。成吉思汗建国后，中亚畏兀儿首领亦都护主动归附。当时畏兀儿人生活的哈剌和州（今新疆维吾尔自治区吐鲁番）和别失八里（今新疆维吾尔自治区吉木萨尔）地区盛产葡萄酒。蒙古西征时，征服了中亚的大片地区。随从西征的耶律楚材，在河中（阿姆河和锡尔河之间，今属乌兹别克斯坦）等地经常喝到葡萄酒，并留下诗句为证，如"花开杷榄芙渠淡，酒泛葡萄琥珀浓"；"葡萄架底葡萄酒，杷榄花前杷榄仁"；"寂寞河中府，连甍及万家。葡萄亲酿酒，杷榄看开花"；等等。在当时的宫廷中，便有来自中亚的葡萄酒，这种由葡萄酿造的酒非常受青年贵族们的欢迎。欧洲传教士鲁不鲁乞在游历中国时，也曾在蒙哥汗的宫廷中看到过葡萄酒。1246 年，葡萄牙人加宾尼受教皇英诺森四世的委托出使蒙古，他也曾在元定宗贵由的金帐里饮到过葡萄酒。南宋使臣前往大草原时，曾"又两次金帐中送葡萄酒，盛以玻璃瓶，一瓶可得十余小盏，其色如南方柿漆，味甚甜。闻多饮亦醉，但无缘多饮耳。回回国贡来"。使臣之所以对葡萄酒印象如此深刻，是因为当时江淮以南还没有葡萄酒出现。在元朝建立之前，中原地区几乎没有人接触过葡萄酒，直到忽必烈建立大都之后，随着宫廷对葡萄酒的需求量增大，民间种植葡萄的面积也开始增加，而葡萄酒也逐渐开始在民间流传起来。当时的葡萄酒也逐渐开始在民间公开出售。据《元典章》记载，大都地区"自戊午年至至元五年，每葡萄酒一十斤数勾抽分一斤"；"乃至六年、七年，定立课额，葡萄酒浆止是三十分取一"。因此我们可以看出，元初时北京就已经在大量生产葡萄酒了。

在当时，我国内地的葡萄种植相对有了很大的发展，种植范围也大大增加。在大都的皇家园囿、江苏的私家园林、镇江路、宣宁等地，都有葡萄种植，而且还有专门种植葡萄的专业户。在平阳、宣宁一带，种植葡萄已成为农业生产的一个重要方面，大面积种植便是为了给酿造葡萄酒提供原料。可见，当时社会对葡萄酒的需求量已经非常大了，这其中宫廷对葡萄酒的需求占了很大一部分。

当时元朝宫廷中的主要用酒就是葡萄酒与马奶酒。南宋小皇帝到大都时，忽必烈连续设宴款待，"第四排宴在广寒，葡萄酒酽色如丹"。上都大宴会，"诸王舞蹈千官贺，高捧蒲萄寿两宫"，"诸王驸马咸称寿，满酌葡萄饮玉钟"。就连皇帝在赏赐大臣们时，也经常用葡萄酒。例如至元十一年（1274年），塔出攻打宋朝有功，忽必烈便特"赐葡萄酒二壶"。左丞相史天泽在攻打宋朝的途中生病，忽必烈又"遣侍臣赐以葡萄酒"。

葡萄酒逐渐被世人所接受，并深入千家万户之中，成为人们设宴聚会、迎宾馈礼，以及日常品饮中不可或缺的饮品。许有壬《和明初蒲萄酒韵》诗云："汉家西域一朝开，万斛珠玑作酒材。真味不知辞曲蘖，历年无败冠尊罍。殊方尤物宜充赋，何处春江更泼醅。"程端礼《代诸生寿王岂岩》诗云："千觥酒馨葡萄绿，万朵灯敷菡萏红。"萨都拉《伤思曲哀燕将军》诗云："宫棉袍，毡帐高，将军夜酌凉葡萄。葡萄力重醉不醒，美人犹在珊瑚枕。"这些诗咏，都生动地描绘了元朝人崇尚葡萄酒的历史景象。

元　钱选　扶醉图卷

《扶醉图》的主人公为陶渊明，可见元朝人对隐士的推崇，同时元朝人尚饮，对酒文化很热衷。

元朝的"收继婚制"

在我国的一些少数民族中，常常会有"父死妻母，兄死妻嫂"的事情发生，很多人听了会觉得不可思议。其实，早在封建社会时，就曾有过很多这样的事例，特别是在元朝时，蒙古人更是习以为常。

在《元史·乌古孙良桢传》中，记载着这样一句话："父死则妻其母，兄弟死则收其妻。"即父亲去世后，儿子可以娶自己的母亲为妻（生身母亲除外），哥哥或者弟弟死后，自己也可以娶他们的遗孀为妻。曾出使蒙古的欧洲传教士约翰·普兰诺·加宾尼在他的《出使蒙古记》中也说："在他们的父亲去世以后，可以同父亲的妻子结婚，弟弟也可以在哥哥去世以后同他的妻子结婚，或者另一个较年轻的亲戚也可以娶她。"这并非天方夜谭，而是有充足的依据的。

成吉思汗有个叫木哥哈敦的宠妃，成吉思汗死后，其次子察合台想要娶她，就写信给弟弟窝阔台，结果窝阔台捷足先登，娶走了木哥哈敦。他在给察合台的回信中说道："她已经是我的人了，如果信早一些来，我就把她送去了。"拖雷是成吉思汗的小儿子，也是窝阔台的弟弟，拖雷死后，窝阔台曾打算把拖雷的遗孀唆鲁禾帖尼指配给自己的儿子贵由，但唆鲁禾帖尼借口要抚养孩子，而"贵由汗未曾坚持（娶她），所以她就以这种客气的借口拒绝了这个建议"。除此之外，在蒙古人中，这种"父死妻母""兄死妻嫂"的例子还有很多，这就是蒙古人的收继婚制。

在今天看来，这种收继婚的行为很不可思议，但在当时的蒙古人看来却是习以为常。其实，不仅蒙古人有这种传统，中华人民共和国成立前，我国的一些少数民族也都有这种风俗。中国史籍中载有"收继婚"，又称"转房"。匈奴、乌孙、乌桓、鲜卑、突厥、西羌、契丹等古代民族中普遍存在这种婚俗。《史记·匈奴列传》就有"父死，妻其后母；兄弟死，皆取其妻妻之"的记载。

收继婚制其实是中国旧时婚俗的一种。产生这种收继婚制的原因有很多，首先，进行收继婚的男女双方本来就认识甚至可以说彼此之间很熟悉，结婚后不会发生因为婚前缺乏了解而无法一起生活的事情；其次，出于经济考虑，收继婚制对贫困人家来说是个不错的选择。贫困人家娶寡嫂、弟媳等，既解决了照顾她们的问题，也省了聘礼。如果寡妇是财产继承者，收继婚制还可以防止家族财富的外流。

除了元朝之外，我国历史上还有很多这种"收继婚"的事例。据《左传》记载，春秋时期的秦、齐、楚、晋、郑、卫等国都曾有收继婚现象，面对这种习俗，即使是和亲的公主也不能幸免，例如汉朝时的王昭君嫁给匈奴呼韩邪单于，呼韩邪死后，按匈奴婚俗她须转嫁给庶子为妻。当时汉朝法律是禁止这种收继婚制的，但是对匈奴的风俗却无能为力，最终"昭君上书求归成帝勒令从胡俗"，昭君也只能入乡随俗了。

在先秦时期，这种收继婚制也曾遭到人们的指责，后来各朝都因此专门立法禁止收继婚制，然而，即使有法律的约束，终因统治者自己都不能主动遵守而无法生效。隋文帝病死当天，他的儿子隋炀帝便将其庶母——姿貌无双的宣华夫人收继了；唐太宗曾收继弟弟李元吉的妃子杨氏；唐高宗收继了唐太宗的才人武则天……直到宋以后，汉族地区收继婚的现象才逐渐消失，但在一些少数民族中却依旧盛行。

但是，在接触到汉族地区的法律以后，蒙古人的收继婚制也受到了一些影响。例如，虽然蒙古人内部的收继婚多为合法，但女方有守节不嫁的选择。又因为汉人强烈反对收继婚，因此朝廷出台了限制政策。例如元文宗至顺元年（1330年）下敕："诸人非其本俗，敢有弟收其嫂、子收庶母者，坐罪。"这"诸人"，指的是汉人、南人。《元史》卷一〇三《刑法志》二《户婚》："诸汉人、南人，父没子收其庶母，兄没弟收其嫂者，禁之。"另一方面，蒙古人受到汉族婚姻礼俗的影响，也有不再顺应收继婚制这种风俗的。例如蒙古弘吉剌氏的脱脱尼，在26岁时丈夫哈剌不花死了，哈剌不花前妻有两个儿子都已经成年，但未娶妻，都想收继她。"脱脱尼以死自誓"，"二子惭惧谢罪，仍析业而居"。对这样的事，元代官方也不再予以干涉。

蒙古人的丧葬习俗

　　几乎每个封建王朝的皇帝死后都有陵墓，唯独元朝皇帝没有留下一座陵墓，这是一个千古历史之谜。由这个谜团，我们不禁会想到，这是不是与蒙古人的丧葬习俗有关呢？那么，蒙古人又有着怎样的丧葬习俗呢？

　　蒙古人的丧葬习俗随时代的不同而不断变化，但是无论怎样变化，其最大的特点就是秘密安葬，且不留痕迹。因此，即使成吉思汗这样显赫的帝王或者元朝历代皇帝，也都没有留下豪华的陵墓和陵园建筑，使得"成吉思汗陵究竟在何处"成为一个千古之谜。

　　按照蒙古人的习俗，元朝天子无论死于何地，都要运往漠北起辇谷安葬，葬处是成吉思汗生前指定的。元代诸帝除宪宗蒙哥葬地不详外，其余皆葬起辇谷，但是起辇谷的具体位置到底是哪里，始终都是个谜。

　　蒙古贵族所葬之处不为人知，那么普通人的丧葬又是怎样的呢？

　　元朝的蒙古人也流行殉葬，比较多的殉葬方式是用财物或者小动物殉葬，少数有权有势者则会用人殉葬。不过从发掘出来的元代古墓群里的陪葬物品可以看出，元朝已经有了用石人代替活人殉葬的方式。

　　在多伦砧子山、一棵树元代古墓群、正蓝旗羊群庙元代祭祀遗址及墓葬出土的殉葬品中，就发现有用来殉葬的石人。在元上都遗址文物陈列馆院内，有三尊汉白玉石人雕像，它们便是元代墓前的殉葬品。石像雕刻栩栩如生，每个"人"都身穿绸缎袍服，脚蹬蒙古靴，腰带上还系有蒙古刀、打火石等物品，甚至连手上戴的镶宝石戒指都能看出来，可惜的是，这些石人都没有了头，估计是因为某种原因被外力所毁。在蒙古国乌兰巴托的国家历史博物馆内，也陈列着一尊汉白玉石人的雕像，从石料和造型上看，与元上都陈列的三尊几乎一模一样，这尊石人脑袋完好，有着典型的蒙古人脸型，头戴圆形盔式帽，帽子的后面露出发辫，看上去像个官员。

一般来说，蒙古人采用最多的还是土葬的方式，死者被秘密埋葬于某一个地方，不为人所知。而且蒙古人都有葬在故土的习俗，如果不是非常特殊的情况，蒙古人不管死在何处，尸首都要运回故地埋葬。南宋人徐霆就曾见过这种情况："其从军而死也，驼其尸以归……霆见其死于军中者，若奴婢能自驼其主尸首以归，则止给以畜产。他人致之，则全有其妻奴畜产。"但是，在战争中，有些战死者的尸首难免有无法及时运回的情况，这时，战死者和他所有的财产都会一并被就地埋葬。

蒙古人在下葬时，也会陪葬很多东西，据西方传教士加宾尼所见，葬时要埋入很多日用品，以便死者在另一个世界里也能享用。死者被埋葬后，人们在墓前烧马进行祭祀，并且连同死者生前所用的车、帐一并毁掉。

另外，蒙古人也实行火葬和天葬。火葬主要是在蒙古人接受藏传佛教以后逐渐开始实行的，应该说是受了佛教的影响。火葬的程序通常是：请来喇嘛诵经超度亡灵，脱去死者生前穿的衣服，清洗尸身，用白布包裹尸体，放于坐棺中。然后将棺材抬到一处喇嘛事先选好的地方，将死者与棺木一起烧掉，燃烧过后的骨灰有的放于小木匣中并埋葬，有的被撒于山上或者河中。

说到蒙古族的天葬，与藏族的有所不同。蒙古人的天葬方式有两种：一种是用白布缠裹尸身，再把尸体放在车上，由马、骆驼拉着，无人驾驭，然后用鞭抽打牲畜，促使其狂颠乱跳。过了两天后，人们才会沿着车辙去找寻尸体。如果发现尸体已经被野物吃掉，就认为死者是上了天堂。否则就认为死者罪孽深重，无法升天，要请喇嘛来念经超度亡魂。另一种天葬也是用马或者骆驼拉的车子拖着尸体，但有人驾驭，一路颠簸后，尸体落在地上，这时候驾驭车子的人会马上用土块、石头把尸体围起来，然后回家。过两天再去看，如果尸骨被吃，就会将剩下的骨头和遗物统统埋葬于此地。

无论是火葬还是天葬，大多数最后仍是和土葬结合在一起进行的。在后来的发展中，蒙古人的丧葬方式也开始受到汉人的影响，不断发生变化。

藏在古画里的大元史

元朝作为中国历史上的一个重要朝代，不仅在中华文化史上发挥了承前启后的作用，而且在诸多领域出现了新的飞跃，推进了中国多元一体文化的发展进程，开创了中国各民族文化全面交流融合的新局面，对中华文化的繁荣和发展做出了重要的贡献。这不仅表现在科学技术上面，更表现在文学艺术领域内。中国戏剧无论是创作质量还是思想内容，在元朝都臻至巅峰状态。底层人民喜闻乐见的"通俗文学"，火山爆发一样涌现在这个年代。即使是元朝人最不"擅长"的诗歌形式，百年之间，也出现了四千多位诗人，存诗十三万首之多。相较之下，元诗从质到量丝毫不见逊色。本章将从时代的更迭中，探寻那些文学史上失踪的诗人背影……

第六章

文化纵览：千门万户竞风流

元朝使用的文字

传说汉字是由黄帝时代的史官仓颉发明的，经过几百上千年的发展与演变，便有了我们今天使用的文字。在元朝还未建立之前，蒙古人几乎都不识汉字，而他们自己的文字也才刚刚被创造出来，后来经过一系列的发展与创新，最终演变为元朝的"国字"。那么，元朝的文字到底是怎么产生、发展与演变的呢？

元代是中国历史上比较特殊的一个朝代，因为统治者是蒙古人，而在成吉思汗之前，蒙古人没有自己的文字——蒙古畏兀字。直到成吉思汗统一蒙古后，他们才开始有了属于自己的文字。忽必烈建立元朝后，在此基础上又开发出了一种新的文字——八思巴字，之后，八思巴字一直是元朝的"国字"。

忽必烈建立元朝后，并没有按照汉人的传统学习和普及汉字，而是依旧沿用自己的文字——蒙古畏兀字，后来又在这种字体的基础上进行创新，发明了元朝特有的八思巴字。所以，元朝曾先后使用过两种蒙古文字，一种是蒙古畏兀字，另一种是八思巴字。这两种文字在发展民族文化、保存元朝的历史等方面起到了非常重要的作用。

我们先来说一下蒙古畏兀字的产生和发展。这种文字是在成吉思汗统一蒙古后才创制出来的。蒙古人本来是没有文字的，据史料记载，他们"习用刻木记事"。1204年，成吉思汗征讨乃蛮时，乃蛮掌印官回鹘人塔塔统阿虽然被捕，却依然守着国家的印信。成吉思汗非常赏识他忠于自己国家的行为，于是命令他掌管蒙古国的文书印信，又命令他教授太子、诸王畏兀字以书写蒙古语，这种蒙古语，现在的学界又称之为回鹘式蒙古文。畏兀字是一种拼音文字，创始于8世纪。它的书写方式与传统的汉字书写有区别，为横向书写，早先为自右向左横写，后改为自左向右竖写，蒙古畏兀字以畏兀字母拼写蒙古语言，亦自

清 佚名 仓颉像

选自《历代帝王圣贤名臣大儒遗像》。仓颉造字是中国古代神话传说，相传，人们结绳和刻木记事，后来根据生产生活的需要，仓颉「始作书契，以代结绳」，被后人尊为「造字圣人」。这是中国古代文字由来的传说。

左向右竖写。这种文字共有字母 20 个左右，在不同的时期还有所增减。

到 1206 年，成吉思汗建立蒙古帝国后，这种文字开始逐渐在蒙古族中使用。蒙古统治者用这种文字来书写诏令文书，并将《孝经》翻译成畏兀文字。现存蒙古畏兀字文献中，最早发现的是苏联列宁格勒（今俄罗斯圣彼得堡）所存 1225 年移相哥刻石（或称成吉思汗石）文字五行。我国所藏 1240 年紫微宫碑蒙古畏兀字三行（《元代白话碑集录》），也属于较早的畏兀字。元朝建立后，很多石碑上的字体都是畏兀字，现在在我国各地多有发现。在北京故宫图书馆内，就藏有元代刊刻的蒙古畏兀字与汉字对译的《孝经》。畏兀字的发明和使用，为今天的我们研究蒙古历史提供了珍贵的证据。但是，忽必烈消灭南宋后，随着疆域的扩大，各族人民之间的文字与语言交流就显得尤为迫切，而畏兀字只有少数人能够辨识，不适合作为主体文字。元世祖忽必烈便命国师八思巴另外创造出了一种文字——八思巴字，这种文字颁行后，成为元朝官方指定文字，继续使用畏兀字的只有民间一小部分人。

至元六年（1269 年），八思巴字正式颁行，称为蒙古新字，第二年又改称蒙古国字，八思巴创造的蒙古字由此成为官方指定的文字。其实，这种文字

"福寿"八思巴文铜印

元代铜器。台北故宫博物院藏。铸阳文八思巴字，翻译为"福寿"二字。八思巴字体，是忽必烈时期的国师八思巴在吐蕃字的基础上改造的，被称为"蒙古新字"。在元代作为官方字用途很广，直至元朝灭亡之后逐渐弃用。

也算不上为八思巴所创，确切地说，八思巴只是依据藏文字母进行了一番改制。藏文字母来源于梵文字母，为横向拼写。八思巴将其改为自上而下直写，自右向左行，在写法上借鉴了当时的汉字书写方式。八思巴字一共有四十多个字母，既可以用来拼写蒙古语，也可拼写汉语。只不过拼写蒙古语和汉语时，每个字母代表的音值不同。这是中国文字史上的一次创造性的尝试，八思巴在设计的时候，同时兼顾几个民族的语言，因此在表示音值和构制字体时难免存在一些缺陷。采用汉字方体字形拼写蒙古语，以一个方体字拼写一个音缀，致使语词割裂，不易识别，因此反而不如蒙古畏兀字以词为单位构字，便于读写。

八思巴字在元朝时得到广泛普及，但元朝之后，这种文字便几乎失去了它的作用，汉字又夺回了属于它的主流文字的地位。所以，如今我们只能在历史文献中寻找八思巴字的踪迹。现存的八思巴字文献，主要保留在我国各地的碑石和历代收藏的拓本中，以及官印、钱钞等物品上。而蒙古畏兀字经过改革则一直沿用至今。

涮羊肉是忽必烈发明的吗

涮羊肉是北方地区的冬季时令美食，就是将羊肉切成薄片，放进沸腾的水中里烫一下即取出，蘸上作料吃。现今很多人都喜欢吃涮羊肉，试想一下：屋外北风呼啸，大雪纷飞，室内却热气腾腾，一群人围坐在火锅周围吃涮羊肉，岂不痛快？在今天，涮羊肉是一道非常流行的美食，那么在元代呢？他们也吃涮羊肉吗？

美味的涮羊肉是我们冬天必不可少的一道佳肴，《旧都百话》云："羊肉锅子，为岁寒时最普通之美味，须与羊肉馆食之。此等吃法，乃北方游牧遗风加以研究进化，而成为特别风味。"早在18世纪，康熙、乾隆两位皇帝所举办的几次规模宏大的千叟宴中，就有涮羊肉。由于这种吃法比较少见，后来又流传到民间，还出现了专营涮羊肉的清真馆。这样看来，涮羊肉似乎是起源于清朝，其实并非如此，关于涮羊肉的发明，民间传说与忽必烈有关。

传说当年元世祖忽必烈统帅大军南下远征。一天，因为旅途劳顿，饥肠辘辘的忽必烈想吃清炖羊肉，便吩咐属下去做。然而，正当伙夫宰羊割肉时，忽必烈接到了敌军逼近的消息。此时，饥饿难耐的忽必烈一心等着吃羊肉，他一面下令部队准备应战，一面大喊："羊肉！羊肉！"伙夫知道他性情暴躁，但是羊肉炖好还需要很长时间。伙夫急中生智，生火烧起一小锅水，水很快便开了，他又飞快地切下十多片薄羊肉，放在沸水里搅拌几下，待羊肉一熟，立马捞入碗中，撒上细盐，端给忽必烈。就这样，忽必烈边吃，伙夫边煮，忽必烈连吃了三大碗，这才翻身上马率军迎敌，最后打了一个大胜仗。

庆功宴席上，忽必烈特别点名要那道羊肉片。这次时间比较充足，伙夫便选了绵羊嫩肉，切成薄片，放在沸水中煮过之后，再配上各种作料，将士们都说好吃。有将士问这道菜叫什么名字，忽必烈想了想说："此菜尚无名称，我们不如就叫它'涮羊肉'吧！"从此涮羊肉成了蒙古人的美味佳肴。

后来，涮羊肉一直都是宫廷菜，只有贵族们才有资格享用，他们在吃涮羊肉的时候讲究慢，一片一片涮着吃，如果把一大盘肉倒入锅中煮，是很被鄙视的吃法。

不过，也有人考证出涮羊肉的真正发明者是拔都，即术赤的二儿子。

西部汗国成立之后，拔都接过了术赤的权力接力棒，指挥蒙古铁骑继续向欧洲进发。蒙古将士们都非常强悍，但是长年征战，他们吃粮食根本就不扛饿，需要大量吃肉。最开始，他们习惯将羊肉切成大块炖着吃，但是炖着吃太费时间，拔都就要求蒙古兵把肉切薄了煮，然后蘸盐吃，这种吃法很节省时间，适合行军打仗。涮羊肉的铜锅，把锅子盖上的时候，看着像是一个完整的蒙古包，而锅子盖拿掉，看着像是蒙古骑兵的军盔。现在蒙古族姑娘的帽子，都是锅子的形状。

马可·波罗在他的游记里提到，他在元大都皇宫里吃到了蒙古火锅，所以英文、法文对涮羊肉的翻译就是 Mongolia；而日本和韩国朋友则把涮羊肉直接说成"吃忽必烈"或"吃成吉思汗"。

可见，涮羊肉这种独特的吃羊肉的方式在元朝就已经存在了。但是，涮羊肉真的是忽必烈或者拔都发明的吗？这些都只是传说而已。其实，在更早之前，契丹人就已经开始吃这种羊肉火锅了。

从考古资料看，内蒙古自治区赤峰市敖汉旗出土的辽国早期壁画中，就描述了一千一百年前契丹人吃涮羊肉的情景：三个契丹人围着火锅而坐，有的正用筷子在锅中涮羊肉，火锅前的方桌上有盛着羊肉的铁桶和盛着配料的盘子。这是目前我们所发现的描绘涮羊肉的最早的资料。

比辽国壁画时间稍晚一些的，则是南宋人林洪在所著《山家清供》中所描

▶元 佚名 三羊开泰图

纵176.1厘米，横117.3厘米。"三羊"谐音"三阳"，表达迎春送冬，新年伊始的祝愿。冬日雪景，一个穿棉袄的牧童，在梅花树下，一手持鞭，一手持花枝，仿佛在与身旁的三只羊交流着什么。画中人物传神，对羊造型的刻画十分细腻。

写的关于吃涮羊肉的场景。他本人比较推崇的是涮兔肉，对用这种方式做出的兔肉非常赞赏，不仅详细记载了兔肉的涮法、调料的种类，还在诗中描写了涮兔肉时的情景："浪涌晴江雪，风翻晚照霞。"描写兔肉片在热汤中的色泽如晚霞一般，因此，林洪还将涮兔肉命名为"拨霞供"。他在讲完涮兔肉后又说"猪、羊皆可"，可见，当时民间便已经有了涮羊肉这种吃法，而林洪的这些文字便成为有关涮羊肉的最早文字记载了。按照林洪的记载，当时是把肉切成薄片后，先用酒、酱、辣椒浸泡，使肉入味，然后才在沸水中烫熟，这与今天的吃法又有一些出入。

所以，在元朝之前，涮羊肉的吃法就已经存在了，而蒙古人对羊肉的嗜好和行军打仗时的紧迫使得他们将这种吃法推广开来。

蒙古民族祖先的美丽传说

　　成吉思汗时代的蒙古民族是一个强大的民族，他们不断地征战，不仅消灭了金和南宋，他们的铁蹄还踏上了欧洲大陆，甚至横扫欧洲，大大扩展了中国的土地。所以，即使是用"狼"来形容他们，也一点都不过分，而在蒙古民族中，也流传着关于他们的祖先是狼的传说。

　　在《元朝秘史》和《史集》中，都记载了关于蒙古人祖先的传说，其中有一则记载蒙古人的祖先是苍狼和白鹿。

　　在成吉思汗诞生的两千年前，蒙古部落与突厥部落发生冲突，后来蒙古部落被突厥人消灭，幸存下来的仅有两男两女，他们躲过了突厥人的追杀，逃到一座名叫额尔古涅昆的山中，在山中生活并繁衍子孙后代。许多年后，这两男两女的后代已经发展成了许多分支，狭小的山谷都要容纳不下他们了，因此他们只好移居草原。在这些分支中，有一个部落的首领，名叫勃儿帖赤那（意为苍狼），他的妻子名叫豁埃马阑勒（意为白鹿），他们两人率领本部落的人迁到斡难河源头不儿罕山居住，发展到后来便是现在的蒙古人了。这个关于苍狼与白鹿的神话传说，反映了蒙古先民的一种图腾观念。

　　今天，我们依旧可以从北方民族史、蒙古历史等典籍的有关记载中，从蒙古萨满的神祇观念表现中，推断蒙古先民确实存在过对狼图腾和鹿图腾的崇拜。狼图腾崇拜其实几乎为生息在北方草原上的所有先民所共有，不仅匈奴人和突厥人存在狼图腾崇拜，回鹘人也有属于自己的关于狼神的传说。在蛮荒的北方草原上，人们对狼这种凶猛而又充满灵性的动物充满了敬畏，并把它们视作自己的亲属和同类，从而产生了对狼图腾的崇拜。

　　与狼的凶猛相反的是，鹿是一种柔顺而善于奔跑的美丽动物，蒙古萨满认为鹿能显灵，可以驱魔镇邪。在巴尔虎、察哈尔、科尔沁等地区，萨满巫师们所戴的帽子便是把铁皮制成鹿角形状加以装饰，在他们所用的青铜镜和法鼓上，也都刻画着鹿的形象，这说明蒙古族的先民曾以鹿为图腾神灵。

关于蒙古族的祖先，还有另外一种传说：当年成吉思汗的远祖孛端察儿的母亲阿阑豁阿在其丈夫朵奔蔑儿干逝世后，每天夜里，从蒙古包的天窗上都会射入一束光线，照在她身上，就这样她又先后生下了三个孩子，而末子孛端察儿便是成吉思汗的祖先。由于在父亲死后，母亲又生了三个儿子，于是原来的两个儿子便在母亲背后窃窃私语："我们的母亲，在既没有父亲的兄弟，又没有表兄弟的情况下又生了三个孩子。现在家里的男人就只有马阿里黑巴牙儿惕，这三个儿子一定是他的。"阿阑豁阿无意中听到他们的议论，心里很难过。在一个春光明媚的中午，她把五个孩子叫来，让他们围着自己坐着，并给他们一人一支箭，看看谁能最先折断。五兄弟稍微一用力，手中的箭便断为两截。就在他们正准备为谁最先折断箭而争论时，他们的母亲又将五支箭捆到一起让他们折断，这时，任他们五个人怎么用力，弓箭捆都没弯曲一下，更谈不上折断了。于是阿阑豁阿对他们说："我后来的三个儿子是神的儿子，他们的出生与众不同。所以你们不要将他们当作普通的人来随意议论。将来他们可是会成为万人之王的！所以你们一定要好好团结，将来才能有福同享，知道吗？"与阿阑豁阿用捆起来的箭告诫孩子们必须团结的类似的故事，其实在其他民族也有流传，只不过捆在一起的箭的数目不同而已。

后来，三兄弟中的一个成了成吉思汗家族的祖先。有了这个故事的鼓舞，成吉思汗在他父亲去世以后，即使陷入一贫如洗的境地，贵族血统的骄傲也经常起着作用，鼓舞着他做常人无法做成的事情。成吉思汗年幼时期，曾因为自己钓的鱼被抢夺而与异母弟弟争吵，他的母亲诃额仑就引用这些远祖的故事，以显示自己的氏族是黄金氏族，同其他氏族的传统、素质不是一个档次。后来，成吉思汗确立了王权，这种传说便成了佳话，这听起来与西方人所说的"君权神授"有着异曲同工之妙，既然成吉思汗家族是天生的"黄金家族"，那么他当上可汗就成为"天命所授"，而他被称为"成吉思汗"也就是理所当然的事情了。

元曲中的"脚色"与"角色"

　　角色，是指演员扮演的剧中人物，这个词在我们的生活中出现和使用的频率较高，很多人都能理解和运用自如。但是对于"脚色"这个词，相信知道的人就不多了，在今天，我们几乎都没听说过这个词，更不会用到，那么，这个词是什么意思呢？它与"角色"又有什么关系呢？

　　"角色"一词的运用已经有很长一段历史了，元代盛行杂剧之时，就已有"旦角""丑角""小生"等各种"角色"。那么"脚色"呢？在元曲中，它所表达的意思是否和"角色"一样呢？

　　在宋代官场上，"脚色"是一个被广泛应用的词汇。比如在范仲淹的《与韩魏公》中："其子得殿侍左班……曾申脚色状，今上呈，如有指示安排处，乞留意。"这里所说的"脚色状"，就是我们今天的履历表。宋代人在进入仕途前，都必须提交个人脚色状。据宋代赵升《朝野类要》卷三记载："初入仕，必具乡贯户头、三代名衔、家口年齿、出身履历，若注授转官，则又加举主，有无过犯。崇观间即云：'不系元祐党籍'，绍兴间，即云：'不系蔡京、童贯、朱勔、王黼等亲属'，召保官结罪，庆元间人加即：'不是伪学'。"从中可以看出脚色状中所包含的主要是入仕者的主要履历信息以及政治立场。

　　最初，"脚色"与"角色"的意思是相同的，都是指履历，二者也可以互换。朱熹《答任行甫书》也说："休致文字，不知要录白缴申角色之类否？"这里的"角色"就与赵升《朝野类要》中的"脚色"含义相同，都是指履历。

　　"脚色"作为传统戏曲行当名称，最早是在元朝，出现在元代人夏庭芝撰写的《青楼集志》："杂居则有'旦末'……其余供观者，悉谓之'外脚'。"戏班在演出不同的剧本时，需要装扮不同的人物形象，按照不同的技艺，戏班

角色扮相图

楊宗保

太子

韓氏

会将这些演员进行形象分类，分为念、唱、做、打。脚色行当便是在对演员进行技艺分工的基础上确立的。如果一个戏班具备了"生、旦、净、末、丑、外、贴"七个脚色，便可以扮演各类舞台形象，也就是"角色"。

在这里，脚色与角色的意思就已经发生了变化，"脚色"指的是戏剧行当，是根据戏班演员的技艺工种进行区别的；而"角色"则是指代剧中的各类人物形象。例如著名的戏剧《张协状元》中，张协、贫女等人物是角色，而扮演他们的"生""旦"则是"脚色"，一个"脚色"可以扮演很多"角色"，反之则不能。

由此我们可知，尽管在宋代时二者曾相互通用，但是在元曲，乃至在整个戏曲行业中，"脚色"与"角色"是具有严格区分的。发展到后来，在戏曲中"脚色"也慢慢地写为"角色"，如在部分元曲以及清代的部分书籍中可以看到"角色"一词，如清代黄旛绰《梨园原》中有所谓"王大梁详论角色"等，但还不是很普及，"脚色"普遍写为"角色"是比较晚的事情，直到19世纪末，上海《申报》对戏曲的报道仍然用的是"脚色"一词，而1907年8月22日的《申报》出现了"李春来慎重角色"，此后，《申报》的报道采用的多为"角色"一词。

在如今，随着戏曲及后来的影视作品影响的日益扩大，"角色"一词又被引申到相关的各个领域中，如今的"角色"一词又包含着身份的意思了，如我们常说的"主角""配角"就是对演员在剧中身份的一种称呼。

"曲状元"是哪位剧作家

　　在中华文明灿烂的长卷中，唐诗、宋词和元曲是其中最为绚丽的华章，而元曲又以其鲜明的通俗化、口语化的特点和狂放爽朗、质朴自然的情致而深受人们的喜爱。在元朝，曾出现了一批才华横溢的元曲作家，如关汉卿、马致远、王实甫、王小军、白朴等，而在这批元曲作家中，有一人还被誉为"曲状元"，他是谁呢？又为何能得此荣誉呢？

　　元代出现了许多著名的戏曲大家，但是被称为曲状元的只有一人，他就是马致远。

　　马致远与关汉卿、郑光祖、白朴并称"元曲四大家"，是我国元代时著名的戏剧家、散曲家。他的年辈晚于关汉卿、白朴等人，但是却被称为"曲状元"，这是为什么呢？我们先来看看他在元曲上面的成就。

　　马致远年轻时热衷于追求功名，有"佐国心，拿云手"的凌云壮志，可惜一直都没能实现，在经过了"二十年漂泊生涯"之后，他看透人生，于是生出退隐林泉的念头，晚年过着"林间友""世外客"的闲适生活。马致远在早年即参加了杂剧创作，是"贞元书会"的主要成员，与文士王伯成、李时中，艺人花李郎、红字李二都有交往。马致远从事杂剧创作的时间很长，首先在作品数量上就胜过其他很多的元曲作家。

　　马致远著的杂剧有15种，存世的有《江州司马青衫泪》《破幽梦孤雁汉宫秋》《吕洞宾三醉岳阳楼》《半夜雷轰荐福碑》《马丹阳三度任风子》《开坛阐教黄粱梦》《西华山陈抟高卧》七种。他的散曲作品也颇负盛名，现存辑本《东篱乐府》一卷，收入他的小令104首，套数17套。

　　在马致远所有的杂剧中，《汉宫秋》是他早期的作品，也是他最著名的一个杂剧剧目。剧情描写的是：汉元帝让毛延寿到民间选美，将姿色出众者带回宫中，并命毛延寿为她们一一画像。王昭君虽然美貌异常，却因不肯贿赂毛延寿，结果毛延寿在给她画像时，故意将她画得比较丑，汉元帝看了王昭君的画像后，便将她打入冷宫。后来，一次偶然的机会，汉元帝于深夜听到昭君弹琵琶，方才得见其美色，并喜欢上了她，将其封为明妃，并准备将犯有欺君之罪的毛延寿斩首。不料毛延寿得知消息后，逃至匈奴，将昭君的画像献给呼韩邪单于，并唆使他向汉王索要昭君为妻。汉元帝虽然舍不得昭君，但当时满朝文武，竟没有一个人能抵挡匈奴大军的入侵，昭君为了让国家免除刀兵之灾，自愿前往，元帝忍痛送行。单于得到昭君后大喜，但昭君舍不得离开故国，在随单于到达黑龙江时投水而死。单于见昭君已死，为避免汉朝寻事，便将毛延寿送还汉朝处治。汉元帝因日夜思念昭君，夜梦昭君而惊醒，又听到孤雁哀鸣，伤痛不已，便将毛延寿斩首祭奠昭君。

在《汉宫秋》中，马致远特别创造了王昭君殉难的情节。由于王昭君的慷慨赴死，既保全了民族气节和对元帝的忠贞，又不至于触犯匈奴人，可谓一举两得，而且最终汉朝还争取到了处置"汉奸"毛延寿的权利。在这里，马致远将王昭君的慷慨赴死与汉元帝的屈辱求和形成了鲜明的对比。全剧用王昭君面对死亡时所表现出来的勇气和担当，来反衬统治者的怯懦与无耻。最主要的是，表面上看，马致远是在讽刺汉元帝，其实他所讽刺的是以元帝为代表的整个封建王朝。

除了杂剧之外，马致远在散曲上的成就也很高，其中，最具代表性的就是他的那首脍炙人口的《天净沙·秋思》：

枯藤老树昏鸦，小桥流水人家，古道西风瘦马。
夕阳西下，断肠人在天涯。

短短二十八个字，却勾勒出一幅秋野夕照图，特别是前三句，马致远连用九个名词勾绘出九组剪影，交相辉映，创造出苍凉萧瑟的意境，映衬出羁旅天涯茫然无依的孤独与彷徨。全曲景中含情，情自景生，情景交融，隽永含蓄。是千古传颂、脍炙人口的名篇。因此，马致远的同时代人周德清赞誉它为"秋思之祖"。王国维在《人间词话》中说它"寥寥数语，深得唐人绝句妙境"。他的《双调夜行船秋思》是一首套曲，被誉为"万中无一"。

对于马致远的曲子，历史上的学者们向来评价颇高。周德清的《中原音韵》作词十法"定格"说："此词乃东篱马致远先生所作也。此方是乐府，不重韵，无衬字，韵险语俊。谚云百中无一，余曰万中无一。看他用'蝶''穴''杰''别''竭''绝'字，是入声作平声；'阙''说''铁''雪''拙''缺''贴''歇''彻''血''节'字，是入声作上声；'灭''月''叶'是入声作去声：无一字不妥。后辈学去！"明代王世贞《曲藻》云："马致远'百岁光阴'，放逸宏丽，而不离本色，押韵尤妙。长句如'红尘不向门前惹，绿树偏宜屋角遮，青山正补墙头缺'，又如'和露摘黄花，带霜烹紫蟹，煮酒烧红叶'，俱入妙境。小语如'上床与鞋履相别'，大是名言。结尤疏俊可咏。元人称为第一，真不虚也。"

吴梅的《中国戏曲概论》也说道："马致远小令，以'天净沙'为最，明人辄喜摹此词，而终无佳者，于此见元人力厚。其套曲以'秋思'为最。'天净沙'小令，纯是天籁，仿佛唐人绝句；秋思一套，则直似长歌矣，且通篇无重韵，尤较作诗为难。周德清评为元词之冠，洵定论也。"这大概是对马致远所作的曲子的最全面的评价了。

因此，在元代时，马致远就已经蜚声域内，贾仲明在为马致远写的挽词中称颂他"战文场曲状元，姓名香贯满梨园"，从那以后，人们便习惯称他为"曲状元"。

江州司马青衫泪

选自《元明清戏曲故事集（古本插图）》。即《青衫泪》，马致远杂剧。白居易与名妓裴兴奴相爱。白居易被贬为江州司马，两人约定绝不离弃。茶商刘一郎见色起意，和老鸨共同伪造了白居易的绝笔信，逼迫裴兴奴嫁给茶商。一天夜里，白居易与裴兴奴偶然于游船上相见。裴兴奴与白居易始知被骗原委，白居易作《琵琶行》。裴兴奴趁机与白居易同走。皇帝闻白、裴二人之事后，将刘一郎与老鸨治罪，令白、裴二人团聚。

225

元曲的"蛤蜊味"与"蒜酪味"

味道通常都是用来形容食物的，但在我国的文学史上，也曾有人用它来形容文风，如南北朝人钟嵘的"滋味说"，唐人司空图的"酸咸说"，宋人欧阳修的"橄榄说"，等等。后来，又有人用"蛤蜊味"和"蒜酪味"来形容元曲，那么，究竟什么才是元曲的"蛤蜊味"和"蒜酪味"呢？

在中国诗史上，元曲之所以能和唐诗宋词媲美，可以说与它自身的特色是分不开的。而元曲中的元杂剧本属俗文学的一支，后世文人往往用清丽、豪放、直露、老辣、蛤蜊味、蒜酪味等词来形容它。

清丽、豪放、直露、老辣这些词我们就不需要多作解释了，可是用"蛤蜊味"和"蒜酪味"来形容元曲，这到底是怎么回事呢？

蛤蜊是东南沿海百姓喜欢的海产品，它体积小，但是味道清纯，因此便被用来比喻元曲和元杂剧的天然轻灵、不造作、不呆板的风格。元代著名的曲论家钟嗣成为缅怀那些已经故去且生前郁郁不得志的才华横溢的艺术家们，在自己所著的《录鬼簿序》中为他们作传，面对正统人士们对元杂剧的偏见，钟嗣成认为"吾党且啖蛤蜊，别与知味者道"。元人王举之的散曲《折桂令·赠胡存善》对这种风格也有很好的概括："问蛤蜊风致何如？秀出乾坤，功在诗书，云叶轻盈，灵华纤腻，人物清癯。采燕赵天然丽语，拾姚卢肘后明珠。"在元杂剧中，蛤蜊味即是指具有浓郁的平民风格，它有别于传统的雅文学，主要反映的是山野小民的欣赏趣味，"蛤蜊味"在散曲中表现得尤其明显。

"蒜酪味"的出处应该是明代人何良俊的《曲论》，其中评价高明的《琵琶行》时说，好的戏曲"须要有蒜酪味，而此曲全无"，正好像王公大人之席，驼峰、熊掌、肥腯等好的事物堆积，而缺少野菜、竹笋、葱蒜等，"所欠者，

风味耳"！此处说明了高明的《琵琶记》
语言重文饰、辞藻华丽的特点，同时也
说明了元曲的语言风味，语言的俚俗色
彩，是风格的豪泼诙谐与浓郁的民间风
味，它是市民阶层兴起的产物，是元人
自由生命力的张扬和世俗情感的释放。
这种自然健康、无拘无束的情感，突破
了以往雅文化"中正和平、温柔敦厚"
的特点，而展示出一种痛快淋漓、自然
酣畅的特点，细细品味正如"蒜酪味"。
这里的蒜酪味指的就是大蒜和乳酪。大
蒜是什么味道？辛辣刺鼻，而乳酪的味
道却是香甜浓醇的。这两种食物都是北
方人，特别是游牧民族经常食用的食品。
何良俊用"蒜酪味"来比喻元曲的文学
风格，来说明一种活泼辛辣但又真醇优
美的艺术风格。在元杂剧中，也确实有
不少这样风格的人物，如关汉卿《救风
尘》中的赵盼儿，性格泼辣，唱词也粗
野中带着对现实丑恶的辛辣讽刺，让人
觉得痛快、过瘾，一如辛辣的大蒜，这
种野性的表现，其实也就是中下层劳动
人民真实性情的体现，其质朴豪放的特
质容易引起广大劳动人民的共鸣。

　　元杂剧语言的蒜酪味的形成，得力
于剧中使用了大量的现成词组和通俗典
故。元杂剧大量的现成词组和句子，主
要有俗语、成语、前人成语和元杂剧习
用语几种类型。

赵盼儿风月救风尘

选自《元明清戏曲故事集（古本插
图）》，即《救风尘》，关汉卿所著
杂剧。

包待制三勘蝴蝶梦

选自《元明清戏曲故事集（古本插
图）》，即《蝴蝶梦》，关汉卿所著
杂剧。

俗语是一种杂言体的口语风格类型，即歇后语。在元杂剧中，歇后语常被大量运用。成语在元杂剧中也经常被运用。如《荐福碑》中的"只为他财富人散，闪的我天宽地窄，抵死待要屈脊低腰，又不会巧言令色"。《蝴蝶梦》中的"唬得我手忙脚乱，使不得胆大心粗。惊得我魂飞魄散，走得我力尽筋舒"，其中都有不少成语。这种四言骈体形式与活泼生动的俗语相结合，使元杂剧既有严谨整饬之美，又呈错落参差之态，给人活泼之感。而成语与俗语的相辅相成，又大大地增强了元杂剧语言的表现力和节奏感，显畅泼辣，无拘无束，其蒜酪味可见一斑。

元杂剧的语言风格尽力求俗、求熟，即使是不识字的乡村妇女也能听明白，因此这种蒜酪味的风格实际上是变僻为熟，变深为浅，起到了普及典故的作用，便于雅俗共赏。元杂剧的这种不避俗、不避熟，成就了它作为俗文学的最大魅力，而其中呈现出来的"蒜酪味"，也正是大众所喜爱的。

元曲的"蛤蜊味""蒜酪味"是语言的俚俗本色，有着浓郁的民间风味，有着自由而张扬的生命力，将世俗情感肆意释放。这种情感自然而又自由，生机勃勃，与雅文化的"中正平和""温柔敦厚"不同，元曲展示出的是一种痛快淋漓、泼辣酣畅，这也正是元曲作为俗文学的最大魅力。

道教歌曲为什么叫"道情"

　　道教是中国本土的一种宗教，从东汉末的张道陵算起距今已有一千八百余年的历史。关于道教，我们了解得最多的可能就是全真教的王重阳和全真七子中的丘处机，而这些信息还是从武侠剧中来的，但是武侠剧中的道士几乎没有会唱歌的。事实上，道教也有属于自己的歌曲，而这些歌曲统称为"道情"。

　　说到道情，其实是道士们布道、化缘时唱的一种歌曲，后来逐渐演变为民间说唱。道情起源于唐代道士在道观内所唱的"经韵"，在后来的发展过程中，又吸收和借鉴了曲子词、曲牌等曲艺体式特征，最终演变成了"道歌"，在民间传唱。通俗地讲，道情是一种说唱文学，是道士描写自己生活体验的，可说可唱，但以唱为主。有时候，还可用渔鼓和简板做伴奏，说唱的人数不限，可以是一人，也可以是多人。

　　在唐代时，就已经有道教歌曲在民间传唱，到南宋时，则已经有了道情表演的记载。周密的《武林旧事》卷七云："后苑小厮儿三十人，打息气唱道情。"但是道情真正盛行的时期是在元代，在元杂剧和元散曲中，都有许多有关道情曲的记载。这是因为，元代的戏曲发展到了鼎盛时期，而且由于丘处机的原因，全真教曾兴盛一时。在元代，元太祖成吉思汗和元世祖忽必烈对宣扬汉族统治的戏曲都是明令禁止的，但对神仙教化戏却少有干涉。所以元杂剧作家写神仙度化之戏，在元曲中占有很大分量，而在民间广为流行的道情也进入了一个新的发展时期，从刚开始的坐班清唱发展成为后来的广场演出，而且在原有的基础上，还增加了皮影，发展成为有人物、情节的对唱表演。道情是渔鼓的前身，元杂剧将"渔鼓"写成"愚鼓"，寓意要用鼓声警醒愚顽之意。元杂剧《竹叶舟》第四折，写道士列御寇执渔鼓、简板上台，声称要到长安市上，唱些道情

清 佚名 郑燮小像方士庶补景轴

图中人物为郑板桥，现在能听到的有郑板桥的道情十段（一般演唱仅收录五段）和徐大椿的回溪道情。

曲儿警醒世人，"唱些道情曲儿，也好惊醒世人咱"。在元代散曲中，也有很多比较常见的道情曲子，如"耍孩儿""西江月""步步娇"等。

道情音乐比较丰富多样，据传，原有七十二个套曲和一百来种曲调，但是现在只剩十三种套曲和九十六种曲调。道情的曲调是利用诸宫调的某些曲子互相连缀起来，组成有层次的大型唱段。每种套曲又分为"正、反、平、苦、抢、紧"六种不同的曲子，而唱腔没有定式，一般是根据需要临时组合的。例如："耍孩儿"的结构就包括"正耍孩儿""反耍孩儿""平耍孩儿""苦耍孩儿""抢耍孩儿""紧耍孩儿"六个曲子。这"正、反、平、苦、抢、紧"又各有不同内容："正"表示用正调演唱，一般曲调为"商"字调；"反"表示用反调演唱，一般曲调为"徵"字调；"平"表示一般正常的情绪；"苦"表示愁苦、凄凉的情绪，都是用正调来演唱；"抢"表示唱腔结构喜悦、轻快、有着"抢"一般的速度；"紧"表示唱腔结构紧凑。另外，道情还巧妙地借鉴了"晋剧"中的"介板""流水""滚白"以及昆曲唱腔，使自身更加完善。

道情的作者和货郎儿、莲花落的作者相似，大多数都是下层流浪艺人和游方道士，身份低微，但是创作的歌曲却是劳动人民生活的写照，贴近普通百姓的生活，曲调通俗质朴，属于俗文学的范畴。道情的风格洒脱豪放，这也反映了游方道士的生活逍遥放达，无拘无束。作为一种韵文文学体裁，道情的唱词和念白都很押韵，但是又不似货郎调和莲花落那般粗俗。

说到底，道情的实质就是一种说唱文学，到元朝时，已经逐渐开始向戏剧发展了，不再是简单的道教歌曲，而是一种表演的形式。因此，元代人芝庵在《论曲》中记载："三教所尚：道家唱情，僧家唱性，儒家唱理。"明人朱权所著的《太和正音谱》也解释说，因为道家唱的是飞天、游览太虚仙境，俯仰八方，恬淡无为，傲视古今，得道乐道的情感，所以称为"道情"。

可惜的是，虽然道情出现得早，但是流传下来的作品却不多，现在能听到的有郑板桥的道情十段（一般演唱仅收录五段）和徐大椿的回溪道情。由于自民国以来都没有留下可供学习的资料，因此道情这一曲种已经没落，几乎绝迹。

蒙古族诗人马祖常

　　说到诗词歌赋，似乎是汉人才具备的才能，蒙古人虽然能征善战，在文学方面的修为却远远不及汉人。不过，凡事都不能一概而论，不擅长文学的只是大部分蒙古人，并不是全部的，也有一小部分蒙古人在诗词方面的造诣并不输给汉人，例如礼部尚书马祖常就是一个很不错的诗人。他为文宏赡而精核，富丽而新奇，深为后人称道。

　　马祖常，字伯庸，汪古部人，官至礼部尚书，人称马伯庸尚书。高祖锡里吉思，金末为凤翔兵马判官，子孙因以马为姓，世代信奉基督教。马祖常出生于开封，故亦称浚仪（今河南开封）可温（也里可温）氏。马祖常的父亲马润官至漳州路同知，迁家光州（今河南潢川），习儒业，所以马祖常幼时即从理学家张须学习。延祐初，中乡贡，会试第一，廷试第二。授应奉翰林文字，拜监察御史。仁宗时，铁木迭儿为丞相，专权用事，马祖常率同列劾奏其十罪，因而累遭贬黜。自元英宗硕德八剌朝至顺帝朝，历任翰林直学士、礼部尚书、参议中书省事、江南行台中丞、御史中丞、枢密副使等职。

　　作为元朝高级官吏，马祖常常到元上都，并写有描述上都风光的诗词多首。他咏上都之作，风格独特，引人入胜，极具地方与民族特色。马祖常在鬓发斑白的年纪，身裹素袍，冒着滂沱大雨，来到桓州城下，看到当时滦河、桓州、李陵台的繁华景象，更加感叹自己奔波流离的一生，他写过一篇《车簇簇行》：

　　李陵台西车簇簇，行人夜向滦河宿。
　　滦河美酒斗十千，下马饮者不计钱。
　　青旗遥遥出华表，满堂醉客俱年少。

侑杯少女歌竹枝，衣上翠金光陆离。

细肋沙羊成体荐，共讶高门食三县。

白发从官珥笔行，毳袍冲雨桓州城。

  诗中描写的是离上都不远的桓州城边酒馆的情况，有美酒，有歌女，有整只"细肋沙羊"供食用。李陵台西边的驿道上车水马龙，行路人傍晚时都来到滦河边消夏。市面上酒店的美酒佳肴非常昂贵，但是骑着高头大马来的富贵客商不计较花钱多少。富家少年在酒馆里喝得烂醉如泥，坐在他们身旁陪酒、唱着竹枝词的歌妓，华丽的衣服上金银闪烁，筵席上有整只柔嫩味美的黄羊，醇香的菜肴令人惊叹不已。

  马尚书曾祖一辈，已经"从龙"，随忽必烈征南宋，后徙于光州（今河南潢川）居住。从元好问所说马家是"花门贵种"的指称来看，马祖常祖上可能是西域雍古特部（汪古）信奉基督教的世家。至于马祖常本人则在汉地长大，成为一名饱学硕儒。元仁宗恢复科举考试，马祖常一举成功，廷试第二名，并累官至御史中丞。对于自己的家世，马祖常并不讳言：昔我七世上，养马洮河西，六世徙天山，日日闻鼓鼙。金室狩河表，我祖先群黎，诗书百年泽，濡翼岂梁鹈。尝观汉建国，再世有日碑，后来兴唐臣，胤裔多羌氏。《春秋》圣人法，诸侯乱冠笄，夷礼即夷之，毫发各有稽。吾生赖陶化，孔阶力攀跻，敷文佐时运，灿灿应壁奎。而且，他对西北河湟地区一直怀有深刻的情感，常常写诗描绘其情其景："阴山铁骑角弓长，闲日原头射白狼。青海无波春雁下，草生碛里见牛羊。波斯老贾度流沙，夜听驼铃识路赊。采玉河边青石子，收来东国易桑麻。"

  马祖常也以充满情感的笔词，回忆北方朔漠辽阔的原野和壮美的景色："沙草山低叫白翎，松林春雨树青青。土房通火为长炕，毡屋疏凉启小棂。六月椒香驼贡乳，九秋雷隐菌收钉。谁知重见鳌峰客，飒飒临风鬓已星。门外春桥漾绿波，因寻红药过南坡。已知积水皆为海，不信疏星又隔河。酒市杯陈金错落，人家冠簇翠盘陀。薰风到面无蒸暑，去乌长云奈客何？万里云沙碣石西，高楼一望夕阳低。谷量牛马烟霞错，天险山河海岱齐。贡篚银貂金作藉，官窑磁盏玉为泥。未央殿下长生树，还许寻巢彩凤栖。"

元　佚名　寒原猎骑图

由于行宦多年，马祖常不仅仅钟情于北国风光，对于江南秀美风景他也多有称誉，著有《淮南田歌十首》《淮南溢歌十首》等描绘田园风物，尤其是他的《绝句十六首》，把旖旎的吴地风光与往来湖海的锦袍商人们尽收诗内。

奸相铁木迭儿势焰熏天，马祖常以七品监察御史的小官，不畏强权，毅然与同列上书《弹右丞相铁木迭儿》，尽疏其十一件大恶之事，峥峥风骨，可见一斑。为了让奸夫铁木迭儿省心，太后答己把马祖常调入管理宗教事务的"宣政院"任闲职，几十天后，马祖常便辞归乡里。后来，由于政局动荡，元仁宗病死，元英宗新继位，权相铁木迭儿滥杀无辜，马祖常便退居光州，做起了"陶渊明"，与现实的丑恶政治做消极抗争。在此期间，他写了诸如《田间》《田居二首》等田园诗，又写出《杨花宛转曲》这样的闲情诗。

后来，元英宗、拜住君臣求治，马祖常入朝为翰林待制，更张改弦，出了不少好主意。泰定帝即位后，马祖常奉命主修《英宗实录》，并主持过大都乡试，拜礼部尚书。元文宗继位，马祖常一直主持贡举，为国家取士多人，并成为奎章阁文士院的核心人物。

马祖常的诗歌中，有不少反映民生疾苦之作，如《古乐府》："天上云片谁剪裁？空中雨丝谁织来？蒺藜秋沙田鼠肥，贫家女妇寒无衣。女妇无衣何足道，征夫戍边更枯槁。朔雪埋山铁甲涩，头发离离短如草。"

刚刚进入元顺帝时代，马祖常就以二品官的身份退居乡里，拒受朝廷一系列新的任职，专心在家以耕读为事。至元四年（1338 年），马祖常病逝，时年六十。正如元人苏天爵所赞，马祖常"正色立朝，百僚震慑。小臣以廉，大臣以公……公于人才，惟只惟慎。荐扬硕学，裁抑后进……以厚伦纪，以安黎元"。观其一生所为，他是一位正统儒家思想教育下成长起来的蒙古族官员。

元曲是由宋词演变而来的吗

　　宋词是宋代文学的灵魂，元曲是元代文学的辉煌，两者虽然都脱胎于诗，但风格却大相径庭，词贵雅，曲尚俗；词贵含蓄，曲尚显露。二者各臻其妙，也不乏相似的地方，因此有人认为，元曲是从宋词发展而来的，事实真的是这样的吗？

　　提及中国的古典文学成就，人们首先就会说起唐诗、宋词和元曲。王国维在《宋元戏曲史·自序》中说："凡一代有一代之文学，楚之骚，汉之赋，六代之骈语，唐之诗，宋之词，元之曲，皆所谓一代之文学，而后世莫能继焉者也。"在中国的诗歌史上，元曲是最后的辉煌，因语言自然明快，反映生活图景生动活泼，对人物的刻画淋漓尽致，字里行间有着深厚的民间基础和市井气息，因此是元朝最为重要的一种文学形式。在唐诗、宋词、元曲三者之间，存在着千丝万缕的联系，有人称宋词为"诗余"，即说明宋词是在唐诗的基础上演变而来的。而元曲也曾被称为"词余"，如此看来，元曲似乎确实是由宋词演变而来的，事实真的如此吗？

　　元曲的产生不能说和宋词完全没有关系。从本质上说，诗、词与散曲之间有着极为相似的渊源：它们的发生和发展都和音乐有着密切的联系，诗、词、曲都是既可唱可咏，又要倚声填词，合辙押韵，在一首作品中要求同时有形、音、意三方面的表现。相对于诗而言，词与散曲又属于"民间物"，起于民歌一类，早就存在。但在后来的发展过程中，由于曲调和民族的差异，它们虽然同为"人民创造"，在后来发展的过程中又被"文人加工"，走了一条从俗到雅的路线。因此鲁迅先生曾说："词曲之始，也都文从字顺，并不艰难"，"文人取为己有，越做越难懂"。

　　在后来的发展过程中，宋词与元曲的风格相差越来越远。从现存的两万余首宋词和元曲中留存下来的小令三千八百余首和套数四百五十余套来看，宋词的风格较为多样化，如王安石的豪放、苏轼的清旷、陆游的愤激、姜夔的典雅、李清照的婉约、贺铸的艳丽等，在这些作品中，以高雅含蓄之作为主。散曲的风格虽然也不少，但都是以通俗畅达为主，在表达上淋漓痛快，有着较多的民间俗曲的一些特色。打个比方，同样是描写对征夫的思念，宋人贺铸的词《杵声齐》与元人姚燧的《越调·凭栏人》就有所不同。

杵声齐

砧面莹，杵声齐，捣就征衣泪墨题。
寄到玉关应万里，戍人犹在玉关西！

越调·凭栏人

欲寄君衣君不还，不寄君衣君又寒。
寄与不寄间，妾身千万难。

在《杵声齐》中，作者透过字句的表达，调动起读者丰富的联想，只有细心去体味，方能知道他所要表达的意思。而在《越调·凭栏人》中，作者将主人公的难处一点都不加遮掩地表达了出来，我们很容易就能看出主人公内心的矛盾：寄吧，怕影响归期；不寄吧，又担心征夫在外挨冻受寒。通过作者通俗、直率、活泼的语言，我们真切地感受到了一个女子激烈的思想斗争，语言真挚而有感染力。

通过对这两首作品的比较，我们会发现，元曲有着很强的开放性、很大的自由度和很强的表现力，并不同于唐诗宋词。说到底，元曲与宋词之间最大的区别，还是"雅"与"俗"，含蓄与通俗的区别，元曲完全颠覆了宋词的"雅"，创造出了"俗文化"。王国维说："元剧实于新文体中运用新言语"，"古代文学之形容事物也，率用古语，其用俗语者绝无。又所用之字数亦不甚多。独元曲以许用衬字故，辄以许多俗语，或以自然之声音形容之。此自古文学上所未有也。"虽然王国维所说的是剧曲，但散曲也不例外。

元曲确实吸收和借鉴了宋词的一部分，其中包括了很多宋词词调和词章。但是，元曲虽然有时候采用了宋词词调，风格却与宋词大相径庭。元曲风格通俗易懂，内容诙谐，多用口语，不避俚俗，另外在元曲中，还常常加入一些衬字、不拘平仄、加密韵脚，以及改变音乐旋律等。所以，元曲中虽有许多与宋人词调同名，但是在格律上，二者的区别却非常大。

除了受到宋词的影响外，元曲还深受来自北方的民族音乐曲调的影响。对汉族人而言，北方民族的歌舞曲新奇可喜，有着很明显的民族风格和奇特的审美效果，因此，在作曲时，他们常常将番曲采入曲中加以运用。女真、蒙古等民族的流行曲调，就有很多被用到了元曲中。另外，元曲的兴起，除了与宋词有关外，唱赚、鼓子词、诸宫调、院本、南戏以及北方少数民族的歌曲和民间乐曲，也都起到了一定的作用。因此，虽然元曲与宋词的渊源相似，且在某些地方有共同点，但我们并不能简单地说元曲就是由宋词演变而来的。

关汉卿身世之谜

　　日常生活中，我们常常听到"我比窦娥还冤"这句顽皮话，而且，几乎每个人都曾絮叨过。文化稍高一点儿的人，可能还会双眼望天故作沉痛状，加上一句："六月盛夏，咋不下雪呢？"以此表示他"冤"深难诉。反映了封建社会普通人民与封建统治阶级的矛盾，及被压迫妇女的反抗意识的《窦娥冤》，多少年来被无数次地搬上戏剧舞台，为人所耳熟能详。但是，关于它的作者关汉卿的身世，却由于各种史料记载不一，被蒙上了一层迷雾……

　　关汉卿，一位元朝大戏剧家，在中国文学史上，不仅其居住地不清楚，生卒年月也模糊无据。关于他的出生地，有说他是大都人，又有说他是河北祁州伍仁村人，又有一说他是解州人。但这还不算，最模糊不清的，是他的生卒年问题。元末杨廉夫称他为"大金优谏"，另一位元末的朱经（《青楼集序》作者）也称他为"金（国）之遗民"，大多数介绍性文字皆称关汉卿青年时代经历了金朝的亡国之痛，所以认定他的卒年最迟不会超过1300年。这是因为，钟嗣成所著《录鬼簿》成书于1300年，把关汉卿列为已经"西归"的才子第一人。可以肯定的是，关汉卿在南宋亡国时的1279年左右仍很健朗，并作《杭州景》描述临安风貌：普天下锦绣乡，环海内风流地。大元朝新附国，亡宋家旧华夷。水秀山奇，一到处堪游戏，这答儿忒富贵。满城中绣幕风帘，一哄地人烟凑集。

　　此外，证明关汉卿在1297年还活在人世的"证据"是，他曾作《大德歌》十首，而"大德"是元成宗在1297年的年号，由此可以推算，关汉卿1297年仍活在世上。在《大德歌·夏歌》中，他还神气活现地唱道："俏冤家，在天涯，偏那里绿杨堪系马。因坐南窗下，数对清风想念他。"

　　但是，细心钩沉的中外学者悉心推究，又"推翻"了关汉卿卒于1300年以前的说法，因为研究元史的学者所凭据的极重要的历史笔记之一《辍耕录》上说：诗人王和卿临死时，其老友关汉卿去生祭他，看见正在学和尚临死跌坐的王和卿鼻孔中垂下两条鼻涕。有人就嚷嚷说王诗人坐化了，他的大鼻涕乃佛家所称的"玉筋"，只有道行高的信者坐化时才出现。关汉卿不以为然，拿这位一脚已经踏入鬼门关的王诗人大开玩笑，说他那鼻涕不是"玉筋"，而是牲口得疫病要死时流出的"噪"涕。

有据可考的是，诗人王和卿死于1320年，那时距金朝灭亡已过去了86个年头。即使金亡时关汉卿只有十几岁，推算下来，王和卿死时他已有百岁高龄了。百岁的人怎么还能开这种玩笑呢？实在是令人生疑。但是，恰恰因为陶宗仪的《辍耕录》很权威，学者们便又展开遐思，并大胆论证出：关汉卿应该有两个人，一个是由金入元的关汉卿，一个是活跃在元代中前期的关汉卿。这两个人都写杂剧，所以后人便把两人合二为一了。

另外，还有学者通过研究，认为上述论断过于拘泥于《辍耕录》的记载。其实，"两个关汉卿"之说根本站不住脚，尽管天下之事往往很凑巧，但再巧也巧不到有两个关汉卿都以写杂剧而出名。陶宗仪所载，有些是史实，有些是梨园内对前辈艺人和创造者道听途说的"逸事"。这样一来，就不排除关汉卿到王和卿家吊丧之事就属于"逸事"。就依关汉卿的性格而言，这样的事情他做得出，但对象不一定是王和卿。王和卿死时年近八十，其儿子又是当朝司天监这样体面的官员，那种场合下不可能出现任由关汉卿"搞笑"的情况。极有可能的是，有一位姓名类似"王和卿"的诗人或梨园人物临死之际，关汉卿前往生祭，才演了这么一出活剧。陶宗仪不知就里，把"死人"安在了他所知道的"王和卿"身上。因此，大多学者还是认为钟嗣成《录鬼簿》中的记载可信度高，关汉卿应是死于1300年之前，确是金亡入元的人物。

关汉卿确实是艺术大家，创作力惊人。他一生写出63本杂剧，可惜的是，后世留存的剧本仅有18本，除去3本是误归入他名下的外，其实只有15本。

北宋以来，中国的都市发展迅速，手工业和各种行会组织如雨后春笋般兴起。大元朝的建立，使得海上、陆路交通四通八达，辐射南北东西，城市发展逐渐恢复了元气。大都、苏州、杭州等地商业繁华，昔日已经风行一时的瓦肆勾栏中的说唱、杂技、戏剧，在元朝得以迅速发展。同时，随着南宋王朝的覆灭，大批蒙古、色目、汉人等"北人"随着军队蜂拥到中国南方，或行戍，或做官，或经商，战尘落定，这些人也需要适合自己口味的娱乐。于他们而言，北曲歌吟为主并以北方方言为基础的杂剧，最符合他们的欣赏需要。由此，因科举停罢，士人们为了谋生糊口，不得不与昔日的"俳优"之流合作，写话本，编杂剧，甚至自编自导自演。如此一来，南方的知识分子逐渐开始模仿北方作家的杂剧等体裁进行创作。

感天动地窦娥冤

选自《元明清戏曲故事集（古本插图）》，简名《窦娥冤》，关汉卿杂剧。穷书生窦天章把女儿窦娥卖给了蔡婆做童养媳。窦娥丈夫死后，张驴儿父子以救命之恩为由欲入赘蔡婆家。窦娥不从，张驴儿就以毒杀蔡婆来要挟窦娥就范。不料张父误食毒药而死，张驴儿便诬陷是窦娥害父，蔡婆也被牵连。为了不让婆婆遭受刑罚，窦娥含冤认罪。行刑时，窦娥以"白绫染血、六月雪、三年旱"为誓，证明其冤，结果皆应验。父亲窦天章高中，回乡做官，睡觉时梦见窦娥托梦给他，诉说冤情。最终，窦天章为女儿窦娥平反昭雪。

可以这样讲，在中国古代戏曲创作方面，关汉卿前无古人，后无来者，即使是戏曲巅峰的明清时代，也没有哪个戏剧家的成就能与之比肩。

关汉卿的杂剧，大致可分为三类：第一类，讨好市民阶层的，自然是以男女风情为主要内容，代表作如《拜月亭》《救风尘》等；第二类，历史故事"新编"剧，如《单刀会》《哭存孝》等；第三类，"现实主义"作品，如《窦娥冤》《望江亭》等。他的作品以诗入戏，浪漫主义与现实主义相糅合，道白方面又从市民口语加以精心提炼，生动活泼，意味隽永，让人流连忘返。

由此可见，金宋的遗民悲伤沉郁之下，内心之中仍然抑制不住勃勃复仇的怒火。一切的一切，只能以戏剧形式得以宣泄。

望江亭中秋切脍旦

选自《元明清戏曲故事集（古本插图）》，简名《望江亭》《切脍旦》，关汉卿杂剧。恶少杨衙内惦记貌美寡妇谭记儿，谭记儿不从，遂至道观躲避，恰巧遇到经过道观的潭州太守白士中，遂与之好。杨衙内得知谭白二人相好，便用计求得圣旨和尚方宝剑，企图治罪于白士中。结果被二人所知，适逢中秋，谭记儿知道杨衙内要游船赏月。于是，谭记儿假扮渔妇，灌醉杨衙内，伺机偷走了圣旨和尚方宝剑。第二天，杨衙内至白士中处，欲开罪，因没有了圣旨和宝剑而为难之时，白士中取出圣旨和宝剑，以假冒钦差治罪于杨衙内。此事刚巧被湖南都御史得知，奏明圣上，剥夺杨衙内职务。

藏在古画里的大元史

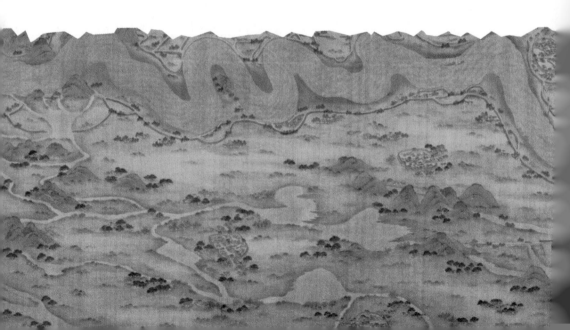

蒙古族以前的生活方式以游牧为主，生产力较低。为了改变这种状况，忽必烈执政以来，历代元朝统治者都致力于以农业生产替代畜牧生产，所以元朝的农业有了极大的发展。由于元朝的疆域扩展到了西亚地区，使得欧洲与中国的交往更加频繁，技术交流更加迅速。大元所取得的成就，是十分巨大的。但在这些成就之下，通货膨胀、假钞泛滥、官吏腐败等社会问题日益凸显，加上自然灾害频繁，大量百姓流离失所，激发了百姓与元朝统治者之间的矛盾，这些都进一步加速了元朝的灭亡。

第七章

政治经济：政通人和难如愿

成吉思汗为什么不征战印度

当年，成吉思汗为了追击扎兰丁，一直攻到印度河北岸，但之后成吉思汗却撤回了阿富汗，并未征服印度，是什么原因让他突然撤回的呢？成吉思汗率领蒙古铁骑攻下大半个欧亚大陆，又是什么原因使他唯独对印度"手下留情"的呢？

1221年，成吉思汗率20万大军西征，攻下不花剌、花剌子模新都城撒麻耳干（今乌兹克斯坦撒马尔罕）等城，术赤、窝阔台、察合台率兵攻克花剌子模都城玉龙杰赤（今土库曼斯坦乌尔根奇），拖雷则占领了呼罗珊全境。成吉思汗追击扎兰丁到达印度河，然而，此时因为某些原因，再加上他原来所定的西征战略方向是东欧洲的广大平原，让他放弃了继续攻打印度的想法。那么，此时是什么原因让成吉思汗放弃攻打印度的呢？

据《元史》和《耶律楚材传》记载，这次成吉思汗放弃攻打印度，是因为在印度河遇到了怪兽。当时，八剌率领的两万蒙古军进入印度境内，攻下了一些城市，但盘查了几个月后，始终没有找到扎兰丁的踪迹。此时耶律楚材婉言劝说成吉思汗放弃追击，撤出印度。然而面对印度这块大肥肉，成吉思汗不但不愿意放弃继续追击扎兰丁，还要乘机攻下印度。此时，哲别部队进军高加索山战胜钦察援军，进兵阿罗思（今俄罗斯）的好消息传来，这个消息进一步刺激了成吉思汗的野心，他更加坚决地下令渡河南行，接应八剌，然后平定印度，进一步扩大他的帝国版图。

然而，就在成吉思汗下了这个决定不久后，他便撤军了，这是为什么呢？

传说当年成吉思汗的部队到达印度河后，远远地就看见河水蒸气磅礴，日光迷蒙。一些口渴的将士们纷纷下马饮水，结果发现河水滚烫，根本不能入口。

八臂印度教毗湿奴像（泉州开元寺）元代石雕

几日后，将士们上下怨声不断，恨不得立刻离开这个地方，无奈成吉思汗没有下令撤军，他们只好暂时忍耐。一日，忽见河岸上出现一只大怪兽，很快整个蒙古军营都炸开了锅，成吉思汗命令将士弯弓射杀怪兽，然而不仅没有伤到怪兽分毫，半空中还传来酷似人声的声音，细细听来，还有"汝主早还"四个字。耶律楚材立即阻止弓箭手，并乘机对成吉思汗说这种瑞兽名叫角端，是上天派来劝成吉思汗早日班师的。这次，成吉思汗没有再推辞，奉承天意，回马班师。几日后已经深入印度的八剌亦北归，两军会师后，成吉思汗率军返回蒙古。

这个故事听起来有点不可思议，根本就像是一个神话。但有些历史学家认为，当时的印度确实有些兽类是蒙古人从未见过的。而将怪兽的叫声说成是"汝主早还"，也许根本就是耶律楚材牵强附会，借此规劝成吉思汗班师而已。

关于成吉思汗为什么会班师回朝，还有另外一种说法。据记载，当时印度正值盛夏，暑气逼人，蒙古军队只行进了数里路，就已经汗流浃背，还有不少人出现中暑的现象，这些蒙古兵被暑热折磨得斗志全无，而印度兵对这种气候却是习以为常。最终，因蒙古骑兵无法适应当地的气候以及地理环境，成吉思汗只得班师回朝。至于后来成吉思汗为什么没有进一步攻打印度，我们不得而知。不过印度虽然逃过了成吉思汗这一劫，却没能躲过另外一个蒙古人——帖木儿带来的灾难。

明洪武三十一年（1398年）五月，在攻占木儿坦后，帖木儿很快又率领10万远征军横越兴都库什山脉，到达喀布尔。九月，帖木儿还特意选择了当年扎兰丁过河的地点，目的就是要实现当年成吉思汗的梦想。同年十二月十七日，帖木儿汗军与印度军会战，他让很多骆驼背上干柴，然后点燃这些干柴，让这些骆驼向印度象群冲去，使得象群惊慌失措，在四散中踩死了很多印度士兵，蒙古人轻易地就取得了胜利。之后，帖木儿又于十二月十八日乘胜攻下印度首都德里，并在这里建立了属于自己的帝国，从此，印度开始了被蒙古人统治三百多年的历史。

元骆驼雕塑

刘元振墓出土，骆驼背上覆毡毯，四足直立，抬头正视前方。

忽必烈支持农业发展

中国的农业耕作有悠久的历史，中国封建社会的基础就是农业，因此各朝各代的统治者都非常重视农业生产。元朝统治者为蒙古人，他们在草原上赖以生存的方式是放牧而非农业，尽管如此，为了促进农业发展，元朝还是做出了许多努力。

在蒙古人消灭金朝之前，我国北方经历了长达二十余年的战争。在战争初期，蒙古军队"所过无不残灭，两河山东数千里，人民杀戮几尽"。到了窝阔台时期，虽然这种烧杀掠夺的行为稍有改变，但依旧有许多劳动力在战争中被杀。残酷的杀戮造成当时人口锐减，土地荒芜，社会经济遭到巨大的破坏，战争结束之后，北方的大部分土地荒废，成了牧场。

蒙古人统治中原后，中原百姓无力发展生产和恢复经济，"汉地不治"。元宪宗蒙哥即位时，蒙古在中国北方已经统治了20年，而华北地区依然"土旷民贫"，关中地区八州十二县不满万户。而在战争激烈的四川、两淮、襄樊等地，人口流失也很严重，达到"十之七八"。有些地区甚至"荒城残堡，蔓草颓垣，狐狸啸聚其间"。这种情形持续了很长一段时间，至元朝前期，王恽在奏章中还提到，黄河以南，长江以北，汉水以东，"在前南北边徼，中间歇闲岁久，膏肥有余，虽有居民，耕种甚是稀少"。

在对中原统治了几十年之后，蒙古统治者逐渐意识到"帝中国当行中国之法"，因此广推汉法，特别是在忽必烈建立元朝以后，开始意识到统治中原必须重视农业，于是"首诏天下，国以民为本，民以衣食为本，衣食以农桑为本"。忽必烈还对蒙古贵族说，"司农非细事，朕深谕此"，不再支持蒙古贵族将农田变为牧场的做法，而是采取"重农""劝农"的措施，以图恢复和发展社会

穀種如人心其
中吾生之韶月開
初律向陽草如

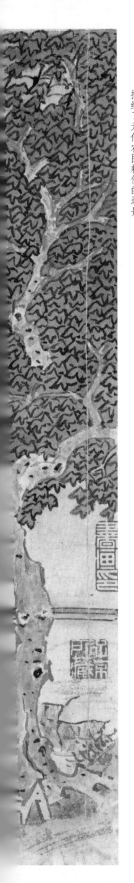

经济。

除了忽必烈之外，元朝的其他皇帝也积极采取措施促进中原地区农业生产的发展，归纳起来，主要有以下措施：

首先，在中央和地方设置劝农官和劝农机构。中统元年（1260年），元朝设置十路宣抚司，并命令各路宣抚使选择合适的人选担任各地劝农官，监督和指导农业生产。次年设劝农司，以姚枢为大司农，陈邃等八名精于农事的官员为劝农使，分道考察各地农业生产状况。同时还诏令天下："今后有能安集百姓、招诱户口，比之上年增添户口、差发办集，各道宣抚司关部申省，别加迁赏；如不能安集百姓、招诱逃户，比之上年户口减损、差发不办，定加罪黜。"

其次，退还农田，保护农田。忽必烈之前，蒙古军队得了土地之后，"不耕不稼，谓之草场，专放孳畜"。而大军所经过的官路，一里以内都作为营盘牧地。忽必烈即位之后，为了振兴农业，下令禁止占用民田，又派人清理已经被变为牧场的农田，按籍"悉归于民"或"听民耕垦"。中统二年（1261年）四月，忽必烈又两次颁诏，"河南管军官于近城地量存牧场，余听民耕"，"怀孟牧地听民耕垦"。此外，忽必烈屡次告诫蒙古军将"不得以民田为牧地"，并命令私占耕地的贵族将土地还给农民耕种。至元十年（1273年），将在山东临邑县的牧地"二十余万亩，悉归于民"。在退还农田之余，忽必烈还"申严畜牧损坏禾稼桑果之禁"，通令"诸军马营寨及达鲁花赤、管民官、权豪势要人等，不得恣纵头匹损坏桑枣，践踏田禾，骚扰百姓"。忽必烈的这些措施虽然没有完全杜绝蒙古军将改农田为牧地的现象，但在很大程度上保护了当时的农业生产。

第三，鼓励农民开垦荒土。中统二年（1261年），忽必烈颁布"流民复业者免税一年、次年减半"的命令。之后又颁布优惠政策，"凡有开荒作熟地土，限五年依例科差"，如果栽种桑树则放宽到八年，如果种瓜果则放宽到十五年，"若有勤务农桑及开到荒地之人，本处官吏并不得添加差发"。元朝时期，荒闲土地归国家所有，但农民有自由开垦的权利。其诏书称，"凡是荒田，俱是在官之数，听其再开"；"凡荒闲之地，悉以付民，先给贫者，次及余户"。至元十一年（1274年），元朝将泾水沿岸的数千顷牧地分给贫民耕种，元朝甚至还提供给农民牛和工具，后来这里一年便收获粟麦十万石。至元十四年（1277年），元朝再次颁布法令，规定各处荒地在规定的期限内允许田主认领，超过期限，"不拣什么人，自愿种的教种者"。由于两淮地区荒地极多，忽必烈还特别颁诏鼓励垦荒。至元十七年（1280年），在淮西地区，"募民愿耕者种之，且免其租三年"；至元二十一年（1284年），"以江淮间自襄阳至东海多荒田"，"募人开垦，免其六年租税并一切杂役"；至元二十三年（1286年）九月，"听民自实两淮荒地，免税三年"。除了鼓励农民开垦荒地，元朝还承认农民对新开荒地的所有权。

除了以上三种主要措施之外，忽必烈还采取了减轻赋税、兴修水利等措施保证农业的顺利发展。当时的这些措施基本上都得到了落实，除了促进了农业的发展，也对当时的经济发展起到一定的推动作用。因此，在元世祖统治的三十余年里，全国人口恢复到一千三百多万户，总共有五千八百八十多万人口。而且黄河流域也基本上没有发生过水患虫灾等。到元世祖至元年间，人民的生活相对安定，"家给人足"，"民庶晏然，年谷丰衍，朝野中外，号称治平"。由于大量荒地、牧场被用来耕种，元世祖时期关中粟麦已"盛于天下"，关、陇、陕、洛一带则"年谷丰衍，民庶康乐"。

黄道婆为纺织业做出贡献

我们的日常生活离不开衣食住行，首先摆在第一位的就是"衣"，可见，在古人眼中穿比吃还重要，因此，在穿着方面古人在不断地尝试和创新。在这一领域的所有尝试者中，我们不能不提到一个人——黄道婆，她为我国的纺织业做出了非常重要的贡献。

黄道婆出生于南宋末年，家在松江乌泥泾（现在的上海华泾镇）。当时这个地方住着一千多户人家，还有八九千亩土地。但由于这里的土地贫瘠，土质坚硬，雨少易旱，雨多易涝，种的粮食经常歉收，当地人一年里头有半年需要挖野菜充饥。后来，种棉花的技术从福建、广东传了过去，但是棉花的产量也不高，乌泥泾的人生活依然很苦。黄道婆家里也很穷，父母养不活她，将只有10岁的她卖给别人当童养媳。自从成为童养媳后，黄道婆每天鸡没叫就起床，开始忙忙碌碌的一天，挑水，扫院子，喂鸡、喂猪，烧火做饭，伺候公婆、丈夫吃饭，等这些琐事都忙完了，她还要纺纱织布，一直忙到半夜。每到农忙时节，她还要到田间地头去干活，每天从早到晚干个不停，尽管如此，她还是经常受到公婆和丈夫的打骂。

有一天，刚刚从外面干完活回来，还没来得及歇口气，婆婆又催她去做饭。黄道婆实在太累了，想要歇会儿再去，结果婆婆抡起竹条对她就是一顿打骂，并把她关进了柴房中。到了晚上，黄道婆又累又饿，心想这样过下去怕是永远都没有出头之日，于是便在柴房的顶上挖了一个洞，悄悄地逃走了。幸亏有好心的船工们帮忙，黄道婆才顺利逃到崖州住了下来，在这里，黄道婆学到了能织出花纹的纺织术，这在当时算得上是非常先进的。

当时崖州一带聚居的都是黎族人，黄道婆刚到这个地方时，人生地不熟，

黄道婆

再加上饮食不习惯，过了一段非常困难的日子，幸亏黎族同胞非常热情，通过打手势，黄道婆逐渐与他们熟络起来。黎族同胞还帮黄道婆搭了一座竹楼，给她作为栖身之地。不过，最重要的是，黄道婆在这里学到了在当时非常先进的纺织术。

黎族人几乎家家都种棉花，而且长势普遍很好。黎族的妇女人人都是纺纱织布的能手，她们去棉籽、纺纱、织布的技术都很先进。黄道婆来到这里之后，便跟当地的妇女学习纺织带花的被面、黎单、黎饰等日用棉织品，然后拿到市场上去卖，渐渐地生活也有了依靠。

黄道婆与黎族同胞相处得非常融洽，再加上她自己主动好学又心灵手巧，纺织技艺有了飞速的提高，不仅如此，她还和大家一起开动脑筋，将黎族与汉族的纺织技术结合起来，创造了新的纺织技术。几年时间过去，当地人都知道有黄道婆这样一个纺织技艺非常高超的人。

在崖州，黄道婆一住就是几十年，她穿着黎装，说着一口流利的黎族话，当地人也都当她是自己的族人。有了精湛的纺织技术，黄道婆却始终没有忘记自己穷困的家乡——乌泥泾。刚好家乡的人也都种棉花，但是在纺织技术上却很落后，不能织出漂亮的布匹，于是她决定将从黎族人那儿学到的先进纺织技术带回家乡，传授给父老乡亲们。

元贞年间（1295—1296年），黄道婆从崖山带上轧、弹弓、纺车、织机和图案纹样等回到家乡。

几十年过去，黄道婆的公婆、丈夫都已经死去，但乌泥泾还是她走时那般贫困，乡亲们听说黄道婆归来，纷纷来看望她，还帮助她安排好了住处。在这里，黄道婆开始了新的生活，她主要生产"崖州被"，当乡亲们看到她织出的漂亮布匹后，都赞叹不已，并纷纷向她学习纺织技术，黄道婆毫无保留地把自己学到的技术都传授给大家，耐心地给他们讲解和示范。每天，黄道婆家里都有许多前来学习纺织术的乡亲，没多久，乡亲们也能织出好看的花布了。

◀ 法　禄是道　中国民间信仰研究

图中人物为黄道婆，她为中国纺织技术的进步做出了卓越贡献。

黄道婆并不满足于现状，为了进一步提高布匹的质量，她又将黎族和汉族织布技术的长处结合起来，经过反复的试验和改进，大大提高了轧棉、纺纱、织布技术。以前乌泥泾的人去棉籽都是用手剥，效率非常低。黄道婆发明了一种搅车，车上装有两根轴，用脚一踩，上下两个轴就向相反方向旋转，两个轴互相碾轧，棉籽落在里面，棉花落在外面，大大提高了轧棉的效率。黄道婆对纺纱和织布技术的改进，也使得织出来的布匹质量越来越好。

　　在纺织技术方面，黄道婆有许多创新，有的甚至沿用至今。在今天的一些农村地区，棉花匠们都是用一种大弓来弹棉花，这种大弓就是经过黄道婆改进的。过去弹棉花使用的是一种一尺四五寸长的小弓，而且用手指拨弦，既费力气效率也低。后来黄道婆在小弓的基础上，创造出了四尺多长的绳弦大竹弓，不用手拨，而是用椎敲击弓弦。由于这种弓的力量非常大，很容易就把棉花弹得十分松软，不久，这种弓就在乌泥泾流行了起来。

　　除了这些，黄道婆还将只有一个锭子的纺车改造成为三个锭子的纺车，这种纺车不仅操作起来方便、省力气，而且效率比过去也提高了两三倍。

　　有了黄道婆的技术，纺织出来的"乌泥泾被"很快就成为闻名全国的棉纺织品，远销各地，乌泥泾的乡亲们的收入因此增加了不少，生活也有了好转。后来黄道婆的纺织技术又传到了杭州一带甚至全国各地，到明朝时，乌泥泾所在的松江一带已经成为全国棉纺织业的中心，有"衣被天下"之称，而这都是因为黄道婆传授的纺织术。

　　人们为了感谢黄道婆的恩德，在她去世后，乡亲们自发地为她举行隆重的葬礼，为了纪念她，还建造了一座祠堂，叫"黄母祠"。

马可·波罗到过中国吗

马可·波罗曾写下了一本世界著名的游记——《马可·波罗游记》，这本游记中记述了他在中国的各种见闻，激起了欧洲人对东方的热烈向往。然而，也有人怀疑他是否真的到过中国，他们怀疑的根据究竟是什么呢？马可·波罗又是否如他们所怀疑的那样，其实根本就没有来过中国呢？

马可·波罗与他的著作《马可·波罗游记》在中国几乎是家喻户晓，很多人都知道他曾在元朝时来过中国，并将当时的所见所闻所感都写进了《马可·波罗游记》中。然而，近些年却有人提出"马可·波罗到过中国吗"的疑问，一些国内外的学者也纷纷做出辩驳。1995 年，英国不列颠图书馆中国部主任弗兰西斯·伍德就出版了《马可·波罗到过中国吗？》一书，对马可·波罗是否来过中国这一问题提出疑问。而怀疑马可·波罗来过中国的理由很简单，因为在《马可·波罗游记》一书中，存在着很多破绽和漏洞，个别地方甚至可以肯定有冒伪之处。那么，马可·波罗到底是否来过中国呢？如果没来过，他的游记又是用什么方式写出来的呢？

我们先来看第一个问题，马可·波罗到底是否来过中国呢？在现存的元代史料中，几乎没有找到关于马可·波罗这个人的任何蛛丝马迹。而且，虽然马可·波罗在游记中宣称自己曾在扬州做过三年的地方官，但是扬州县志上却根本就找不到他的名字。虽然马可·波罗自称他在中国生活了十七年之久，可是他所写的游记中，却没有提到汉族文化中最根本的一些东西，如中医、长城、茶叶、筷子、毛笔字、缠足等，特别是筷子，他在中国生活了那么多年，每日三餐，不可能没有发现中国人与西方人在吃饭上的不同，但是他的著作中却从来没有提到过。因此，这些都被人用来作为否定马可·波罗到过中国的证据。

马可·波罗像

但是，支持马可·波罗来过中国这一观点的人，认为以上疑问都能得到很好的解释。虽然马可·波罗一再在自己的《马可·波罗游记》中吹嘘自己，但事实上，在当时的中国他只是个小人物，即使做过官也只是芝麻小官而已，中国史料中没有他的名字是毫不奇怪的。关于他没有提到代表中国特色的景点和物品，也与他所处的时代有关，当时蒙古人根本不用中医，在马可·波罗的游记中，就提到忽必烈朝廷里的御医是个希腊人。在中国期间，马可·波罗主要同蒙古人交往，他不会说汉语，也远离汉族人民的日常生活，所以自然也不会关注到汉人的筷子、茶叶、毛笔字、缠足等一些特色，这种解释也有一定的道理。那么，马可·波罗到底有没有来过中国呢？南开大学历史系教授杨志玖给出了很关键的证据。

杨教授多年来一直致力于对元史的研究，他在翻阅《永乐大典》时，偶然间发现了一段十分重要的文字。

在《永乐大典·站赤》一书中记载：波斯国王的妻子过世后，他派遣过三位使臣到中国来，请求忽必烈再赐给他一位他亡妻家族的王室女子。在《马可·波罗游记》与《永乐大典》中，都有记载这件事情。《马可·波罗游记》中写道：忽必烈又赐给这位君主一位名叫阔阔真的姑娘，三位使者在回波斯时，得知马可·波罗熟悉路途，于是便邀请他们参与护送。在《马可·波罗游记》和《永乐大典》中，记载的这三位使者的名字完全一样，但《永乐大典》中的记载较为模糊，只是说明有三位使臣将要出使，但是并没有说明任务和缘由，也没有交代使臣的国籍，因为有《马可·波罗游记》的补充，我们才弄懂了整件事的过程，因此，我们可以知道，马可·波罗确实到过中国。因为如果马可·波罗没有跟随这个使团从中国到波斯，他就无法准确地知道使者的名字和使团离开中国的时间，因为这个使团很小，他们离开中国这件事，除了《永乐大典》有记载，再就是波斯最为重要的史书《世界史》了，但是这本书成书的时间为1311年，此时马可·波罗已经去世十几年了，根本不可能看到。所以，他确实曾来过中国。杨志玖教授的这一重要发现，终于平息了关于马可·波罗是否来过中国的争论。

至于《马可·波罗游记》中的其他一些与事实有出入的地方，可能是因为马可·波罗的虚荣心理作怪，有些地方故意夸大了自己的作用。在《马可·波罗游记》卷145"襄阳府大城及其被城下炮机夺取之事"就有一个不争的例子。元军攻陷襄阳是在至元十年（1273年），而马可·波罗抵达元上都，则是在1275年。元军攻城，利用了巨石炮，这种炮的制造者是阿老瓦丁与亦思马因，载在《元史》卷203，无可置疑。而马可·波罗竟然在自己的游记中将制造巨石炮的功劳据为己有，言之娓娓，谎言欺人。有人还怀疑马可·波罗说他在中国做官也是因虚荣心作怪而虚构出来的。

忽必烈汗给马可·波罗一个黄金通行证　选自《马可·波罗游记》

贾鲁治河与元朝灭亡

"石人一只眼，挑动黄河天下反"，几百年前，在贾鲁治河的过程中，一尊独眼石人的"凭空"出现，揭开了民间反抗元朝统治的帷幕。从此，民间自发的反抗活动层出不穷，令岌岌可危的元朝慌乱不堪，却又无能为力。最终元朝的统治者——蒙古人被赶出了中原，回到了他们的故土——大草原上。如此说来，是否就意味着贾鲁治河才导致了元朝的灭亡，或者还有其他更为主要的原因呢？

从元朝建立开始到元朝末年，黄河决口十分频繁，近百年的时间里达六七十次之多，平均每一年半就决口一次，而决口有两三百处。频繁的水患淹没了庄稼，淹死了附近的百姓，更是令许多人无家可归。这使得黄河沿岸的百姓苦不堪言，元朝统治者下定决心治理黄河。至正八年（1348年），元惠宗任命贾鲁行都水监使，命令他广求治水方略。之后，经丞相脱脱的大力举荐，元惠宗任命贾鲁为工部尚书、总治河防使，全力治河。在贾鲁和河夫们的努力

下，大半年后，黄河终于回到了故道，治水取得了成功。然而，这次治河激化了河夫们与元朝统治者之间的矛盾，导致了农民起义。

贾鲁治河前后花了近 170 天的时间，动用近 20 万人力，合计用工约 3800 万人次。用中统钞 184 万余锭，疏浚河道 280 余里，堵塞大小决口 107 处，修筑堤坝上自曹县，下至徐州，总计 770 里。工程之浩大，完工之迅速，均为中国古代治河史上罕见。由于过度动用人力物力，再加上官吏私自克扣河夫工钱，百姓怨声载道。韩山童与其他早已有反元之心的人联合起来，暗中将只有一只眼的石人埋入河道上，上面镌刻着："莫道石人一只眼，此物一出天下反。"后来在贾鲁治河的过程中，这个石人被挖出，河夫们非常震惊，不少河夫认为这是天命，说明元朝的命数已尽，因此纷纷加入反元的队伍中，轰轰烈烈的反元活动由此拉开序幕。

因贾鲁治河挖出石人，又因石人的出现导致农民起义的人数剧增，看似元朝的灭亡与贾鲁治河确有联系。其实，从贾鲁治河这件事上来看，这是一项功在当代、利在千秋的事业。他通过科学合理的治河办法将河水赶回故道，保证了黄河中下游地区人民的生命财产安全。元朝的最终灭亡，是由其腐败的统治导致的，与贾鲁治河并没有必然的联系。而石人的出现只是一个诱因，就如同鞭炮的导火索一样，如果没有鞭炮中的火药，导火索只能燃烧一瞬间，随即熄

清　佚名　黄河图

该图采用俯瞰画法，以工笔手法，浓艳彩，精确细致地描绘了西自黄渭交汇口东至大海的黄河及其两岸形势。

灭，真正能让鞭炮爆炸的，却是火药。那么，将元朝这个历经了近百年的王朝炸毁的火药又是什么呢？答案就是元朝统治者与人民之间由来已久的矛盾，在时间的积累下，当这种矛盾越来越尖锐时，一根小小的导火索就足以引爆火药，以致毁灭一个朝代。

元朝发展到后期，吏治腐败，财政恶化。由于财政困难，元世祖时期，首次运用增加纸币发行量的方法来弥补财政赤字，但由于元朝统治者对货币的发行和管理缺乏足够的认识，纸币的滥发成为常态。在元代统治的初期，统治者还懂得吸取金人滥发纸币而引起通货膨胀的教训，发行纸币较有节制，准备金制度贯彻得也很好。但是这种情形没有维持多久，由于元朝统治者花钱毫无节制，最终入不敷出，只有通过发行纸币来弥补亏空，从而造成了通货膨胀。

元朝的开支数额非常惊人，除了日常的经费外，元朝的支出主要有三大部分：第一大部分就是用兵。元朝建立初期，忽必烈不仅对南宋用兵，还大举征伐日本，花费巨大。此后又征占城、缅甸、交趾、"八百媳妇国"等，所用的军费就是一笔很大的开支。这导致元朝时常经费紧张，这也是忽必烈非常看重理财官的原因。最后实在没有办法，官府只好滥发纸币。第二大部分是赏赐。元朝皇帝对臣下都非常慷慨，赏赐数额极为巨大，元末时，朝廷有一次赏赐卫士一万三千人，每个人居然得到八十锭，共计五千二百万贯，可见数额之巨。第三大部分是挥霍。元朝皇帝们任意挥霍，也造成钱财的巨大浪费。至大四年（1311年），当时的国库仅有十一万锭的存款，但是全国常用费用就占了六百多万锭，大兴土木又用去数百万锭，再加上赏赐三百多万锭和军需六七百万锭。面对如此大的财政漏洞，政府想到的唯一手段就是增发纸币。结果到元代末年，纸币的购买力急剧下降，时谚有云："人吃人，钞买钞。"因为财政危机而滥发纸币，因为滥发纸币而引起通货膨胀，因为通货膨胀而加剧财政危机，这是元朝灭亡的极其重要的原因。

通货膨胀只是元朝灭亡的一个主要原因，另外官吏腐败，加上自然灾害频繁，大量百姓流离失所，这些都进一步激发了百姓与元朝统治者之间的矛盾。最终，当矛盾激发到一定程度时，自然就会全面爆发，表现出来就是一浪高过一浪的农民起义。

元代的"急递铺"

随着网络购物成为一种时尚，快递也成了都市人不可缺少的一种工具，快递公司的员工们穿梭于各个城市间，不停地收取和派递快件，有了他们，我们的生活方便了许多。在元朝时，需要异地传送文件或者物品时，人们就会找一个叫作"急递铺"的机构，那么这种机构是不是和今天的快递公司是一样的呢？

急递铺这种邮驿传递（简称邮传）产生于宋朝。按照著名科学家沈括在《梦溪笔谈》里的说法，邮驿传递主要有三种形式，分别是步递、马递、急脚递。一般文书的传递多用步递，即接力步行传递。这种传递有时候需要承担繁重的官物运输，速度较慢。如果是紧急文书，就会采用马递的方式，而且不需要传送官物。大约在北宋真宗时期，又出现了一种新的邮传方式——急脚递，最开始主要用于军事上，据说本是边境上的一种快速传信形式，能"日行四百里"。在宋真宗与辽的战争中，以及后来的宋神宗与南方交趾的战争中，都使用过这种"急脚递"。神宗时还在从京师开封至广西的大道沿线设置专门的"急递铺"。

急递铺这种送信形式起源于宋朝，但是其发展的鼎盛时期却是在元朝，无论是在制度的完备性、组织的严密性还是网络的发达程度方面，都远远超过宋朝。宋朝的急递铺数量较少，只是在个别重要的地方有设置，到元朝时，朝廷在各地设置了急递铺，构成了覆盖全国的通信系统。此时，除了极少量的紧急公文需要由驰驿传送外，急递铺几乎包揽了全部文书传送的业务。

中统元年（1260年）四月，忽必烈派人开设了从燕京到开平的急递铺，用来传递文书和信息等。当时每隔十里或者十五里或者二十五里设置一个急递铺，每十铺又设置一个邮长，每个邮长管理五个铺卒。用来做急递铺的房屋都有着特殊的标志——每铺配置作为标志的十二寸轮子一枚，红色门楼一座，牌额一枚，因此人们一眼就能辨认出它的用途，铺内则安装有测量时间的装置。

元朝时急递铺传送的文书和物品一般分为两种包装。一种是放在匣子里，这个包装的一般是紧急公文。另一种用纸袋包装的多为一般文书。开始使用的是薄纸封袋，后来又改用厚夹纸。各个衙门会将需要传递的公文先用净纸封裹，然后再用厚夹纸印信封皮。包装好后，还要用油绢、夹板和邮袋等进行"特殊保护"。一般而言，急递铺传递的都是一些重量较轻的文书或物品，考虑到铺卒的劳动量，超过10斤以上的账册等都不允许送急递铺传递。

急递铺的铺卒在传递公文时，按规定是一天一夜走四百里。铺卒们每人都备有夹板和铃攀各一副、缨枪一支、行旅的包袱和蓑衣各一，这意味着不管是艳阳高照还是刮风下雨，他们都必须风雨无阻地进行文书的传递。《元史·兵志》上说，铺卒传递文书时，"皆腰革带，悬铃，持枪，挟雨衣，赍（带）文书以行，夜则持炬火，道狭则车马者、负荷者，闻铃避诸旁，夜亦以惊虎狼也"。关于他们传递文书的方式，马可·波罗在他的游记中对中国铺卒的工作有一段很形象的描绘："在各个邮站之间，每隔约五公里的地方，就有小村落……这里住着步行信差……他们身缠腰带，并系上数个小铃，以便当他们还在很远的地方时，听见铃响，人们就知道铺卒将要来了。因为他们只跑约五公里……从一个步行信差站到另一站，铃声报知他们的到来。因此使另一站的信差有所准备，人一到站，便接过他的邮包立即出发。"

为了保证文书传递的流畅，各个急递铺都有人昼夜值班，随时准备传递过往邮件。对于来往的公文、邮件等，急递铺都会逐个登记，登记邮件的总册即是"铺历"。在后来的发展中，这种登记方式有了改进，为了节省时间和工作量，只有各路的总铺开包登记和检查，一般的急递铺只需要负责传递即可，去掉了烦琐的登记和检查的环节。由于传递的多为文书类的物品，急递铺也有严格的保密规定，不允许铺卒私自查看邮件，丢失或者损害邮件，或者私自请人代班，一旦被发现，就会受到严厉惩罚。

经过不断的发展和完善，急递铺的效率始终在不断提高。到后来，原本需要十天十夜才能传到的消息，铺卒们只用两天两夜就能传到。碰到水果成熟的季节，早晨在汗八里（今北京）采下的果子，第二天晚上便可运到上都，而之前这需要十天左右的时间。由此我们可以看出，当时元朝的急递铺传递速度已经有了很大的改进。

急递铺的快捷和便利是有目共睹的，慢慢地，一些人看中了它的快捷和便利，甚至很多官府都无视朝廷严禁急递铺传递闲慢文字和私人物品的规定，使得传递文书的内容泛滥，而且还入递了很多私人物品，如丝绸、钱币、弓箭、军器、茶墨等物品。虽然朝廷发现后三令五申严禁捎带，但效果依旧不明显。大德五年（1301年）五月，朝廷为了减轻急递铺的负担，又确定了中书省、御史台、枢密院、宣政院等79家官衙文书可以通过急递铺传递，新旧运粮提举司、各投下总管府等20种官衙的文书不许经由急递铺传送。可惜的是，急递铺这种制度，到元末就衰亡了，明朝时候也没有更多的发展，清代后期就逐渐消失了，取而代之的是邮递制度。

从以上的叙述中我们就可以看出，急递铺主要以传递文书为主，或者是为皇家传递物品，与今天以传递物品为主的快递公司还是有很大差别的。但是，它们同为异地传输的形式，可以说，急递铺算是今天快递公司的雏形。

元朝时假币泛滥

在今天，假钞这个词对我们来说并不陌生，面对一张百元大钞时，我们的第一反应就是仔细查看，检查是否为真钞，银行和一些商场还特地配备了验钞机。可以说，假钞与真钞一直相生相伴，自有真钞以来，一些不法分子制作假钞的活动就没有停止过。在元朝时，假钞还一度形成了泛滥之势，屡禁不止，这是怎么回事呢？

元朝时，经济一直都是皇帝的一块心病，从忽必烈开始就一直在不断地抓经济，但总也无法解决收支不能平衡这个问题。更加可悲的是，旧问题还没有解决，新的问题又接踵而至——元朝假钞一度泛滥，甚至到了"假钞满天飞"的程度。

元朝的假钞为何如此猖獗呢？首先最重要的一个原因就是造假者众多。元朝时，假币伪造者的阶层多种多样，从平民百姓到豪门贵族，从横行乡里的地痞无赖到奸猾豪商，以及一些有权有势的官吏都参与其中。

1317 年，曹州县有一名叫伍义的库吏勾结伪钞犯，利用职务之便，用假钞倒换出大批库存新钞，他本人仅好处费就收了 2250 贯。由此可见当时的犯罪数目之大。

当时的假钞层出不穷，在一些地方甚至成了一项有组织的犯罪活动。制造伪钞的犯罪活动数江西的铅山县最为猖獗，他们伪造的"至元通行宝钞"流往全国各地。北至岭北、辽阳，南到云南、湖广。铅山的伪钞制造历史较长，由于组织严密，使这一犯罪团伙历经十余年而未被剿除，最终发展成为一个庞大的黑社会组织——"青蚨盟会"。鼎盛时期，这一犯罪组织的成员数量达到百余人，除了伪造货币，他们还偷鸡摸狗、欺男霸女，无恶不作。因这伙人与地方官吏相勾结，铅山县的行政和狱讼权都控制在他们的手中，收取了假钞的百姓到县衙告状，状子也都落到了"青蚨盟会"的手中，结果，被告无恙，原告却常常遭到报复性的打击。后来，"青蚨盟会"的事情惊动了朝廷，在多次派出钦差大臣到铅山县组织查缉无果后，又派去重臣林兴祖担任铅山州知府，并最终为民除此一害。

当然，并不是每个制造假钞的人都会"恶有恶报"，例如有些有权有势的人，他们知法犯法，大量捞取财物，而最终为他们的行为买单的却是元朝。元朝臣子绰斯戬为了自己大权独揽，诬陷暗算了宰相泰费音（又译为太平），将他罢免后又逼他自杀。绰斯戬见纸钞印制方便，就让人大量印制，然后换成金银囤积起来。当然，除了绰斯戬，还有许多有权有势者参与到假币制造中，他们依仗政治靠山，或者凭借自己的经济实力，雕造钞板，大肆生产伪钞。他们所生产的伪钞之多以及流传之广，是一般的不法分子所无法企及的。结果，假钞泛滥使得纸币的购买力大大降低，元朝财政

元代至元通行宝钞

长约 303 毫米，宽约 221 毫米。世界上现存最早的纸币，此宝钞是元代至元年间发行的，面值"贰贯"。

元代"至元通行宝钞三佰文"铜钞版

更加混乱，民生凋敝，这些都进一步加速了元朝的灭亡。

当时不法分子生产伪钞主要有两种方式。第一种是自己雕造钞板、印章，然后进行大规模印造。《元典章》对这种方法多有记载。由于这种方式操作起来比较简易，而且可以在短期内大量印制，因而备受造伪者的青睐。第二种是采取挑、剜、补、凑、描的方式改造真钞，即在真钞上进行改造。当时用来制造纸币的材料主要是粗糙的桑皮纸，时间一长，印在上面的字迹就会变得模糊不清，难以辨认，让造伪者有了可乘之机。他们惯用的方式是用尖细的工具或挑、或剜、或拼凑粘补、或描改旧钞，将一元的钞票变成五十元使用。相对于第一种，这种方式操作起来较复杂、费时长，而且经过改描后的纸钞很容易被识破，所以采用的人不多。

为了打击伪造假钞者，元朝官府制定了周详的法律条文，打击力度也很大，但由于普通百姓根本不懂如何鉴别纸钞的真假，再加上官方的纸钞也没有很先进的防伪技术，在暴利的诱惑下，不法分子依旧前赴后继。而且真正应该受到严厉打击的伪造假钞者，往往都是有权有势之人，即使东窗事发，朝廷也不一定会真正对他们实行惩戒。例如至正元年（1341年），元朝宰相搠思监的小舅子就曾是伪造假币大军中的一员，后来被人告发，皇帝也没有对他进行严厉处罚。

由于假钞过度泛滥，后来元钞变成了不兑换纸币，只能买物，不能换取铜钱和金银，再加上零额小票发行很少，昏钞伪钞充斥天下，纸钞的购买力大不如前，通货膨胀不可避免地发生了。百姓用手里的纸币根本就买不到物品，最终只能揭竿而起，所以元朝的灭亡与假钞的泛滥也是有关系的。

元朝选拔官员的方式

众所周知，科举制度是隋朝以后各王朝设科考试选拔官吏的制度，由分科取士而得名。唐代于进士科外，复置秀才、明法、明书、明算诸科，又有一史、三史、开元礼、童子、道举等科。至武则天时，她本人亲行殿试，并增设武举。其由皇帝特诏举行者，称为制科。一般的史学著作或工具书，在谈到科举制度时前举唐、宋，后举明、清，却很少提到元代。那么，元代究竟是否举行过科举考试呢？

据《元史·选举志》记载："太宗始取中原，中书令耶律楚材请用儒术选士，从之。九年秋八月，下诏令断事官术忽䚟与山西东路课税所长官刘中，历诸路考试，以论及经义、词赋，分为三科，作三日程，专治一科，能兼者听，但以不失文义为中选。其中选者复其赋役，令与各处长官同署公事。得东平杨奂等凡若干人，皆一时名士。"

太宗即元太宗窝阔台，太宗九年即1237年，耶律楚材是蒙古最为有名的贤相。这段文字告诉我们，蒙古立国之初确实行过科举考试，考试中选者享有免除徭役、赋税，与长官同署公事的权利，并且点出了第一批中选者中的榜首杨奂的名字。

也有人认为蒙古朝与元朝之间有区别，认为开科取士的是蒙古，元代根本未曾开科取士，这种说法对不对呢？

《元史·选举志》中说："（元世祖至元）四年九月，翰林学士承旨王鹗等请行选举法。远述周制，次及汉、隋、唐取士科目，近举辽、金选举用人与本朝太宗得人之效。以为负举法废，士无入仕之阶，或习刀笔以为吏胥，或执仆役以事官僚，或作技巧贩鬻以为工匠、商贾，以今论之，惟科举取士最为切

朱熹像

元朝科举将朱熹放到了十分重要的位置，科考内容多以朱熹文章为准。

务……帝曰：'此良法也，其行之！'"中书左三部与翰林学士设立程式，又请依前代立国学，选蒙古人诸职官子孙百人，专命师儒教习经书，俟其艺成，然后试用。"此举因故未果。

到了元世祖至元二十一年（1284年）九月，当时的丞相火鲁火孙、留梦炎等人又一次重新建议开科取士，虽然也因故未果，但当时的科举取士的方略却确定了下来。

到了元仁宗皇庆二年（1313年）十月，当时的中书省官员又给皇帝上书，称"科举事，世祖、裕宗累尝命行，成宗、武宗寻亦有旨，今不以闻，恐或有沮其事者。夫取士之法，经学实修己治人之道，词赋乃摘章绘句之学。自隋、唐以来，取人专尚词赋，故士习浮华。今臣等所拟，将律赋省，题诗小义皆不用，专立德行、明经科，以此取士，庶可得人！"——建议皇帝重开科举，不过范围比隋唐时代缩小了，只有德行、明经二科。

元仁宗立即准其所请，并颁下一道诏书。诏书中说："惟我祖宗，以神武定天下。世祖皇帝设官分职，征用儒雅，崇学校为育材之地，议科举为取士之方，规模宏远矣。朕以眇躬，获承丕祚，继志述事，祖训是式。若稽三代以来，取士各有科目，要其本末，举人宜以德行为首，试艺则以经术为先，词章次之，浮华过实，朕所不取。爰命中书，参酌古今，定其条制！"

元仁宗延祐元年（1314年）八月，元朝所属各州、郡、县遵从皇帝的旨意推选出"贤者、能者"参加科举考试。次年二月，各州、郡、县推选出来的士子会试京师。

爱育黎拔力八达虽然是个蒙古人，但他所下的诏书中对哪些人可以参加科举考试，考试的内容，甚至监考人员的组成都做出了明确的规定："年及二十五以上，乡党称其孝悌，朋友服其信义，经明行修之士。"——用现在的话说就是"德才兼备"者方可参加考试。诏书上明确地写着考试的内容："蒙古、色目人第一场经问五条，《大学》《论语》《孟子》《中庸》内设问，用《朱氏章句集注》。其义理精明，文辞典雅者为中选。"通过了第一场考试之后，接着考第二场："第二场第一道（题）以时务出题，限五百字以上。""汉人、南人第一场明经、经疑二问，《大学》《论语》《孟子》《中庸》内出题，并用《朱氏章句集注》，复以己意结之，限三百字以上；经义一道，各治一经，《诗》以朱氏为主，《尚书》以蔡氏为主，《周易》以程氏、朱氏为主，已（以）上三经，兼用古注疏，《春秋》许用三传及胡氏传，《礼记》用古注疏，疏限五百字以上，不拘格律。"第一场通过以后，考第二场："第二场，古赋、诏、诰、章、表内科一道，古赋、诏、诰用古体，章、表四六参用古体。"接着是第三场，"第三场策一道，经史时务内出题，不矜浮藻，惟务直述，限一千字以上"。

所有这些都通过之后，汉人、南人作一榜，一榜第一名"赐进士及第，从六品"，第二名以下称为"及第二甲"，皆授给正七品的官职，第三名以下皆授正八品官职。蒙古、色目人只要通过两场就可赐进士及第。

为了保证科举考试的公正性，诏书中还规定了监考人员。总监考由监察御史和廉访司官员担任，分监考由知员举、同知员举等人担任。

元仁宗延祐二年（1315年）三月，经过严格考试，蒙古人护都答儿、汉人张起岩等五十六位士子，科举考试中选，得到奖励，家族地位提高。

藏在古画里的大元史

几百年之前，在蒙古的铁蹄声中，整个世界都在颤抖。蒙古铁骑如同火山中喷流出的炽热岩浆，没有任何东西能够阻挡。正是凭借这原始的冲动，蒙古武士以极少的人数，完成了人类历史上史无前例的征服。欧洲的重铠骑士们有命逃回城市的，便向主教和国王渲染黄色面孔海洋般集涌而来的恐惧。千百年来，令很多人不解的一个问题是：中国的北宋、南宋文明那样发达，为何都相继败于野蛮、落后的女真和蒙古？本章将为您一一解读这些令人迷惑的过往。

第八章

铁血军事：铁马金戈入梦来

汪罕父子是被铁木真杀死的吗

汪罕是铁木真的义父，曾帮助铁木真从蔑儿乞人那里抢回孛儿帖。在铁木真的势力日益壮大的同时，他们之间的关系却一步步恶化。最终，这一对曾经的义父子不惜刀兵相见。在战场上，铁木真获胜，但他却不忍对汪罕父子落井下石，那么，他们父子又是如何去世的呢？

铁木真在草原上的势力日益扩大，札木合担心他阻碍自己成为草原霸主，因此视铁木真为眼中钉、肉中刺，恨不得马上除掉他。为了除掉铁木真，札木合不断在汪罕面前挑唆，以离间汪罕与铁木真的关系。汪罕念旧情，虽然心里也对铁木真有防范，但是并没有采取任何行动。汪罕的儿子鲜昆对铁木真的不满却越来越强烈。

铁木真想与汪罕联姻，打算为长子术赤向汪罕的孙女伯姬求婚，而鲜昆的儿子秃撒哈也打算求铁木真长女火真别姬为妻。铁木真因他的女儿愿意做自己的儿媳妇，自己的女儿也不妨嫁过去。只有鲜昆不乐意，生气地说："我的女儿到他家去，向北立着；他的女儿到我家来，面南高坐，这如何使得？"双方最终没有谈好。

札木合一边离间汪罕与铁木真的关系，一边暗地里联络阿勒坛、火察儿、答力台，唆使他们背叛铁木真，归顺汪罕。因这三人早就有了反叛之心，于是便顺水推舟，投靠了汪罕。接着，札木合又到汪罕与鲜昆那里挑拨。

阿勒坛归顺汪罕部后，便暗地里与鲜昆勾结，两人商量出一条毒计出来：假装同意将女儿嫁给术赤，然后趁铁木真前来赴宴时将他抓住。很快，鲜昆便派人去请铁木真前来赴宴，面订婚约。铁木真没想到鲜昆会对自己下毒手，只带了十骑便往克烈部去了。在中途，铁木真路过明里也赤哥家，并在他家暂时休息。明里也赤哥劝铁木真小心，他这才警惕起来，不敢继续前往，而是派察合台、乞剌台两人赴席，自己则率领其他人回去了。

两天后，铁木真再次率数百人向西行进，在路上遇到汪罕的部下乞失里，乞失里再次告诫铁木真要小心。铁木真感到事情不妙，急忙率众人到温都尔山后躲避。第二天黎明时分，鲜昆率大军杀到，铁木真赶紧派畏答儿和折里麦带领一队人从山后绕到山前，从背后攻击敌人，自己则押着后队到山前。

畏答儿等绕到山后面，正遇上了汪罕先锋只儿斤，畏答儿率众人将他杀退。不久，秃别干又率领着汪罕第二队兵赶到，只儿斤等见救援已到，顿时士气大涨，又返身与畏答儿等死战。鲜昆这次是铁了心要置铁木真于死地，没过多久，汪罕的勇士火力失烈门再次率领军队赶来，并直扑铁木真。此时铁木真的身旁幸亏有博尔术、博尔忽两名勇将。见火力失烈门杀了过来，二人急忙上前迎战，尽管如此，他们也只是与火力失烈门打了个平手。此时铁木真的三子窝阔台着急了，与博尔忽、博尔术二人一起将火力失烈门围住。火力失烈门眼见再打下去自己只会吃亏，竟向博尔忽当头一锤，博尔忽慌乱之间将头避开，马也跟着受惊跑动，火力失烈门趁机逃了出去。

《史集》中的蒙古骑兵

此时，在一旁观战的鲜昆以为必胜，正在得意间，远处术赤一箭射来，不偏不倚地射在了鲜昆面上，鲜昆大叫一声，急忙骑马逃开。鲜昆一撤，众将士群龙无首，也跟着撤退了。

这一仗使得铁木真与义父汪罕的关系彻底决裂，在木华黎的建议下，铁木真率领军队一面撤退，一面招集部众，等汪罕的大军到来时，再与他们一决胜负。为了壮大力量，铁木真又来到了弘吉刺部，由于诃额仑与孛儿帖都是弘吉刺氏，所以他们与铁木真的交情颇深，如此一来，铁木真开始准备攻打汪罕的部落。铁木真率领部众到统格黎河边扎营，又派阿儿该、速客该出使汪罕的部落，告诉他们如果想和好，就请派遣使者前去面见铁木真。

汪罕虽然对铁木真心怀愧疚，但事已至此，只能一再地解释自己无心加害于铁木真，只有鲜昆对铁木真成见依旧，坚决不肯讲和，一场战事在所难免。

铁木真率大军向汪罕的部落进发，此时汪罕正与部众们大摆筵宴，个个都喝得酩酊大醉，忽然之间听到一声呼哨，千军万马像潮水一样涌上山来，众人惊慌失措，根本无心御敌，纷纷四处逃窜。却没想到铁木真早在四周布置了比山上多十倍的伏兵，汪罕部的将士们退路已断，只能奋力厮杀，但铁木真的人仿佛怎么杀也杀不尽，到了第三日，汪罕的部众们都已困乏，只得束手受缚。

然而，在这些捉拿来的人中，铁木真却没有找到汪罕父子，经过审问，才知在双方军队征战的这几日中，汪罕父子早已逃远了。杀汪罕父子本也不是铁木真的主要目的，他便没有再派人追杀。再说汪罕带着儿子鲜昆逃走后，在路上汪罕说了儿子几句，不想两人因此闹僵。汪罕一个人走到乃蛮部境内，在鄂昆河上流取水喝时，遇到乃蛮部守将火力速八赤，因怀疑汪罕是奸细，便将他捉了起来，并就地斩杀。鲜昆与父亲分别后，又到了波鲁土伯特部，以劫掠为生，后来被当地人驱逐，逃到新疆后，也被斩首示众。

元成宗下令攻打"八百媳妇国"

"八百媳妇国"，这个名字听起来非常有意思，仅从字面意思上理解就能让人产生很多联想。传说当年元成宗铁穆耳派人攻打此国，就与这个名字有着间接的关系。而八百媳妇国的国王也许做梦都不会想到，他们一个小小的国家之所以会被元朝盯上，竟然都是因为这个名字引起的。这又是怎么回事呢？

说到八百媳妇国，其实是元朝时期傣族的一个部落名称。8世纪下半叶到10世纪，中南半岛北部的傣族被南高棉人的侵扰闹得苦不堪言，于是开始组建一些部落联盟性质的小国。733年，以庸那伽为中心的清盛国建立。10世纪时，清盛国一度为高棉人攻占，11世纪时复兴。13世纪初，清盛国改名称兰那（意为百万稻田）。在中国元、明、清时期的史籍中，兰那王国还有另外一个很有意思的名称——"八百媳妇国"，据说这个名字的由来，是因为兰那国的国王有800个媳妇，每个媳妇统领一个寨子。兰那国的国王怎么也不会想到，就因为这个名字，导致了元朝与西南"蛮夷"之间的一系列激战。

当时元朝的执政者是元成宗铁穆耳，在他登上帝位后的几年内，国家基本没有什么大事。大德四年年底（1301年），身在云南行省的左丞刘深偶尔得知有个国家叫"八百媳妇国"，当时就对这个国家产生了好奇心，于是上奏元成宗铁穆耳："世祖以神武混壹海内，功盖万世。皇帝继位以来，未有武功以彰显神武天资，西南夷有八百媳妇国未奉大元正朔，请允许为臣我为陛下征之。"

对于刘深的这一要求，朝廷中很多官员持反对意见，御史中丞董士选等人认为他是"以有用之民而取无用之地"，然而丞相完泽竟然对这一建议举双手赞成，再加上元成宗也觉得自己的皇帝做得太过安逸，难免会被出征打仗这类能彰显功绩的大事迷惑，想到"开边"得胜后自己将会青史留名，元成宗便不

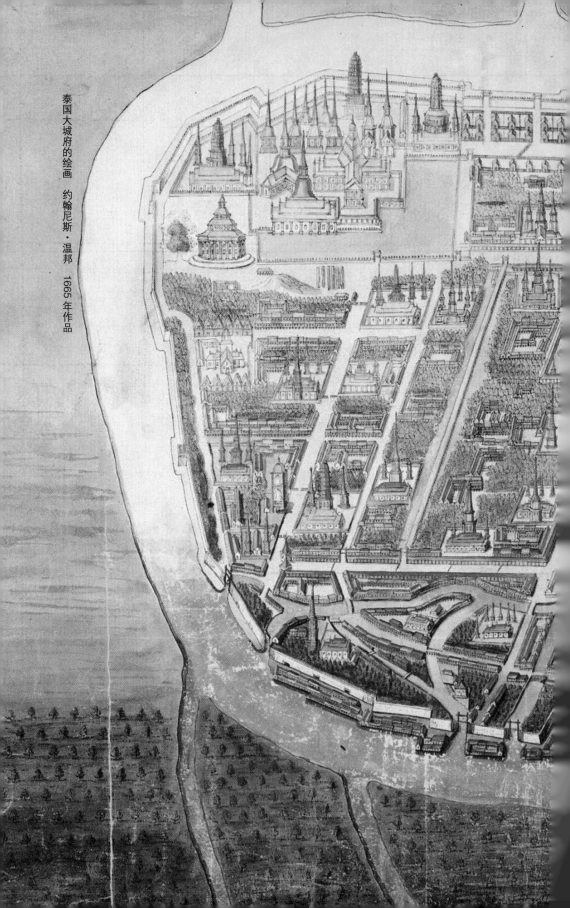

泰国大城府的绘画 约翰尼斯·温邦 1665 年作品

顾臣子的苦心劝告，"用兵意甚坚"。

大德五年（1301年）正月，元朝拨出近十万锭的银两作为刘深出兵的军费。

刘深率领军队从云南出发，"取道顺元（今贵阳），远冒烟瘴，未战，士卒死者已十七八"。然而，一路行军，刘深的将士们却是连"八百媳妇"的影子都没见着一个，另外由于疾疫和行走在危险的路途中，刘深带领的一万余将士竟然死去了百分之七八十。一路上，刘深又将当地的民夫们驱赶到西南的热带丛林，由于对气候不适应，可怜这些民夫"死者亦数十万人"。不仅如此，刘深还威令水西（今黔西）土司之妻蛇节出马匹和银两各三千作为自己的军费。蛇节本就看不惯刘深的嚣张气焰，又惜钱，于是假装应诺，暗地里却与云南当地另外一个土司宋隆济联手，起兵反抗元朝。他们很快就攻克了元军的据点杨黄寨，接着又猛攻贵州，杀掉了贵州知州，又把刘深所率的元军围困于深山穷谷之间。也算刘深命大，元朝的宗王阔阔及时出兵相救，刘深才没有被愤怒的当地人杀掉。

刘深率数千残兵往后撤退，又被宋隆济所率的土军追杀，一路遭遇毒箭陷阱无数，"（元军）士卒伤殆尽"。这一消息传到大都，南台御史中丞陈天祥上书，痛陈对"八百媳妇国"的用兵之失。此时，元成宗也后悔自己当初轻易应允了刘深的要求，同时痛恨刘深无能，没有给自己长脸，这下不仅留名青史的梦想破灭了，恐怕还将给天下人落下一个笑柄，于是毫不犹豫地下旨罢免了刘深等人的官职，收缴了符印。

然而，元成宗毕竟是元朝的皇帝，刘深此次兵败令元朝受辱，这个仇无论如何还是要报的，便又派出能将刘国杰率军征讨宋隆济和蛇节等人。刘国杰本是百战良将，又精通兵法，在交战中，他故意败给对方，土军被胜利冲昏了头脑，一路追击，结果掉进了刘国杰早已设下的陷阱，蛇节被迫投降。元朝没有重罚此次事件的肇事者刘深，却将愤怒发泄到了蛇节身上，将其剐杀。宋隆济本来逃免，不久却被他侄子诱执献与元军，也被凌迟。

这次事件到此为止，刘深乃至元朝始终都没有与"八百媳妇国"正面接触过，而他为了满足自己的好奇心让元朝的数万将士搭上了性命，实在是荒唐之至。

大理国是怎样灭亡的

金庸的武侠小说《射雕英雄传》中，一灯大师在未出家时还有一个很特殊的身份——大理国国王段智兴，而这个人物的原型，正是同名的大理国国王。在我国历史上，大理国确有其国，起源于宋朝，消失于元朝初期，它的灭亡，与蒙古人有关，也与南宋有关，为什么这么说呢？

"大理"这个国名是怎么来的呢？传说是大理国的创建者段思平在进兵时，找不到渡口过河，正在着急时，一个"披缨浣纱妇"为其指明了道路，并且让段思平将新国家命名为"大理"。"理"与"治"同义，"大理"即是大治的意思。在三百多年的历史中，大理国从未主动对外用兵，即使面对宋、辽、金、西夏与蒙古之间的争斗，大理国也一直抱着人不犯我，我不犯人的态度，不予理会。然而，因为南宋，它被蒙古人牵扯到了战争中。

蒙古人想要消灭南宋，进驻中原。而他们攻打南宋的一条捷径就是借道大理国，对南宋腹地发动攻击，南北夹击，一举拿卜南宋。这个策略看起来很简单，而且大理也只是一个小国家，如此看来，蒙古人拿下南宋，便如探囊取物那么容易。然而事实上，蒙古对大理用兵却是颇费周折的，当他们最终取得胜利时，也就是大理国消失的日子。

据史料记载，蒙古人对大理国前后三次用兵方才取得胜利。最早的一次是在成吉思汗时。一次成吉思汗向大臣郭宝玉询问攻打中原的策略，郭宝玉回答道：应先攻取巴蜀、大理，合并他们的兵力之后，再顺势灭掉金朝，最后合围南宋，必能取得成功。文献资料还记载，成吉思汗确实曾派遣过一支部队攻打大理，但这支军队到达金沙江边的铁桥城后却无功而返，撤退原因也不详。

1244年，蒙古统治者再次下令征蜀，并选择了一队精兵攻取大理。蒙古大军从川西过大渡河，再越过金沙江，直扑大理。当时的大理国王段祥兴命令将军高禾率部迎敌，与蒙古军展开激战。这场战争的经过没有记载，但有两个结果可以表明战争很激烈：一是战争结束后，大理国派专使段连占赴南宋通报了战况，南宋朝廷也派出使团专程到大理，在九禾吊唁阵亡将士；二是大理国在九禾建造佛塔，以超度战死沙场的将士们。

元宪宗二年（1252 年）的九月，忽必烈率军 10 万挥兵南下，从蒙古高原出发远征大理国。大军于当年的十二月份借黄河封冻之际越过黄河，进入河湟之地，于第二年的八月抵达甘肃南部的临洮。后又在八思巴的协助下越过藏区，到达川西地区，直扑大理国。

在蒙古军进入大理国前，需要渡过两道天险——大渡河和金沙江，蒙古军队来自大漠，不谙水性，但出师之前，他们就已经对大理的地势做了全面的了解，因此早已为渡河做好了准备，带上了北方人渡河惯用的"革囊"（动物皮子缝合后做成的气囊）渡过了两道天险。

渡过金沙江后，忽必烈率领的军队由永宁向南行进，从今天的宁蒗彝族自治县境内直奔丽江，到达大匮（今丽江大具），进而攻击三赕（今丽江），么些族的首领麦良主动投降。蒙古军又由三赕至谋统（今鹤庆），善巨（今永胜）高氏也主动投降蒙古军。忽必烈的军队沿途招降，大渡河以南直到云南西北部的大理国辖地，都被忽必烈占领。至此，大理国西北的军事防御体系，大渡河、金沙江两道天险，以及无数的"蛮夷"部族所形成的屏障，都被蒙古军所破。蒙古军如同从天而降，大理国王还没有反应过来，他们就已经出现在了苍山洱海之间。

紧接着，忽必烈的军队又攻下邓川，另外一名将领兀良合台此时也率军抵达了龙首关外，两军合力攻破龙首关，大理国"首邑之地"——羊苴咩城的北大门洞开，蒙古军很快直抵城下。

羊苴咩城有着五百多年的历史，在历代大理国王的经营下，可以说是固若金汤，也是大理国最后的防线，能否攻下此城，成为能否消灭大理国的关键所在。蒙古军连攻数日，毫无进展，忽必烈深知若不能速战速决，此次出征的目的便无法达到，于是遣使臣诏谕大理国君臣，劝其出降。"三返弗听"，大理国断然拒绝了蒙古人的招降。

利贞皇帝段智兴礼佛图

节选于《画梵像》。大理国画师张胜温。这幅画卷是大理国唯一传世画卷，十分珍贵，被称为"南天瑰宝"。

　　忽必烈见"城下结盟"无法实现，便命令蒙古勇士组成一支特别的队伍翻越苍山。在登山的过程中，这支队伍中有近百分之九十的人死在苍山之上，但最终存活下来的将士，在苍山上组成一支军队，摇旗擂鼓，由山顶直冲而下突入城中。大理国君臣原本以为凭借羊苴咩城的坚固，蒙古军暂时拿他们没有办法，时日一久便会自动退去。结果蒙古军"从天而降"，大理君臣顿时惊慌失措地逃散，将羊苴咩城拱手让出，自己则退守姚州、善阐。

　　此后，蒙古军队又乘胜攻克了姚州和善阐，大理国末代国王段兴智出奔至昆泽（阳宗海）被擒，投降于蒙古军，被封为世袭大理总管，段氏大理国至此灭亡。

　　此次消灭大理国，蒙古军队的损失也是空前的，出师时忽必烈率领的10万铁骑，最后回去的只剩下了两万，损失了百分之八十。至今在云南许多地方都还保留有为数众多的"鞑子坟"，据说就是当年征大理国的蒙古阵亡将士的墓冢。

为什么说十三翼之战铁木真虽败犹胜

十三翼之战是蒙古族内部争夺领导权的第一次大规模战役，也是成吉思汗的征战生涯中少有的败仗之一，主要发生在铁木真与他的安达札木合之间。不过，这次战争的结果虽然是成吉思汗败了，后来的事实却证明他虽败犹胜。这又是怎么回事呢？

十三翼之战是铁木真与札木合之间发生的一场蒙古族内部的战争，是铁木真统一蒙古各部时的战役之一。12世纪末，在铁木真的领导下，蒙古乞颜部迅速发展壮大，在草原上与札木合的札答兰部和汪罕的克烈部形成了三足鼎立之态。铁木真最落魄的时候连自己的妻子都保护不了，眼睁睁看着孛儿帖被蔑儿乞人抢了去，最后还是在札木合与汪罕的帮助下才抢回了妻子。如今铁木真的势力竟已如此壮大，札木合对此非常不满，时时刻刻都在寻找机会向铁木真发动战争。很快，机会就来了。

一天，札木合的弟弟给察儿盗走了铁木真的部属拙赤答儿马剌的马群，拙赤答儿马剌一路追赶，终于追上了给察儿，一怒之下，他用箭射死给察儿，夺回了马群。很快就有人将这个消息报告给了札木合，札木合顿时暴跳如雷，再转念一想，这不正好有理由讨伐铁木真了吗？于是他找来了十三部众的首领，一起商议讨伐铁木真之事。

这十三部众分别是札答兰惕部、泰赤乌惕部、赤乞剌思部、兀鲁吾惕部、那也勤部、八鲁连思部、霸邻部、豁罗剌思部、翁吉剌惕部、合答斤部、撒剌只兀部、朵儿边部、塔塔儿部。这十三个部落有的只有一部分人参加，总兵力达到三万人。

札木合亲自率领这三万人从额尔古纳河向西南进发，越过了阿剌兀惕儿合兀山，准备偷袭驻扎在古连勒古山的铁木真驻军。当时，铁木真对此事还一无所知，正毫无戒备地在桑沽儿河的上游驻牧。亦乞剌思部的木勒克脱塔黑、孛罗剌歹二人得知札木合率军前来的消息，立即派人报告给了铁木真。

铁木真听到这个消息后虽然非常震惊，但并不惊慌，他立即将所属的兵马以及拥戴他的友盟部落组织起来，组成十三翼军队，称为十三个"古列延"，总人数也有三万。他准备以三万人抵抗敌人三万人，以十三翼之军抵抗敌人十三个部落的人马。

铁木真命令部众将全部勒勒车布置成古列延，把以弓箭武装起来的妇女、儿童和一部分兵力部署在古列延的内部，主要担任防御的任务，作为阻击札木合骑兵冲击的屏障。又下令让主力部队集结于古列延的外围，并排列成横队，布置成冲击的队形。

一切部署完毕后，札木合的人马也已经到了跟前，两军在答兰巴勒主惕附近的平原上展开激烈的战斗。虽然在人数上铁木真并不输给札木合，但由于札木合是有备而来，铁木真则是仓促应战，很多人都是短时间内凑集起来的，所以这支部队的战斗力远远赶不上札木合的联军。

很快，铁木真的兵马就损失了近一半，他发现再战下去自己也难以取胜，为保存实力，下令全军撤退到斡难河的哲列捏山下（今鄂嫩河上游一带）。

由于铁木真所占的是一处易守难攻的地方，札木合深知再战下去也不见得能打败铁木真，便率军撤去，还带走了几千俘虏，这些人中包括曾经背叛札木合投奔铁木真的人。札木合带走这些俘虏并不是为己所用，而是准备用他们来杀鸡儆猴。

回到本部后，札木合用极刑杀死了全部俘虏。他还砍下了铁木真第十三翼的指挥官捏兀歹氏酋长察合兀洼的头游街示众。

札木合的这些暴行，使得各部落和氏族的首领看到了他的凶残，更加厌恶他的为人，纷纷归附于铁木真。这次战斗后不久，兀鲁兀惕氏的主儿扯歹、忙忽惕氏的忽亦勒答儿各率领自己的部众，归附了铁木真。这两族人都非常善射善战。后来，主儿扯歹与忽亦勒答儿都成了蒙古的十大功臣之一。另外，晃豁儿坛氏的蒙力克也率领他的七个儿子，抛弃了札木合，归附了铁木真。铁木真部在战败之后，却拥有了更为强大的力量，铁木真未胜而得势，力量反而更加强大，虽败犹胜。

1038年至1227年间，在中国的西北部，有一个与宋、辽（金）三足鼎立的少数民族王国大夏王朝，又称"大白高国""白高大夏国"，它就是我们今天所说的西夏。这个朝代最终与金朝一样，消失在了蒙古人的铁蹄之下，从成吉思汗开始，蒙古军连续六次攻打西夏，这个昔日著名的王朝便一点点被蒙古人侵占，直到从历史上消失。

西夏，因其疆域主要包括今陕西、甘肃、宁夏、青海、新疆的部分地区，地处我国西北部而得名。西夏在我国历史上的知名度较高，原因之一就是，成吉思汗是在攻打西夏的过程中去世的。没有征服西夏，成为成吉思汗临死之前最大的遗憾。然而，西夏最大的遗憾也许是：蒙古人成了西夏躲不过的劫难，前前后后六次出兵攻打，其消灭西夏的决心实在让人惊叹。

最初，成吉思汗并无意灭掉西夏，只是想用武力使他们屈服，成为自己的附庸国，但发展到最后，当蒙古人发现西夏不能完全满足他们提出的要求，甚至与其他部落联合起来反抗自己时，才起了要灭掉西夏的决心。

宋开禧元年（1205年），蒙古第一次攻打西夏。三月，成吉思汗以西夏接纳了蒙古仇人为借口，率兵攻破力吉里寨（即应里县），并且在瓜、沙诸州进行大肆掳掠。对于蒙古军队的突然进攻，西夏统治阶级束手无策，只能听之任之。四月，成吉思汗在撤退的途中经过夏落思城，又"大掠人民及其骆驼而还"。这一次，成吉思汗并没有对西夏采取真正意义上的武力征服，抢掠一番就撤回了，西夏统治者怀着侥幸的心理认为从此可以太平，于是下令大赦，做起西夏再度中兴的美梦。

好景不长，元太祖二年（1207年）九月，蒙古人又以西夏皇帝李安全废黜一名臣子没有通报给蒙古为借口，第二次对西夏出兵，此次蒙古人攻占了兀刺海城，李安全调集各路人马进行抵抗。最终，蒙古人在西夏境内劫掠数日后，因粮草不济而退兵。

1209 年，成吉思汗意欲灭金，西夏是金的藩属国，为了消除后顾之忧，他第三次出兵攻打西夏。三月，成吉思汗派兵从黑水城（今内蒙古自治区额济纳旗南）的北面，由居延海关口攻入河西。李安全派出皇子承祯、大都督府令公高逸率五万人马竭力抵抗，但在蒙古军队强大的攻势下惨遭失败，高逸被杀。四月，蒙古兵再次围攻兀刺海城。西夏太傅西壁氏率兵和蒙古军队激战，西夏惨败，兀刺海城失陷。蒙古军队一路胜利，士气高昂。七月，蒙古军队又进攻克夷门。克夷门为西夏右厢朝顺军司所在地，这里原有西夏驻兵七万多，李安全得知蒙古军队进攻的消息后，又派嵬名令公带领将士五万前去增援。西夏兵经过了两个多月的苦守后，克夷门最终还是被蒙古人占了去，就连嵬名令公也成了蒙古人的俘虏。接下来，蒙古军队又引河水灌中兴府，中兴府被围困了一个多月，城中居民被淹死者无数。后来，蒙古军队自己也受到洪水的威胁，才退兵离去。蒙古退兵以后，成吉思汗派出太傅讹答入城诏谕，李安全嫁女求和，嵬名令公这才得以返还。

排除了后顾之忧，蒙古便开始集中精力进攻金朝，蒙古在灭金和西征的过程中，不断向西夏征兵，最终，西夏"不堪奔命，礼意渐疏"，成吉思汗一怒之下，第四次派兵攻打西夏。这一次，依旧以西夏的主动投降结束。

1223 年，西夏皇帝李遵项让位给李德旺。因对蒙古人众多过分的要求实在不堪其扰，李德旺趁成吉思汗亲自率军西征之机，暗中将漠北未投降蒙古人的部落联合起来，企图共同抗击蒙古。这一消息传到成吉思汗的耳中，他意识到西夏不除，后患无穷，于是第五次攻打西夏，目的就是消灭西夏。

1225 年，成吉思汗西征胜利，回到漠北。元太祖二十一年（1226 年）二月，成吉思汗又借口西夏迟迟不纳人质亲自前往征讨。此次成吉思汗统兵十万，在西夏境内长驱直入，一路破了黑水城、兀刺海城等。在短短三个月的时间内，蒙古军先后攻陷肃州、甘州和西凉府。至此，西夏在河西地区的领土几乎全部丧失。

由于健康上的问题，成吉思汗知道自己时日无多，因此消灭西夏的决心更

西夏黑水遗存绢画

西夏绘画遗存的作品甚多，晚期绘画还形成了独特的艺术风格，是中华民族绘画的组成部分。

加坚定。到这一年的十二月，西夏的国土大部分都落入了蒙古人的手中，蒙古兵所到之处，西夏子民惨遭屠杀，"免者百无一二，白骨蔽野"。在经过了六个月的水深火热之后，天灾又降临了，西夏国内发生强烈地震，许多房屋倒塌，瘟疫流行。最终，被蒙古军队围困达半年之久的中兴府粮尽援绝，再加上军民多已患病，几乎没有抗敌的能力，西夏末主走投无路，于是主动求和，派遣使节向成吉思汗请求宽限一个月时间，西夏将主动献城投降。第二年七月，成吉思汗在清水县（今甘肃清水县）西江得重病，并于不久后去世。为了避免西夏得知消息后士气大振，成吉思汗下令死后暂秘不发丧，在西夏末主献城投降时，杀死他和中兴府内所有兵民。不久，末主如约率李仲谔、嵬名令公等向蒙古投降，果然被杀。至此，享国 189 年的西夏王朝，在与蒙古人六次交战后，终于消失在了蒙古人的铁蹄之下。

窝阔台如何灭掉金朝

在我国的历史发展进程中，金的存在是不可忽视的，它延续了一百多年的时间，金兵还曾掳走了北宋的最后两位皇帝，逼得南宋皇帝只能偏安一隅。然而，在历史的舞台上从来就没有永远的胜者，最终，在蒙古人的铁蹄之下，昔日占据中国半壁江山的金也节节败退，并永远消失于历史的长河之中。

蒙古和金之间的战争可以分为两个阶段。第一个阶段是从 13 世纪初到金迁都开封这一时期，此间蒙古人对金主要是掠夺、骚扰和蚕食部分地盘。从 1205 年以后，成吉思汗与汪罕的战争结束，这才腾出手来加大了对金的侵扰，消灭了大批金的有生力量，极大地威胁到了金的中都。之后又经过 1211 年野狐岭一战，金多年的积累被毁于一旦，也从此拉开了长达 23 年的蒙金之战。

到 1214 年，金在蒙古军的迅猛打击下，被迫放弃中都（今北京），退守汴京（今开封），蒙金之间的战争进入第二个阶段。

在与蒙古人的交战中，金军不复当年消灭北宋时的雄风，几乎每仗皆败，战胜的记录几乎屈指可数。仅在 1228 年的大昌原之战中，金忠孝军提控完颜陈和尚却以 400 骑兵打败了蒙古大将赤老温率领的 8000 蒙古兵。这场以少胜多的战役使完颜陈和尚声名远播，金皇族也因此非常倚重忠孝军。然而在与蒙古人的屡次交战中，金已是积重难返，近二十年仅仅胜过一次，但这一次胜利却让金军主将完颜合达对蒙古人的态度傲慢起来，竟然对蒙古使者说："吾已

▶元 佚名 女真族男子狩猎图

金太祖完颜阿骨打统一女真各部，在会宁府建立金朝。女真人最初迁徙到燕山一带，以后定居在华北地区，而汉人逐渐向北迁移。定居在中原的女真人，在汉族和周围环境的影响下，逐渐与汉族融合。

备齐兵马，汝等可来战乎？"时任蒙古大汗的窝阔台一听此言，大为震怒，立即发兵攻打金，誓报大昌原之仇。

1229年，窝阔台亲自率领蒙古军进攻山西，并命令大将史天泽攻打卫州。卫州是汴京的门户，从卫州过黄河可直入汴京，因此，卫州若失陷，汴京离灭亡也不远了，无论是对蒙古人还是金人来说，这都是非常关键的一仗。得知窝阔台前来攻打的消息后，金哀宗命完颜合达等率军10万火速前来援救，先锋完颜陈和尚也率领三千忠孝军出击，在背水一战的情况下，金军再一次战胜了蒙古人，卫州脱险，汴京也暂时得以转危为安。

在总结了第一次攻打卫州失败的教训后，1230年，窝阔台决定对卫州进行各个击破，并制定了详细的灭金战略：他本人率中路军，攻金的河中府，直逼洛阳；蒙军将领斡陈那颜率左路军直下济南；拖雷率右路军从宝鸡南下，从南宋境内沿汉水出唐州、邓州，第二年春季各军会师于汴京。当年九月，蒙古三路大军一起出发。第二年正月，中路军占领郑州，窝阔台的前锋部队已抵达开封城下，面对如此局面，金哀宗连忙调回正在与拖雷军作战的完颜合达，希望能拼死保住汴京。此时，拖雷的右路军也已到达邓州境内的禹山，金将完颜合达和移剌蒲阿等拼死抵抗，拖雷只留一部分蒙军与其周旋，又亲自率领主力直奔汴京。完颜合达和移剌蒲阿接到金哀宗的命令后，率军15万驰援汴京，但是他们的行动早已在蒙古人的意料之中，完颜合达和移剌蒲阿在钧州以南的三峰山遭到了拖雷大军的追击，更为悲惨的是，前面还有窝阔台部的阻截，在蒙古大军的重围之下，金军粮草耗尽，人困马乏，当时又正值大雪天气，金军战斗力大减。面对陷入穷途末路的金军，蒙古人并不急着消灭他们，只是派人轮番袭扰，等金军正要全面崩溃之际，蒙古军有意让开通往钧州的一条路，金军很快组织起来从这条道北上突围，蒙古军此时突然发起致命一击，金军顿时全面崩溃，15万人马几乎全部被歼灭，就连完颜陈和尚和移剌蒲阿也被蒙军俘虏，二人因拒绝了蒙古人的劝降而被杀。完颜合达率剩余的部众退入钧州城内，最后钧州被攻克，他也力战而死。

三峰山之战中，金军的几名大将尽失，至此，金朝已经没有了能与蒙古军抗衡的能将，离覆灭只有一步之遥。

元太宗四年（1232）年三月，蒙古军又攻克洛阳，进逼汴京，金哀宗见大势已去，只能弃城逃往蔡州。此时，对金国来说雪上加霜的是，为了报当日金兵对北宋的种种侮辱之仇，南宋也正式决定出兵帮助蒙古灭金。第二年九月，蒙军开始进攻蔡州城。十月，南宋名将孟珙率军两万，运粮30万石，按照约定与蒙古军合攻蔡州。十一月，宋军抵达蔡州城南，为了保证双方互不侵犯，孟珙与蒙将给察儿约定双方的围城地界，互不打扰，但同时相互配合攻城。在蒙古和宋朝的合攻下，金军苦苦守城三个月，又无外援，最终弹尽粮绝，难以继续支撑。元太宗六年（1234）正月初十，蒙古军与宋军先后攻破西城和南门，金哀宗见回天无力，传位于末帝完颜承麟后自缢身亡。让人钦佩的是，剩余的金兵或战死或自杀殉国，竟然无一投降。金末代皇帝完颜承麟也在战乱中被杀，至此，历时119年的金朝灭亡了。

《史集》插图

金宣宗为了与蒙古和谈以解中都之围，于1214年将金帝完颜永济的女儿岐国公主（图中左边马上的人物）送给成吉思汗和亲，而后蒙古退回漠北地区。

南宋收复"三京"又得而复失

对于蒙古人的入侵，南宋并非逆来顺受，他们也曾组织过反抗，收复"三京"就是南宋反抗蒙古人的举动之一。可惜的是，因为各方面的原因，南宋在得到"三京"之后不久又再次失去了，并因此破坏了蒙古与南宋建立起来的"友好"关系，拉开了战争的序幕。

1234年，金朝灭亡后，按照事先约定，宋军和蒙古军各自撤退，以河南淮阳、上蔡一线为准，东南之地属南宋，西北之地属蒙古。宋将孟珙将金哀宗的遗骨运回临安，南宋君臣举行了盛大的仪式来庆祝金朝的灭亡。

在宋蒙的约定中，对河南的归属并没有给出明确的规定，河南便成了军事空白区。当时的南宋皇帝宋理宗刚刚亲政，正意图有所作为，提拔了大批新人，其中的代表人物有赵范、赵葵兄弟。收复三京（东京开封、西京洛阳、南京商丘）的主张就是他们提出来的："抚定中原、坚守黄河、占据潼关、收复三京。"赵氏兄弟二人提出收复三京，除了名义上的为南宋收复失地，其实也有自己的小算盘：在消灭金朝时，他们的功劳不及荆襄的史嵩之，史嵩之是史弥远的侄子，如此一来，他们只有立下更大的功劳，才能在朝中有更大的影响力，因此才会建议宋理宗收复三京。

宋理宗本就有着一腔热血，总想着能让受尽欺辱的南宋活得更有尊严一点，赵氏兄弟的这一建议正合他意，更何况当时的南宋朝廷中也有不少支持该建议的官员，如当时的首相兼枢密使郑清之就是其中之一。但反对的声音也不少，参知政事乔行简当时正身有不适，听说此事后立即抱病上书道："今边面辽阔，出师非止一途，陛下之将，足当一面者几人？勇而斗者几人？智而善谋者几人？""陛下之兵，能战者几万？分道而赴京、洛者几万？留屯而守淮、襄者几万?"知官告院张煜也认为:"蒙古非金仇可比,当选将、练兵、储财、积粟,自固吾圉"。而在外的战区将帅则几乎全部反对。赵范的参谋官丘岳就说:"方兴之敌,新盟而退,气盛锋锐,宁肯捐所得以与人耶!"与赵氏兄弟一样怀有私心的史嵩之也以河南连年兵祸,一旦被蒙古兵围城,根本不可能在当地获得补给为由,不肯发兵。可以说,这是宋理宗上任以来第一次遇到争议如此大的问题,按说面对如此多的反对声音,他应该三思而后行,可惜最终他的侥幸心理还是占了上风,力排众议决定发兵了。

宋端平元年(1234年)六月,全子才接到宋理宗的命令后,率一万淮西兵为先锋直入汴京,赵葵则率五万主力军作为后继,之后宋理宗又任命赵范为两淮制置大使,驻军光州、黄州间负责接应。又因史嵩之不肯发兵,宋理宗要求他负责为出征的将士供应粮草。

六月十二日,全子才从庐州(今安徽合肥)正式出发,六天后又渡过淮河,进入蒙古人地盘,由于此时蒙古大军已经撤离,中原百姓又多在战事中死伤殆尽,一路上宋军连活人都难得看到几个。二十四日,全子才军到达亳州,此时的亳州只有七名士兵守城,宋军一到他们便主动投降,到六月末,全子才几乎不费一兵一卒就收复了南京应天府,即三京中的商丘。

宋军背信弃义北进,并且还占领了商丘,精明的蒙古人当然不会没有觉察,但是他们为什么没有反应,反而让宋军一路长驱直入呢?其实,蒙古将领绐察儿早就得知宋军北进的消息,但是他并没有与宋军硬碰硬,而是主动退到黄河以北,宋军以为蒙古军胆小怕事,又因一路上没有遇到任何阻碍,不免自信心膨胀,不知不觉就掉进了蒙古人的埋伏。在宋军过淮河之前,蒙古人就将黄河南岸的河堤掘开,顿时两淮一带大片的土地被水淹没,宋军只得在齐腰甚至齐脖子深的水中行进,行动十分不便。但这还不是蒙古人的真正目的,对于他们来说,破坏宋军的后勤补给线才是真正目的。如此一来,宋军的运粮队伍要绕上一个大圈子才能抵达河南境内,这为后面的宋军兵败埋下了伏笔。

七月初二,全子才军到达汴京城东扎营。此时,汴京已被金朝旧将李伯渊占领,李伯渊又投降全子才。七月初五,全子才率宋军进入汴京城。15天之后,赵葵率淮东兵五万赶到汴京与全子才会师。

得知汴京被收复,整个南宋朝廷欢声一片,到处都是贺喜之声,宋理宗更是迫不及待地封赵葵为南京留守，全子才为西京留守。就在南宋为收复失地而大肆庆贺之时，蒙古兵已经在洛阳悄悄地等待着他们了。

全子才在七月初五就已经占领了汴京，但却一直没有开展任何军事行动进一步去攻占洛阳，而牵制他的无非就是粮草，全子才一路北进，遇到的活人都没几个，要求当地百姓供给粮草是万万没有可能的。雪上加霜的是，由于两淮的运粮队陷入黄河泥潭，寸步难行，坐镇鄂西的史嵩之便干脆拒绝了运送粮草。面对此情此景，求功心切的赵葵却依然没有意识到问题的严重性，认为全子才是胆小怕事才不敢发兵的，于是改任他手下的徐敏子为前锋部队的监军，率领全子才的部队攻打洛阳，这支军队就带着 7 天的粮食出发了。

得知宋军前来，给察儿命令部将在洛阳东边的龙门地区设下埋伏，并故意放宋军第一梯队进入洛阳城。宋军第二梯队到达洛阳城郊的龙门镇时，突然遭到了早已埋伏在此的蒙古人的袭击，大部分宋军被拥入洛水溺死，此时已入洛阳的宋军在洛阳城中得不到补给，在断粮数日后，也被蒙古军打得落花流水。

洛阳兵败的消息传到汴京后，驻守在此的赵葵和全子才知事情没有那么简单，经商量后觉得撤军最为保险，于是不等蒙古人合围，他们便先行退去。此次宋军共出动六万人，结果丧失近半，却寸土未得，只是上演了一曲收复三京后又失去的闹剧，宋理宗这才知道自己当初的决定下得太鲁莽，可惜悔之晚矣。

此次事件后，宋蒙的联盟正式破裂，同年年底，蒙古使者王檝来到临安，谴责宋廷"败盟"。次年，窝阔台发动了全面侵宋战争。

钓鱼城保卫战

13 世纪中叶，蒙古帝国迅速崛起，使得东亚大地上的各个国家相继归到其版图之内。长期的战争，尤其是蒙古对金的战争给中国北方的人民带来了巨大的苦难。而在这之后，中国南方的汉族政权南宋独自抵抗蒙古军团达半个世纪之久。在这些悲壮的战争中，钓鱼城保卫战当属最重要的一战。数百年后，钓鱼城战场的硝烟已不复存在，可巨石上的文字，还留存着当年那场战争的记忆，不禁让人重新品味那些人和那些事。

从 1235 年宋蒙战争全面爆发，至 1279 年崖山之战宋室覆亡，延续了近半个世纪，在这次蒙古势力崛起以来所遇到的费时最长、耗力最大、最为棘手的一场战争中，发生于 1259 年的四川合州（今重庆合川）钓鱼城之战，则是其中影响巨大的一场战事。

1234 年，宋朝和蒙古联合灭金后，南宋出兵欲收复河南失地，遭蒙军伏击而失败。同时，蒙军在西起川陕、东至淮河下游的数千里战线上同时对南宋发动进攻，宋蒙战争全面爆发。蒙军铁骑开始踏上南宋大片土地，四川则是三大战场中遭蒙军摧残最为严重的一个地区。1242 年，宋理宗赵昀派遣在两淮抗蒙战争中战绩颇著的余玠入蜀主政，以扭转四川的颓势。余玠在四川采取了一系列政治、经济和军事措施，其中最重要的是创建了山城防御体系，钓鱼城即是这一山城防御体系的核心和最为坚固的堡垒，成为硝烟弥漫下的不破之城，阻住了蒙古南侵的铁蹄。

1251 年，拖雷的长子蒙哥登上大汗宝座。以骁勇善战著称的蒙哥于 1257 年直捣宋都临安，发动大规模的灭宋战争。转年秋天，蒙哥率四万蒙军分三道入蜀，相继占据剑门苦竹隘、长宁山城、蓬州运山城、阆州大获城、广安大良等城后，迫近合州，钓鱼城之战由此展开。

宋开庆元年（1259 年）二月初二，蒙哥率诸军进至石子山扎营。初三，蒙哥亲督诸军战于钓鱼城下。三月，蒙军攻东新门、奇胜门及镇西门小堡，均失利。从四月初三起，大雷雨持续了 20 天。雨停后，蒙军于四月二十二日重点进攻护国门。二十四日夜，蒙军登上外城，与守城宋军展开激战。但其攻势终被宋军打退。五月，蒙军屡攻钓鱼城不克，蒙哥汗率军入蜀以来，所经沿途各山城寨堡，多因南宋守将投降而轻易得手，尚未碰上一场真正的硬仗。因此，至钓鱼山后，蒙哥欲乘拉朽之势，攻拔其城，虽久屯于坚城之下，亦不愿弃之而去。尽管蒙军的攻城器具十分精备，奈何钓鱼城地势险峻，致使其不能发挥作用。钓鱼城守军在主将王坚及副将张珏的协力指挥下，击退了蒙军一次又一次的进攻。

《史集》插图，描绘旭烈兀军围巴格达

元 蒙哥汗像

元宪宗孛儿只斤·蒙哥（1209—1259），大蒙古国的大汗，元太祖成吉思汗之孙，拖雷长子。即位大汗后，继续向外扩张，1259年，蒙哥在攻打四川钓鱼城时战死。

六月，蒙古骁将汪德臣率兵乘夜攻上外城马军寨，王坚率兵拒战。天将亮时，下起雨来，蒙军攻城云梯又被折断，被迫撤退。蒙军攻城五个月而不能下，汪德臣遂单骑至钓鱼城下，欲招降城中守军，几乎为城中射出的飞石击中，汪德臣因而患疾，不久死于缙云山寺庙中。蒙哥闻知死讯，扼腕叹息，如失左右手。汪德臣的死，给了蒙哥精神上很大的打击，钓鱼城久攻不下，使蒙哥不胜其忿。

蒙军大举攻蜀后，南宋对四川采取了大规模的救援行动，但增援钓鱼城的宋军为蒙军所阻，始终未能进抵钓鱼城下。尽管如此，被围攻达数月之久的钓鱼城依然物资充裕，守军斗志昂扬。相形之下，城外蒙军的境况就很糟了。蒙军久屯于坚城之下，又值酷暑季节，蒙古人本来畏暑恶湿，加之水土不服，导致军中暑热、疟疾、霍乱等疾病流行，情况相当严重，蒙哥也染上疾病。七月，蒙军自钓鱼城撤退，行至金剑山温汤峡，蒙哥死亡。

蒙哥在钓鱼城下的败亡，其影响是十分巨大的。首先，它导致蒙古这场灭宋战争的全面瓦解，使宋祚得以延续二十年之久。进攻四川的蒙军被迫撤军，护送蒙哥灵柩北还。率东路军突破长江天险，包围了鄂州的忽必烈，为与其弟阿里不哥争夺汗位，也不得不撤军北返。

其次，它使蒙军的第三次西征行动停滞下来，缓解了蒙古势力对欧、亚、非等国的威胁。当时正准备向埃及进军的旭烈兀获悉蒙哥死讯，于是留下少量军队继续征战，而自己则率大军东还，结果留守军队因寡不敌众而被埃及军队打败，蒙古的大规模扩张行动从此走向低潮。因此，钓鱼城之战的影响已远远超越了中国范围，它在世界史上也占有重要的一页。

再次，它为忽必烈执掌蒙古政权提供了契机，对中国历史发展产生了重大影响。蒙哥所施行的仍然是传统的政策，这种带有浓厚的蒙古部族和西域色彩的政策，已极不适应统治广大中原汉地的需要。而忽必烈则是蒙古统治集团中少有的一位倾慕汉文化的开明之士，他登上大汗宝座后，继续推行其汉化政策，逐步改变蒙军滥杀的政策，使中国南方的经济和文化免遭更大的破坏。正是由于忽必烈的当政，使蒙古汗国这个边疆政权转变为一统中国的封建大王朝——元朝，在中国历史上写下了浓重的一笔。

钓鱼城作为山城防御体系的典型代表，在战争中充分显示了其防御作用。蒙哥败亡后，钓鱼城又顶住了蒙军无数次的进攻，直至1279年守将王立开城投降，钓鱼城才落入蒙古人之手。

元宋最后一战——襄樊之战

　　历时近六年的元宋最后一战——襄樊之战，最后以宋军的失败而告终。其中，极大地显现了宋朝统治者不重视边备，将帅软弱无能的状况。但是，战争中"二张援襄"的传奇式行动，气壮山河，留名青史，体现了南宋爱国军民保卫领土、抗敌御侮的智慧和勇气，为后人所传颂。

　　襄樊之战是元朝统治者消灭南宋、统一中国的一次重要战役，它是中国历史上宋元封建王朝更迭的最后一战。这次战役从南宋咸淳三年（1267年）蒙将阿术进攻襄阳的安阳滩之战开始，到咸淳九年（1273年）吕文焕力竭降元，历时近六年，以南宋襄樊失陷而告终。

　　蒙古忽必烈时期，灭宋战争的进攻重点改为襄樊，实现了由川蜀战场向荆襄战场的转变。南宋襄樊地处南阳盆地南端，襄阳和樊城南北夹汉水互为依存，地势十分险要，自古以来就是兵家必争之地，也是南宋抵抗蒙古军队的重镇。

　　咸淳三年，南宋降将刘整提出的"攻宋方略，宜先从事襄阳"的建议为忽必烈所采纳，宋元战争进入了元军对南宋战略进攻的新阶段。

　　根据刘整的建议，忽必烈开始实施对襄阳的战略包围。

　　首先，建立陆路据点，作为攻宋的根据地。早在1261年夏，忽必烈根据刘整建议，遣使以玉带贿赂南宋荆湖制置使吕文德，请求在襄樊城外置榷场，吕文德应允。蒙古使者以防止盗贼、保护货物为名，要求在襄樊外围筑造土墙，目光短浅的吕文德竟然同意。于是元人在襄樊东南的鹿门山修筑土墙，内建堡垒，建立了包围襄樊的第一个据点。到咸淳六年（1270年），元军在襄樊外围修筑十余处城堡，建立起长期围困襄樊的据点，完成了对襄樊的战略包围。

　　其次，建立水军，寻求制服南宋的战术优势。咸淳三年秋的安阳滩之战，蒙古军队虽然打败了宋军，但却暴露出水军不占优势的弱点。咸淳六年，刘整与阿术谋议："我精兵突骑，所当者破，惟水战不如宋耳。夺彼所长，造战舰，习水军，则事济矣。"忽必烈当即命刘整"造战船，习水军"，以图进取襄阳。刘整遂造船5000艘，日夜操练水军，又得到四川行省所造战舰500艘，建立起一支颇具规模的水军，从而弥补了战术上的劣势，为战略进攻准备了必要条件。

从咸淳四年（1268年）蒙军筑鹿门堡、修白河城到咸淳六年完全包围襄阳，蒙古军队已处于战略上的优势，南宋为挽救危局，进行了反包围战与援襄之战，从而揭开了襄樊之战的序幕。

咸淳四年十一月，为打破蒙军鹿门、白河之围，宋将吕文焕命襄阳守军进攻蒙军，但被蒙古军队打败，伤亡惨重。咸淳五年（1269年）三月，宋将张世杰率军与包围樊城的蒙军作战，又被阿术打败。七月，沿江制置使夏贵率军救援襄阳，遭到蒙古军与汉军的联合伏击，兵败虎尾洲，损失2000余人，战舰50艘。咸淳六年春，吕文焕出兵襄阳，攻打万山堡，蒙军诱敌深入，乘宋军士气衰退，反击宋军，宋军大败。九月，宋殿前副都指挥使范文虎率水军增援襄阳，蒙军水陆两军迎战，大败宋军。咸淳七年（1271年），范文虎再次援襄，蒙将阿术率诸将迎击，宋军战败，损失战舰100余艘。这一时期，宋蒙两军虽然在襄樊外围进行了长达三年的争夺战，但因蒙军包围之势已经形成，不但南宋援襄未能成功，而且襄樊城中宋军反包围的战斗也不可能胜利，宋军只好困守襄阳，败局已定。

咸淳八年（1272年）春，元军对樊城发动总攻，襄樊之战正式开始。三月，阿术、刘整、阿里海牙率蒙汉军队进攻樊城，攻破城郭，增筑重围，进一步缩小了包围圈，宋军只好退至内城坚守。四月，南宋李庭芝招募襄阳府、郢州等地民兵三千余人，派张顺、张贵率领救援襄阳。二张率轻舟百艘，士卒三千及大批物资出发。五月，救援战斗开始，二张在高头港集结船队，把船连成方阵，每只船都安装火枪、火炮，准备强弓劲弩，张贵在前，张顺在后，突入元军重围。船队到达磨洪滩，被布满江面的蒙军船舰阻住，无法通过。张贵率军强攻，将士一鼓作气，先用强弩射向敌舰，然后用大斧短兵相接，冲破重重封锁，元军被杀溺而死者不计其数，宋军胜利抵达襄阳城中。当时襄阳被困已有五年之久，二张入援成功，极大地鼓舞了城中军民的斗志，然而在这次战斗中宋将张顺阵亡。

张贵入援虽然给襄阳守军带来希望，但在元军严密封锁下，形势仍很严峻。张贵联络郢州的殿帅范文虎，约定南北夹击，打通襄阳外围交通线，计划范文虎率精兵五千驻龙尾洲接应，张贵率军和范文虎会师。但是，元军先占领了龙尾洲，宋元两军在龙尾洲展开一场遭遇战，宋军因极其疲惫，战斗中伤亡过大，张贵力不能支，被元军俘获，不屈被害。

元军为尽快攻下襄樊，于咸淳八年（1272年）秋采取了分割围攻战术。为切断襄阳的援助，元军对樊城发起总攻。咸淳九年（1273年）初，元军分别从东北、西南方向进攻樊城，忽必烈又派遣巨石炮匠至前线，造炮攻城。元军烧毁了樊城与襄阳之间的江上浮桥，使襄阳城中援兵无法救援，樊城完全被孤立了。刘整率战舰抵达樊城下面，用巨石炮打开樊城西南角，进入城内。南宋守将牛富率军巷战，终因寡不敌众，牛富投火殉职，偏将王福赴火自焚，樊城陷落。

樊城失陷以后，襄阳形势更加危急。吕文焕多次派人到南宋朝廷告急，但终无援兵。襄阳城中军民拆屋做柴烧，陷入既无力固守，又没有援兵的绝境。咸淳九年二月，阿里海牙由樊城攻打襄阳，炮轰襄阳城楼，城中军民人心动摇，将领纷纷出城投降。元军在攻城的同时，又对吕文焕进行劝降，吕文焕感到孤立无援，遂举城投降元朝，襄樊战役宣告结束。宋元襄樊之战经过长期较量，终于以元朝的胜利告终。

宋　龚开　《骏骨图》

元建都后，龚开穷困潦倒，借助画表达对统治者的愤怒和对前朝覆灭的遗恨，作为宋朝遗臣的他将瘦马比作自己。

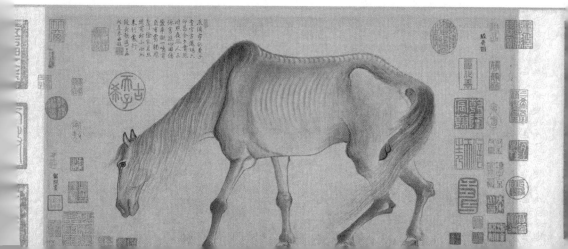

蒙古两次出征日本

蒙古军队以英勇善战闻名于当时，许多时候，金兵和宋兵只是听到他们到来的消息就已经闻风丧胆、不战而逃。然而，这样一支军队在两次攻打日本时，投入了20多万的军事力量，却一点便宜都不曾讨到，甚至全军覆没。悬殊如此之大，难道日本军队真的是无法战胜的神话吗？还是有别的原因呢？

贵由去世后，忽必烈与阿里不哥为争夺汗位激战四年之久，这令原本就财政紧张的元王朝更是雪上加霜。而日本在过去的数百年中，一直都是世界最大的白银产地和出口国，在急需在财务上有所改善的元朝统治者眼中，日本无疑是一块肥肉。因此，1274年和1281年，忽必烈两次发兵征讨日本，本意是要给不愿意臣服于自己的日本人一点颜色看看，如此一来日本必定会对自己称臣纳贡。忽必烈的如意算盘打得不错，可惜他的两次出兵征讨都没有讨到便宜，甚至损失惨重，这是怎么回事呢？

1273年，忽必烈就开始着手部署征日战争。1274年，元朝进攻日本的两万五千远征军从朝鲜出发，驶往九州岛。首次战争，元军便攻占了对马岛和壹岐岛，然后分三处在九州登陆，企图攻入内陆。

日本迎战元军的是镰仓幕府调集的部分正规军，外加九州沿海各藩紧急组织起来的武士和民兵。由于日本的战术较为落后，在战斗进行的前20多天中，日本将士虽然成功地阻止了元军的推进，但伤亡惨重。之后，随着日本人渐渐掌握了蒙古人的战术，他们开始了有效的反击。日本武士组成的重骑兵队在弓箭手的支援下，冒着箭雨迎击元军，与元军贴身作战，如此一来，元军的弓箭优势不能发挥出来，开始节节败退，最终败退至海滩，只能依靠巨石炮防守。眼看胜利无望，而随军所带的给养也即将用尽，元军无法在日本长期驻扎，只得上船撤退。在返回的途中，元军的舰队遭到风暴袭击，损失了部分船只，但是大部分船只都安全回国。此次战役日本史称"文永之役"。

元军统帅回国后，掩饰了战败的真相，反而上报忽必烈"入其国败之"。忽必烈信以为真，以为受到了惩罚的日本必将立刻与元通好。因此，忽必烈在大赏征日将士之后，又派出礼部侍郎杜世忠、兵部郎中何文著等，携带国书再次出使日本，以求通好。元使杜世忠一行到达后，绕过大宰府，直抵长门室津（今日本本州西南沿海山口县），企图能顺利闯过关卡，到达京都或镰仓。但长门守护却将杜世忠等人抓住后押送大宰府，并上报给了幕府。消息传到北条时宗那里，他立即下令将元使送到镰仓，并在不考虑任何后果的情况下，下令将杜世忠一行 30 多人斩首，只放逐了 4 名高丽船员。

日本杀害使节的行为彻底激怒了忽必烈，在统一中国之后，他便开始着手准备第二次入侵日本。在短短的时间里，忽必烈便从中国各地和高丽召集军队和征集粮秣，而在高丽和中国东南沿海的造船厂也昼夜加工，赶制大小兵舰和运兵船。准备工作做好后，1281 年，约 20 万元朝远征军从江浙和朝鲜两地同时出发，开始了第二次征战日本。

如果说第一次 25000 人的军队只是为了给日本一点颜色看看，那么这次忽必烈派出约 20 万人的军队，无疑是要好好地惩罚一下这个不愿意臣服还杀害

日本　竹崎季长　蒙古袭来绘词

图绘日本人与元军在船上激战。

使节的小国。

北方出海的舰队先到达博多湾，在等待南方舰队旗舰时，元朝军队很轻易地就夺取了博多湾的几个岛屿，并将岛上的居民全部屠杀，将建筑物焚毁。一个多月后，南方舰队也已抵达，两支庞大的舰队会合后，元军开始在九龙山登陆。

这次元军遇到了更加顽强的抵抗，日军以石墙作为掩护，屡次打退元军的进攻，还伺机组织反冲锋。很快一个月就过去了，元军将士损失了三分之一，粮草和箭已告罄，却还是无法突破日军的石墙。就在此时，天灾也开始降临到元军的头上。

这年八月份的第一天，太平洋上突然刮起了飓风，风暴持续了4天，元军南方舰队的舰船几乎全军覆没，北方舰队的舰船也损失惨重。原本就已经对战事不抱胜利希望的远征军，被风暴一吓，更是归心似箭，于是指挥官和部分蒙古军以及高丽军搭载北方舰队剩余的舰船逃离，而南方军的指挥官和部分高级官员眼看无力回天，便也乘着剩余的几艘舰船逃离，将无法载走的10万元军

留在了海滩上。被留下的元军失去了补给和退路，又无法突破日军的石墙，只能等死。

三天后，日军开始反攻，很快便将元军驱赶到了一处名为八角岛的狭窄地区，屠杀了其中的8万余人，剩下的2万则都做了日军俘虏。

这次在日本历史上被称为"弘安之役"的战争，再次以元军的惨败结束。事后，元朝的三名士兵逃脱，并幸运地回到了中国，忽必烈这才知道战败的真相，于是将此次战争的副统帅范文虎斩首，其他官员也受到了不同程度的处罚。

关于这场失利，《元史·世祖本纪》中仅有寥寥几个字，认为大军为"风涛所激"，"十存一二"。风暴只是诸多导致征日战争失败的原因之一，而导致大部分士兵无法搭载船只回国，最终客死他乡的原因，其实是这些船只本身存在的质量问题。

日本　竹崎季长　蒙古袭来绘词

图绘元军与日本人在陆地上激烈战斗。

日本　竹崎季长　蒙古袭来绘词

图绘第二次元日战争，其中有博多的防御墙。

近年来，一些专家学者从打捞上来的船只碎片上发现，船只的一些主要部件，如桅杆、木锚等的制造都不合格。可以想象得出，当时由于时间紧、任务重，再加上造船技术的局限等，所造船只的质量必定不好。但是，同是赶造出来的南方舰队和北方舰队的船只质量怎么也存在差别呢？这还得从南方舰队船只的来历说起。

专家们从残片上辨认出"元年殿司修检视讫官"的字样。"殿司"是宋朝官署"殿前都指挥使司"的简称，南宋末期的殿司统领了国家水军的主力，第二次征日战争中的副统帅范文虎当年就是以殿前副都指挥使的身份率领剩余的

水师投降蒙古人的。因此，这块只有短短几个字的残木板给了我们这样一个信息：南军舰队中有南宋投降过来的舰船，而这些船大部分为河船，相较于远洋船只，河船是平底且没有龙骨，吃水浅，无法抵御大的风浪，所以并不适合用来跨海作战。

　　当然，忽必烈征战日本失败的原因是多方面的，如远征军不仅仅是骁勇善战的蒙古人，还有并不愿意为蒙古人效劳的汉人和高丽人；由于是长途远征，军队无法得到充足的补给等也是导致两次征日失败的原因。

图书在版编目（CIP）数据

藏在古画里的大元史 / 魏丽蕊著 . -- 北京：台海
出版社，2023.9
ISBN 978-7-5168-3618-7

Ⅰ.①藏… Ⅱ.①魏… Ⅲ.①中国历史—元代—通俗
读物 Ⅳ.① K247.09

中国国家版本馆 CIP 数据核字（2023）第 154224 号

藏在古画里的大元史

著　　者：魏丽蕊

出版人：蔡　旭　　　　　　　　封面设计：湜　予
责任编辑：徐　玥　　　　　　　　版式设计：马宇飞
策划编辑：仪雪燕　　　　　　　　图片提供：大禹文化

出版发行：台海出版社
地　　址：北京市东城区景山东街 20 号　　邮政编码：100009
电　　话：010-64041652（发行，邮购）
传　　真：010-84045799（总编室）
网　　址：www.taimeng.org.cn/thcbs/default.htm
E－m a i l：thcbs@126.com

经　　销：全国各地新华书店
印　　刷：三河市嘉科万达彩色印刷有限公司
本书如有破损、缺页、装订错误，请与本社联系调换

开　　本：710 毫米 × 1000 毫米　　　　1/16
字　　数：340 千字　　　　　　　　　印　张：20
版　　次：2023 年 9 月第 1 版　　　　印　次：2023 年 11 月第 1 次印刷
书　　号：ISBN 978-7-5168-3618-7

定　　价：68.00 元